처음부터 배우는
부동산 경매투자

처음부터 배우는 부동산 경매투자

초판 발행 · 2024년 11월 22일
초판 4쇄 발행 · 2025년 9월 5일

지은이 · 엠제이(장재호)
발행인 · 이종원
발행처 · (주)도서출판 길벗
출판사 등록일 · 1990년 12월 24일
주소 · 서울시 마포구 월드컵로 10길 56(서교동)
대표 전화 · 02)332-0931 | **팩스** · 02)323-0586
홈페이지 · www.gilbut.co.kr | **이메일** · gilbut@gilbut.co.kr

기획 및 책임편집 · 이재인(jlee@gilbut.co.kr) | **제작** · 이준호, 손일순, 이진혁
마케팅 · 정경원, 김진영, 박민주, 류효정 | **유통혁신팀** · 한준희
영업관리 · 김명자, 심선숙, 정경화 | **독자지원** · 윤정아

교정교열 · 정은아 | **디자인 및 전산편집** · STUDIO BEAR
CTP 출력 및 인쇄 · 예림인쇄 | **제본** · 경문제책

▶ 이 책은 저작권법에 따라 보호받는 저작물이므로 무단전재와 무단복제를 금합니다.
  이 책의 전부 또는 일부를 이용하려면 반드시 사전에 저작권자와 출판사 이름의 서면 동의를 받아야 합니다.
▶ 잘못된 책은 구입한 서점에서 바꿔 드립니다.
▶ 인공지능(AI) 기술 또는 시스템을 훈련하기 위해 이 책의 전체 내용은 물론 일부 문장도 사용하는 것을 금지합니다.
▶ 이 책은 투자 참고용이며, 투자의 최종적인 책임은 투자자 본인에게 있습니다.

ⓒ엠제이(장재호), 2024

ISBN 979-11-407-1428-5 03320
(길벗도서번호 070527)

정가 23,000원

독자의 1초를 아껴주는 정성 길벗출판사

(주)도서출판 길벗 | IT단행본&교재, 성인어학, 교과서, 수험서, 경제경영, 교양, 자녀교육, 취미실용
www.gilbut.co.kr
길벗스쿨 | 국어학습, 수학학습, 주니어어학, 어린이단행본, 학습단행본
www.gilbutschool.co.kr

낙찰부터 매도까지
6개월 단기 수익
필승 플랜!

처음부터 배우는
부동산
경매투자

엠제이(장재호) 지음

프롤로그

경매 15년 3,000건 낙찰 후 얻은 5가지 투자 원칙

1. 경매투자의 목적은 낙찰이 아닌 수익이다

많은 사람이 경매를 시작하는 이유는 경매를 통해 돈을 벌 수 있다고 생각하기 때문이다. 지금도 많은 경매학원과 유튜브, 블로그, 부동산 책에서는 경매로 부자가 됐다는 증언과 사례들을 쏟아낸다. 당장이라도 경매를 시작하지 않으면 안 될 것 같은 환상을 심어주지만, 현실은 10명 중 9명은 경매투자로 수익을 내지 못한다.

경매를 통해 물건을 싸게 살 수 있는 건 맞지만 수익을 내는 건 별개의 문제다. 수익을 내는 방법은 의외로 간단하다. 수익이 발생할 만큼 더 싸게 낙찰받아 매도하는 것이다. 하지만 경매는 경쟁 매각이다. 초보자가 누구에게나 좋아 보이는 물건을 경쟁 없이 싸게 살 수 있는 방법을 찾기에는 실력도, 경험도 부족하고 지역도 한정적일 수밖에 없다. 그래서 계속해서 패찰하거나 낙찰가를 높게 받아서 수익을 내지 못한 채 결국 경매시장을 떠난다. 그러면서 '경매시장 끝물이더라', '경매는 돈이 안 된다' 등의 푸념을 늘어놓는다.

초보 시절에 경매물건을 볼 때는 입지 좋은 대장 아파트와 수익률 좋은 상가건물 그리고 유찰이 많이 된 특수물건 등 사고 싶은 물건을 보았다. 하지만 지금은 경매물건을 볼 때 가장 먼저 생각하는 건 이 물건을 낙찰받아 누구에게, 언제, 얼마에, 어느 정도 수익률로 팔 수 있는지를 본다. 그리고 좋은 걸 사는 게 아니라 투자금과 기간, 리스크, 수익률을 계산한다. 즉 초보 시절 소비자의 입장에서 경매투자를 하며 원하는 부동산을 소유할 수는 있었지만 그렇게 산 부동산으로는 돈을 벌 수는 없다는 걸 깨달았다.

경매투자의 목적은 물건을 싸게 낙찰받는 것도 아니고, 많은 부동산을 보유하는 것도 아니다. 그렇다고 어려운 특수물건을 해결하는 것도 아니다. 바로 소비자가 원하는 상품을 싸게 사서 비싸게 팔아 돈을 버는 것이다. 더 깊이 들어가면 투자 전에 미리 리스크를 제어해 안전한 수익을 내는 것이고, 최종 목표는 시스템을 만들어 안전하고 지속적인 수익을 창출하는 것이다.

2. 누구나 부자를 꿈꾸지만 노력하지 않는다

부동산 경매투자를 시작하기 위해서는 준비해야 할 과정들이 많다. 경매의 기초가 되는 민법(채권, 물권, 주택임대차보호법 등)과 민사집행법 등 기본적인 법령들을 숙지해야 한다. 그리고 등기부 권리분석과 임차인 권리분석, 그 외 명도에 관련된 민사소송법과 특수물건(유치권, 지분, 법정지상권) 등 방대한 내용을 공부해야 한다. 그래서 열정만으로 시작했다 지쳐서 포기하는 투자자가 매우 많다.

부동산 경매투자 공부를 2가지로 나눠 보면 경매 이론 과정과 부동산 투자 과정으로 나눌 수 있다. 먼저 경매 이론의 경우 처음 공부를 시작할 때는 힘들지만 한번 머릿속에 정리되면 법 개정이 일어나지 않는 이상 추가로 공부할 필요가 없다. 때문에 한 번에 깊게 제대로 공부하는 것이 좋다.

다음 부동산 투자 과정의 경우 부동산시장의 흐름과 가격은 멈춰 있지 않고 항상 움직이기 때문에 경매투자를 그만둘 때까지 계속해서 정부 정책과 금리, 부동산 수급 등 부동산시장 전체를 보는 공부를 해나갈 필요가 있다. 이 과정들을 좀 더 세부적으로 다음 5가지로 나눌 수 있다.

① 경매 기초 이론: 권리분석, 임차인 분석, 대지권 미등기, 토지별도등기
② 경매 심화: 가장 임차인, 유치권, 법지, 지분, 인수조건의 선순위 권리
③ 부동산 흐름: 지역별 인구, 수급, 가격, 정책, 금리
④ 부동산 종목: 아파트, 빌라, 상가, 공장, 토지, 모텔
⑤ 경매투자 사업: 마인드, 경제경영, 세금, 유통

초보자들이 안전한 경매물건에 투자하면서도 불안해하는 이유는 머릿속에 경매 이론이 완벽하게 정리되지 않았기 때문이다. 그리고 지역을 넓게 확장하여 투자하지 못하는 이유는 전국 부동산 공부가 전혀 되어 있지 않기 때문이다. 가장 기본적인 부분이 확립되지 않은 채 투자를 시작하면 그다음 단계로 가더라도 다시 리스크에 노출되어 마음껏 투자하기 힘들 수 있다. 그러니 우선 경매 이론을 탄탄히 하고 그 이후 부동산시장을 볼 줄 아는 능력을 기른다면 투자가 어렵다기보다는 재미있게 느껴질 것이다.

3. 실패하는 투자자가 살아남는다

경매투자에서 실패하지 않는 방법은 정체된 투자, 즉 성장하지 않는 투자를 하는 것이다. 투자하면서 한 번도 실패하지 않는다는 건 새로운 분야에 도전하지 않았다는 것이며, 그런 투자는 큰 실패도 없지만 큰 수익도 없다. 그리고 일회성이라면 모

를까, 계속 투자를 한다면 크든 작든 무조건 실패가 따라온다.

필자가 이제껏 경매투자를 해오며 정리해 본 결과, 총 300건 정도의 크고 작은 실패들을 경험했다. 그 실패의 유형을 피할 수 없는 실패와 피할 수 있는 실패로 나눠볼 수 있다.

먼저 피할 수 없는 실패란 경매투자를 하며 무조건 겪어야 할 필수 과정으로, 투자 지역이나 종목, 다양한 권리(특수물건)로 투자 물건을 점차 확장해 나가면서 따라오는 실패의 경험이다. 이런 과정에서 실패할 수밖에 없는 이유는 한 번도 경험한 적이 없는 투자이기 때문이다. 반면 피할 수 있는 실패는 주로 아는 분야가 많아질 때 발생한다. 이 실패는 대부분 욕심을 동반하며 부동산시장이 상승장이거나 투자수익이 많아지는 시기에 발생한다.

그래서 첫 번째 실패는 최소한의 손해로 최대한 많은 경험을 통해 같은 실수를 되풀이하지 말아야 한다. 두 번째 실패는 본인의 역량 안에서 최대한 조절하며 어느 정도 수익이 실현되면 욕심을 버리고 시장에서 빠져나올 수 있는 투자 원칙을 세워야 한다. 작은 실패들을 통해서 더 단단해질 수도 있지만, 한순간의 실패로 인생이 무너질 수도 있다는 것을 항상 인지하자.

4. 투자 체력은 반복되는 루틴에서 나온다

경매를 시작하는 많은 투자자가 빠르게 성장하고, 빠르게 수익을 내고 싶어 한다. 필자도 마찬가지였다. 아무것도 모르지만 열정만은 가득했던 그 시절이 지나고 조금씩 조금씩 작은 성장을 거듭하며 경매투자로 안전한 단기 수익을 낼 수 있게 되었다. 그리고 남들이 접근하지 못하는 특수물건 투자도 할 수 있게 되었다. 하루하루 성장하며 매일 투자 루틴을 실행하여 쌓인 노력이 실력으로 바뀌는 과정이었다.

필자가 생각하는 투자 루틴에는 총 4가지가 있다. 첫 번째는 부동산 정보 수집, 두 번째는 경매물건 검색, 세 번째는 운동 그리고 네 번째는 독서이다.

① 부동산 정보 수집

각종 SNS에서 제공되는 정보는 돈을 지불하지 않아도 다 내 것으로 만들 수 있다. 그러나 항상 신뢰할 수 있는 정보와 버려야 할 정보를 구분하는 작업이 필요하다. 정보가 살아있는 부동산 관련 네이버 카페나 블로그, 온·오프라인 모임 등에 적극적으로 참여하자.

② 경매물건 검색

물건 검색은 매일 30분에서 1시간씩 짧은 시간이라도 계속해서 보는 습관이 중요하다. 바쁘다 보니 일주일에 한 번씩 몰아서 보는 분들이 많다. 하지만 매일 검색하는 방법이 더 좋은 이유는 경매물건의 흐름이 끊임 없이 이어지기 때문이다.

③ 운동

운동을 통해 얻은 건강한 체력과 멘털은 새로운 투자 아이디어를 제공하고 실행력, 판단력을 키워준다. 필자가 운동하기 전과 후를 비교해 보면, 운동하기 전에는 여러 이유로 정체되어 있던 모습이 운동을 시작하고 나서는 많은 아이디어를 구상하며 자신감 있게 실행하고 부딪히는 모습으로 바뀌었다. 그리고 계속 성장하는 원동력이 되었다.

④ 독서

독서는 부동산 투자를 알려주기도 하지만 경영을 알려주기도 하고, 인생을 알려주기도 한다. 단돈 20,000원으로 저자의 몇십 년 노하우를 나의 인생에 더할 수 있다는 것이 독서의 가장 큰 장점이다. 책 속에 있는 다양한 지식의 축척도 많은 도움이 되었지만, 저자의 투자 마인드와 경영 철학 등이 머릿속에 들어와 내 생각과 더해져 고품질의 아이디어로 탄생해 새로운 투자와 사업을 진행하였고, 그 시도는 좋은 경험과 수익으로 돌아왔다.

5. 경제적 자유란 결국 시간을 버는 것이다

투자시장에서 수익을 내고 있는 투자자들이 가장 중요하게 생각하는 공통점이 있다면 바로 한정된 시간을 활용하여 완성한 자동화 수익실현이다. 부동산 투자를 병행하는 직장인들의 고민은 부족한 시간이다. 없는 시간을 쪼개서 투자해야 하는 직장인일수록 시간을 사는 투자를 선행할 필요가 있다. 먼저 내 시간을 사기 위해서는 그 시간만큼의 부동산을 통한 현금흐름을 만들어야 하며, 반대로 남의 시간을 사기 위해서는 남이 나를 위해 돈을 벌어주는 시스템을 만들어야 한다.

① 내 시간을 사는 법

내 시간을 사는 투자를 경매에 적용해 보면 크게 단기투자와 가치투자, 월세 투자가 있다. 단기투자는 낙찰부터 매도까지 3~6개월의 기간 안에 매도 차익을 노리는 '현재형 투자수익'이다. 가치투자는 하락장에서 저렴하게 물건을 낙찰받은 후 2~4년 뒤 물건의 가격이 상승하면 매도하는 '미래형 투자수익'이다. 월세 투자는 임대수익률이 높은 주거용이나 상업용 건물을 임대 목적으로 낙찰받아 매월 월세 받는, 일하지 않아도 수익 창출이 가능한 '시스템 투자수익'이다.

수익의 크기로 봤을 땐 가치투자〉단기투자〉월세 투자 순으로 높지만, 자산을 보유하면서 고정적인 수익이 지속적으로 발생하는 월세 투자가 투자자에게 가장 필요한 수익 구조라고 생각한다. 그래서 단기투자로 시작해 투자금을 늘린 후, 투자 원금은 훼손하지 않고 남은 수익으로 월세 투자를 진행해야 한다. 그리고 점점 투자 실력을 키워 오피스텔에서 다가구, 다가구에서 근린상가, 근린상가에서 숙박시설 등으로 투자금 대비 임대수익이 높아지는 월세 투자와 수익형 사업을 한다.

② 남의 시간을 사는 법

내가 가장 잘할 수 있는 일의 순위를 정한 다음 상위 순위는 직접 처리하고, 하위 순위는 사람을 고용해 위임한다. 어떤 투자를 하더라도 본인이 모든 걸 다하기보다는 시간(업무)을 위임할 수 있는 투자자가 되어야 한다. 물론 남에게 비용을 지불할 만큼의 수익이 나지 않는다면 본인이 모든 것을 다해야 한다. 하지만 남는 수익이 발생한다면 믿을 만한 적임자를 통해 나머지 과정들을 처리하는 것이 훨씬 효율적이다.

그 첫 번째 단계가 사업자가 되어 직원을 고용해 시간을 사는 과정이다. 경매사업자 시작 단계에서는 조금 어려울 수 있지만 어느 정도 수익 구조가 안정되었을 때는 위임 구조로 변경하여 좀 더 자동화된 시스템으로 전환해야 한다.

2023년 3월 《부동산 경매 단기투자의 기적》이라는 책을 출간한 후 약 2년이라는 시간이 지났다. 전작은 낙찰과 매도사례 중심의 실전 투자책이었다. 책이 출간된 뒤 곰곰이 생각해 보니 경매투자의 전 과정이 모두 중요한데 투자결과만 알려주다 보니, 준비가 안 된 초보 투자자들이 성급하게 시장에 진입해 실패하는 경우가 생길 수 있다고 판단했다. 그래서 경매투자 초보자를 위해 경매의 시작부터 마지막까지 꼼꼼히 알려줄 수 있는 책을 쓰기로 했다.

이 책은 필자가 이때까지 경매투자를 해오며 경험하고 느꼈던 것들을 정리한 것이다. 경매물건 검색과 현장답사, 입찰가 산정, 불허가, 대출과 명도, 인테리어를 활용한 단기매도법, 절세까지 투자자가 궁금해하는 모든 과정을 아낌없이 기록했다.

2022년 후반부터 시작된 부동산 하락장이 지속되며 투자자들은 여전히 겨울잠에서 깨어나지 않고 있다. 부동산 시장은 한 번의 큰 수익을 낸 사람이 아니라 시장에서 끝까지 버티며 지속적인 수익을 낸 사람이 살아남는다는 것을 기억하자. 요령만 배우려는 투자자가 아닌 기초가 튼튼한 투자자가 되길 바란다.

엠제이.

차례

프롤로그 경매 15년 3,000건 낙찰 후 얻은 5가지 투자 원칙 ◦ 4

PART I

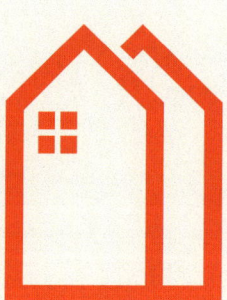

돈 되는 경매물건을 찾아라!

1장 | 왕초보 경매물건 기본 조사

01 경매 입찰 전 꼭 알아야 할 4가지 투자 조건 ◦ 21

| 02 | 숲과 나무를 함께 보는 경매물건 기본 조사 • 25
| 03 | 부동산 가격 조사와 경매물건 내부 조사 • 36
| 04 | 검색의 시작은 물건의 단점을 찾는 것 • 45

2장 | 경매 사이트에서 좋은 물건 찾기

| 05 | 초보자라면 꼭 알아야 할 경매 사이트 활용법 • 52
| 06 | 아파트 단기투자 경매물건 검색 요령 • 57
| 07 | 빌라, 주택, 오피스텔 경매물건 검색 요령 • 64
| 08 | 미납물건! 재매각 경매물건 검색 요령 • 76

3장 | 리스크 줄이는 물건별 현장답사 팁

| 09 | 전문가가 알려주는 실전 현장답사 요령 • 80
| 10 | 현장에 답이 있다! 나홀로 아파트의 현장답사 • 83
| 11 | 조망과 채광은 기본! 빌라의 현장답사 • 87
| 12 | 수익률 대박! 단독주택의 현장답사 • 90
| 13 | 함정에 빠지지 않는 상가의 현장답사 • 92

PART II

최저가 입찰부터 권리분석, 개운한 명도까지!

4장 | 입찰부터 낙찰까지 한눈에 파악하는 경매 절차

14 그림으로 보는 경매 절차 ◦ 97
15 첫 입찰부터 기쁨의 낙찰까지 ◦ 102
16 입찰자의 시간 낭비 막는 변경, 취하, 기각 체크하기 ◦ 112

5장 | 5분이면 충분한 실전 경매 권리분석

17 한눈에 보는 등기사항전부증명서 ◦ 120
18 임차인의 권리 어디까지 책임져야 할까 ◦ 132

19	순위와 상관없이 무조건 먼저! 최우선변제권 • 141
20	소멸되는 전세권과 인수되는 전세권 • 154
21	임차인의 최우선변제보다 우선하는 배당 • 161

6장 | 낙찰자 지키는 매각불허가와 매각허가결정 취소

22	매각불허가, 매각허가결정 취소 신청 간단하게 접수하기 • 171
23	누수로 인한 매각허가결정 취소 사례 • 179
24	진성 유치권자가 있는 아파트 매각허가결정 취소 • 184
25	법원의 매각불허가결정을 활용한 단독 낙찰 • 189
26	입찰가 잘못 적은 물건 경매 취하 후 매도 수익 완성 • 193

7장 | 명도의 신이 알려주는 마음 편한 명도 노하우

27	3,000건 명도 후 알게 된 초단기 명도 협상의 비밀 • 199
28	잔금납부 전 명도 진행 절차: 현장 방문, 내용증명 발송 • 203
29	잔금납부 후 채무자 명도 진행 절차: 인도명령 신청, 집행 계고 • 208
30	잔금납부 후 임차인 명도 진행 절차: 명도확인서, 부당이득 반환청구 • 218
31	형사고소를 피하는 공실 명도 요령 • 222
32	점유자별 명도 전략 총정리: 채무자, 임차인, 점유자, 공실 • 224

PART III

최대 수익률로 빨리 파는 매도 노하우!

8장 | 내놓자마자 팔리는 갓성비 인테리어

- 33 인테리어는 빠른 매도의 핵심 ◦ 233
- 34 순서대로 배우는 공정별 인테리어 ◦ 236
- 35 25평 구축 아파트 단돈 890만 원으로 새집으로 변신 ◦ 241
- 36 30년 된 낡은 빌라를 고급 빌라로 바꾸는 노하우 ◦ 249
- 37 10년 동안 안 팔리던 집이 이 공사 하나로 바로 계약 ◦ 256

9장 | 경매투자의 완성! 매도의 기술

- 38 [1단계] 팔릴 물건을 사서 예쁘게 포장하라: 청소, 인테리어 ◦ 263
- 39 [2단계] 불특정 다수에게 최대한 많이 노출하라: 단체문자, 맘카페 ◦ 266
- 40 [3단계] 물건지 주변 사람들을 노려라: 전단지, 현수막 ◦ 270

PART IV

경매투자 당신도 할 수 있다!

10장 | 경매투자자를 위한 절세 비법

41 개인, 매매사업자, 법인을 활용한 경매투자 요령 ◦ 277
42 실전투자자가 알려주는 양도세 절세 비법 ◦ 281
43 매매사업자를 활용한 손쉬운 단기투자 ◦ 287

11장 | 하락장에서도 꾸준한 수익 창출 투자 사례

44 지방 1억 원 이하 소형 주택, 수익률 200% 달성! ◦ 293
45 70평 빌라로 낙찰 6개월 만에 1억 원 벌다! ◦ 301
46 투자금 2,000만 원으로 2개월 만에 4,000만 원 수익! ◦ 308
47 낙찰부터 매도까지 단 20일! ◦ 314
48 지방 나홀로 아파트 초단기 매도 수익 사례 ◦ 319

에필로그 경매투자 지나온 15년을 되돌아보며 ◦ 326

PART I

돈 되는
경매물건을 찾아라!

1장

왕초보 경매물건 기본 조사

01 경매 입찰 전 꼭 알아야 할 4가지 투자 조건

'더 많이'보다는 '더 멀리'

2025년 현재, 매월 진행되는 경매물건의 수는 2만 건 이상이다. 필자가 경매를 시작한 2010년 이래 한 번도 보지 못했던 역대급으로 많은 물건이 경매로 나오고 있다. 경매물건이 많으면 그만큼 부동산 경기가 좋지 않다는 것인데, 부동산 시장이 호황일 때는 매월 8,000~9,000건 수준이었으니 현시점 부동산시장과 내수경기가 얼마나 심각한지 알 수 있다.

그렇다면 경매물건이 많이 나오면 경매투자에 유리할까? 실거주자 입장에서는 시세보다 좀 더 저렴하게 부동산을 구입해 거주할 수 있다. 하지만 투자자의 입장에서 보면 경매투자는 매도 수익을 기반으로 하기에 지금처럼 매수자가 없는 시장에서 무조건 싸게 산다고 해서 돈을 벌 수 있는 것은 아니다.

그래서 경매를 시작하는 초보 투자자라면 경매(권리분석, 명도)를 배우기에 앞서 부동산 투자의 본질을 배워야 이 험난한 경매 경쟁에서 이기고 수익을 낼 수 있다. 또한 일반 부동산 투자와 다른 경매투자만의 고급 기술들(특수물건)을 함께 응용한다면 경쟁 없이 독점할 수 있는 경매 투자자가 될 수 있다.

모든 투자는 항상 리스크를 동반한다. 4년 전 부동산 상승장에서 용감하게 부동산 개수를 늘려갔던 투자자들은 현재 역전세와 가격 하락으로 굉장히 힘든 시기를 보내고 있다. 가장 큰 이유는 바로 본인만의 투자 원칙이 없기 때문이다.

투자를 잘한다는 것은 수익을 많이 내는 것이 아니라, 투자시장에 오래 살아남아서 노동 소득보다 높은 자본 소득을 발생시키는 것이다. 그러기 위한 첫 번째 방법은 공격적 투자가 아닌 수비적 투자를 하는 것이라고 할 수 있다. 즉 투자를 시작할 때 얼마나 많은 돈을 벌 수 있느냐가 아닌, 얼마나 안전하게 돈을 벌 수 있느냐가 첫 번째로 검증되어야 한다.

부동산 투자를 결정하는 4가지

필자의 부동산 경매투자 원칙에는 4가지가 있다.

① 리스크 체크

첫 번째는 입찰하기 전 무조건 해당 물건의 리스크를 체크한다. 여기서 리스크란 투자할 물건을 사려는 수요층과 그들에게 팔 수 있는 매도가격을 뜻한다. 잘 팔릴 물건인지를 판단하고, 얼마에 팔 수 있는지를 체크하는 것이다. 초보자들의 가장 큰 실수는 거의 99%가 이 첫 번째 관문에서 일어난다. 이 부분만 꼼꼼히 체크한다면 많은 투자 실수를 줄일 수 있다.

② 투자금의 크기

두 번째는 투자금의 크기이다. 투자하다 보면 레버리지를 적극적으로 활용한다는 전제하에 투자금이 적을수록 수익률이 높아진다는 것을 알 수 있다. 본인이 가용할 수 있는 투자금 대비 가장 높은 수익을 낼 수 있는 종목이 무엇인지, 그 종목을 어떻게 활용할 것인지 고민하고 특화할 필요가 있다.

③ 매도 기간

세 번째는 매도 기간이다. 상승장에는 매수자가 많아 빠르게 매도하는 것이 큰 의미가 없지만, 물건을 싸게 사서 원가에 파는 단기투자자들에게는 소요되는 기간이 짧으면 짧을수록 좋다. 매도 기간이 길어지면 계속 발생하는 이자 부담과 회수되지 않는 투자금으로 인해 재투자가 힘들어져 리스크가 커지게 된다.

④ 투자수익률

마지막 원칙은 투자수익률이다. 본인이 지출한 투자금과 리스크가 동일하다는 전제하에 투자금 대비 20% 수익을 내는 종목과 100% 수익을 내는 종목이 있다면 당연히 전자의 투자를 그만두고 후자의 투자에 집중하며 수익률을 더 높이기 위해 많이 연구해야 한다. 그러나 대부분의 투자자가 투자수익률을 모른 채 낙찰 횟수만 늘리는 투자를 한다. 그래서 입찰할 경매물건을 볼 때 수익률의 크기를 비교하지 않는 오류를 범한다.

경매는 경쟁 매각을 뜻한다. 일반 매매처럼 내가 사고 싶다고 해서 바로 계약금을 넣는 게 아니라, 입찰자 중 최고가 매수인으로 선정되어야 그 물건의 주인이 될 수 있다. 그래서 처음 경매를 시작하는 분들은 경쟁에서 이겨 낙찰받아 내 물건이 되는 과정 자체를 즐기고 좋아한다. 하지만 시간이 지나면서 돈은 벌지 못하고 물건 개수만 늘어가면 그제야 경매투자는 낙찰이 아닌 수익이 목적이 되어야 한다는 것을 깨닫게 된다.

그렇다면 경쟁 입찰에서 이기고 수익을 낼 수 있는 방법은 무엇일까?

초보 시절에 이 고민을 참 많이 했다. 그리고 언제나 답은 쉬웠다. 그 답은 바로 경쟁 없이 수익이 많이 나는 물건을 나 혼자 낙찰받으면 된다는 것이다. 하지만 그것만큼 어려운 것도 없다.

디테일이란 어떠한 일을 최대한 꼼꼼하게 세세한 부분까지 신경 쓴다는 뜻이다. 경매투자에서 물건 조사를 할 때 가장 중요한 부분이기도 하다. 부동산의 특성상 하나의 부분만 보고 판단해서는 안 되고, 작은 부분까지 세세하게 체크해야 실수를 줄일 수 있다.

부동산 경매에 나오는 물건들도 이런 디테일한 조사가 뒷받침되어야 한다. 추후 낙찰받은 물건의 조망이나 채광에 문제가 있다든지, 인근 아파트 입주가 많아 가격이 떨어진다든지 등 체크하지 못한 여러 부분으로 함정에 빠질 수 있기 때문이다.

02

숲과 나무를 함께 보는 경매물건 기본 조사

좋은 물건을 고르는 법

〈그림 1-1〉은 부산시 해운대구에 위치한 아파트이다. 감정가격 5억 3,800만 원에 최저가 2억 7,500만 원까지 유찰되었고, 부산지방법원 동부지원에서 입찰을 진행했던 물건이다. 해당 물건은 2024년 5월 21일 입찰자 6명, 입찰가는 전 회차를 훌쩍 넘긴 3억 5,600만 원에 낙찰되어 필자가 최종 매도하려는 가격보다 높은 가격에 실거주자에게 낙찰되었다.

여기서 중요한 것은 낙찰 여부보다는 투자자가 해당 물건의 내용과 가치, 수익률을 정확히 판단하여 입찰했다는 것이다. 그리고 이런 투자는 시간이 지나고 횟수가 반복되어도 매우 안전하다.

경매로 돈을 벌고 싶은 많은 초보 투자자가 특별한 조사 양식 없이 대충 부동산 가격만 조사하고 입찰가를 정한다. 그리고 경쟁이 많아 보이면 입찰가를 올리고, 낙찰 후에도 정해진 틀이 없는 명도와 매도를 진행하며 주먹구구식 투자를 한다. 하지만 경매시장은 생각하는 것보다 훨씬 더 냉정하고 무서운 곳이기에 많은 수익보다 기초를 튼튼히 하여 큰 손실을 내지 않는 안전한 투자를 지향해야 한다.

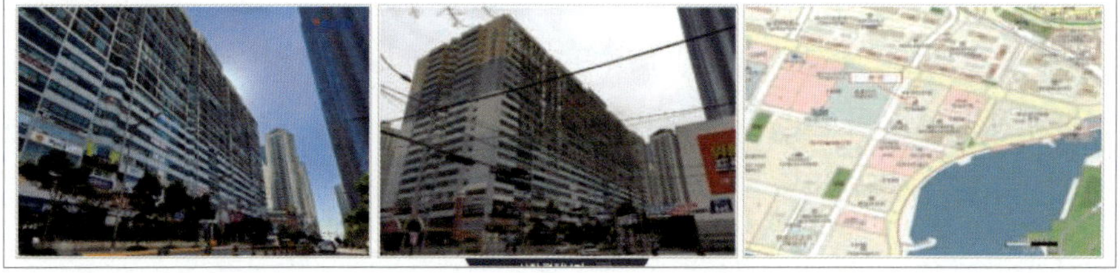

▲ 그림 1-1 경매에 나온 부산 해운대구의 한 아파트

    부동산 경매는 숲(부동산)과 나무(경매)가 합쳐진 혼합 투자 방법으로, 첫 번째로 조사해야 하는 것은 숲이다. 예를 들어 평택에 위치한 경매물건을 입찰하려고 할 때 평택의 인구수, 평택 지역의 수급, 호재 흐름을 알려고 하기보다 현재 팔 수 있는 물건의 매도가격만 조사하는 경우가 많다.

    짧게 봤을 때는 수익상 큰 문제가 되지 않을 수도 있다. 하지만 길게 봤을 때는 낙찰 후 전세를 놓았던 물건이 입주 물량이 많아 가격이 하락할 수도 있고, 상승장 전에 팔았던 물건이 상승 시기에 몇억 원이나 오를 수도 있다. 그래서 물건 조사 시 전반적인 도시의 흐름을 이해한 후 도시의 힘을 파악하는 것, 즉 숲을 이해하는 것이 선행되어야 한다.

① 해당 지역의 인구수와 수급

경매물건 조사 시 첫 번째로 조사하는 부분은 경매가 진행되는 지역의 인구수와 수요 공급이다. '아실(asil.kr)'과 '부동산지인(aptgin.com)'이라는 사이트를 활용하면 이런 부분을 좀 더 편하게 확인할 수 있다.

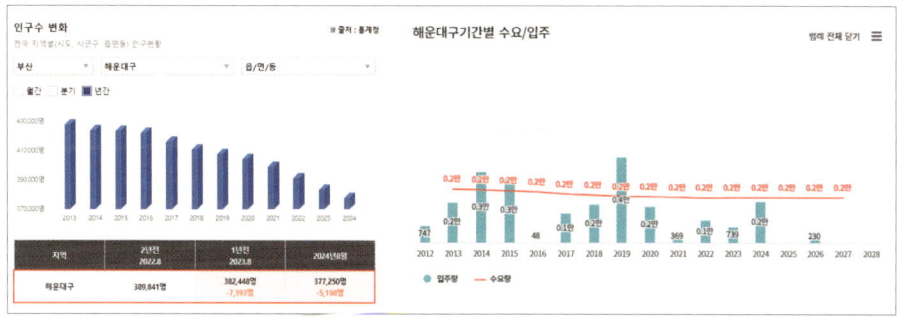

▲ 그림 1-2 해운대구의 인구수와 수급 물량

2024년 부산의 총인구수는 약 327.3만 명이며 해운대구의 경우 37.7만 명으로 부산에서 가장 많은 인구가 거주 중이다. 만약 부산의 아파트 가격이 상승한다면 아무래도 동부산권의 해운대를 품고 있고 신도시가 형성되어 있는 해운대구가 가장 먼저 상승할 것이다. 그리고 그 뒤를 따라 인근의 수영구, 동래구, 남구 등이 가격을 맞춰갈 확률이 높다.

지역별로 전반적인 부동산 가격의 힘을 보아도 가장 많은 인구가 거주 중인 서울의 부동산 가격이 가장 비싸고 상승 가치가 높은데, 그 첫 번째 이유는 거주인구의 힘이라고 정의할 수 있다. 그래서 지역 분석을 할 때 각 지역의 인구수와 아파트 가격을 조사하고, 지역별 순위와 힘을 알아보면서 그 순위를 기록하여 가격의 흐름을 체크해 봐야 한다.

다음으로 수급(입주 물량)의 경우 장·단기적으로 부동산 가격에 미치는 영향이 굉장히 크다. 지금 당장 물량이 많지만 향후 입주 물량이 부족하다면 미래 가치를 보고 부동산 상승 관점으로 투자에 접근할 필요가 있다. 반면 지금은 물량이 없지만 장기적으로 물량이 많아진다면 향후 수요보다 공급이 많아져 부동산 가격 하락이 일어날 수 있음을 예측할 수 있어야 한다.

〈그림 1-2〉 오른쪽 그래프에서 해운대구 입주 물량은 2024년에도 적정물량에 미치지 못하고, 다음 해에는 물량이 줄어드는 것으로 보아 현시점에서 투자하기에 매매든 전세든 둘 다 나쁘지 않은 것으로 판단할 수 있다.

② 물건의 방향, 평형, 구조

우리나라 주택의 경우 거실 방향을 남향으로 건축하는 것이 일반적이다. 대단지

▲ 그림 1-3 서향이지만 바다뷰

아파트의 경우 남향 아파트의 앞뒤 동 막힘 현상으로 V자 형식의 남동향, 남서향의 구조로 많이 건축하고 있다. 보통 북향으로 건축하는 경우는 거의 없으며, 선호도는 '남향-동향-서향' 순이지만 취향에 따라 달라질 수도 있다. 해당 아파트의 경우 서향이지만 거실 뷰가 요트경기장(바다)을 향하고 있어 방향은 양호한 편이다.

아파트 평형은 네이버 부동산에서 확인할 수 있는데 경매정보지에 표시된 전용면적이 아닌 분양면적(전용+공용)을 기준으로 체크해야 한다. 부동산중개사무소에 문의할 때도 분양면적을 기준으로 가격 조사를 해야 한다. 네이버 부동산에서 확인할 수 있는 해당 아파트의 공급면적은 80.92m²로 이 면적에 0.3025를 곱하면 평수를 계산할 수 있다. 따라서 이 아파트의 면적은 24.47평임을 알 수 있다.

아파트 평수는 국평(국민주택 규모 면적 85m²)이라 하여 32~35평형을 가장 선호하는 평수로 보는데, 점점 소형화되는 추세다. 그러나 여전히 대단지 아파트를 분양할 때는 32평형 세대가 가장 많고, 그다음이 25평형이다. 40평 이상의 대형 평수는 갈수록 줄어드는 분위기다.

마지막으로 내부 구조의 경우 네이버 부동산의 단지 정보에서 확인할 수 있다. 하

▲ 그림 1-4 평형과 도면

지만 내부 도면이 없는 경우 경매정보지를 지참하여 인근 주민센터를 방문하거나, 인터넷사이트 '세움터(www.eais.go.kr)'에서 내부 도면을 발급받아 볼 수 있다. 아파트 내부 구조는 취향에 따라 다르지만 3베이나 4베이의 남향 판상형 구조를 가장 많이 선호한다. 여기서 베이란 건물의 기둥과 기둥 사이에 있는 공간으로 3베이라면 침실 A, 거실, 침실 B가 같은 방향으로 지어진 공간을 말한다.

③ 네이버 호가와 실거래가

물건 가격을 조사할 때 가장 정확한 것은 유선이든 현장이든 물건지 인근의 부동산중개사무소를 통해 팔릴 수 있는 매도가격을 조사하고 입찰가를 산정하는 것이다. 네이버 부동산에 나와 있는 호가(매도가격)와 실거래가를 참고하되 이 가격을 맹신하

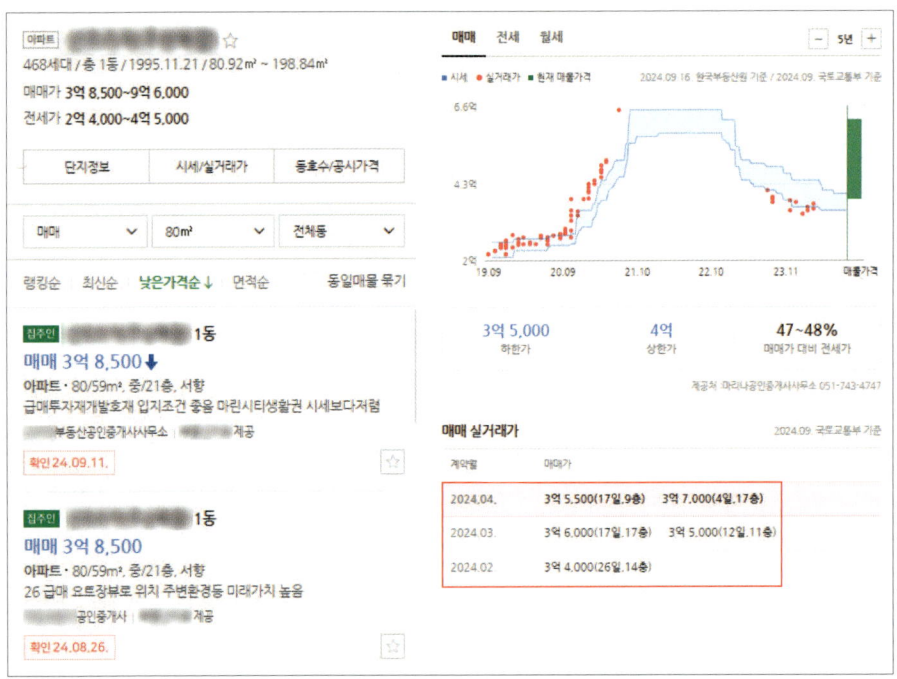

▲ 그림 1-5 호가와 실거래가

고 입찰하면 절대 안 된다.

　네이버 호가는 물건을 매도할 경우를 생각해 경쟁 물건들의 특성과 가격을 미리 알아볼 때 사용한다. 실거래가의 경우 월 기준으로 얼마나 많은 거래가 이뤄지는지를 파악하는 지표로 사용한다. 이때 실거래가 적다면(월 1회의 거래도 없는 경우) 그만큼 매매 거래가 되지 않는다는 것이므로 주의해야 한다.

　〈그림 1-5〉 해당 물건의 호가를 보면 최저 3억 5,000만 원에서 4억 원 중반까지 형성되어 있다. 또 실거래는 매월 1~2회 정도로, 1개 동의 주상복합인 것을 고려하면 거래가 조금씩 일어난다고 볼 수 있다.

④ 공동주택가격과 미납관리비

　2020년 문재인 정부 시절, 부동산 시장의 폭등을 막기 위해 여러 가지 부동산 규제와 대책들이 나왔다. 그중 최고 수준의 대책은 바로 2020년 7월 10일 22번째 부동산 대책인 '7·10 부동산 대책'이다. 이 대책은 다주택자의 부동산 취득세를 1%에서 8~12%로 인상하고 1년 미만의 양도세를 70%로 중과하는 반면, 종부세를 6%까지 상향하는 가장 강력한 부동산 규제였다.

　무주택자라면 공동주택가격이 1억 원 이상인 경매물건 2개까지는 일반 취득세인 1%로 취득할 수 있다. 하지만 보유 물건이 2개를 초과하면 8~12%의 취득세를 납부해야 한다. 그렇기 때문에 공시지가 1억 원 이상의 아파트를 2채 이상 보유하고 있는 투자자의 경우 중과된 취득세로 인해 추가 매수가 어렵게 되었다. 따라서 취득세 중과가 없는 공시지가 1억 원 이하 아파트에 쏠림 현상이 강화되었다. 그래서 경매 입찰 전 해당 연도 공시지가가 1억 원 이상인지 이하인지 확인하는 것이 필수다.

　그리고 주거용 공동주택 경매물건의 경우 미납관리비 연체 금액을 확인해야 한다. 관리사무소가 있는 아파트의 경우 관리실 직원들을 통해 미납금액, 공용과 전용 관리비를 자세히 알 수 있다. 하지만 나홀로 아파트나 빌라의 경우 관리 주체가 없어 현

▲ 그림 1-6 공동주택가격

장에 방문하여 관리주체(총무 등)를 찾아 미납분의 확인 및 내·외부 하자와 특이사항을 체크해 볼 필요가 있다.

미납관리비(공용부분 3년)는 낙찰자가 인수하는 금액으로, 입찰가 산정 시 반드시 체크하여 미납분만큼 공제한 후 입찰가격을 정해야 한다.

• 단지정보 및 현장조사

건설사	주식회사[illegible]	총동수	1개동	총세대수	468세대	사용승인	1995년11월
최고층	21층	최저층	21층	총주차대수	946 대	관리소	051-742-[illegible]
난방방식	개별난방	난방연료	도시가스	면적유형	80㎡, 115㎡, 136A㎡, 137B㎡, 143㎡, 147㎡, 164㎡, 198㎡		
주변환경	아람마트,리베라백화점, 해강초,해운대중,해운대여중,해운대고,해운대여고, 동백공원, 올림픽동산, 해운대해수욕장, 성모병원						
NAVER 단지정보	시세정보 단지정보 평면도 관리비 학군정보 갤러리					면적표기 : 옥션원(전용), 네이버(공급)	
관리비 등 체납내역 (조사일 2023.11.20 현재)	관리비(금 130,000원) 체납기간(2023.08~2023.09) 담당(051)742-[illegible])						
현장조사 보고서 (조사일 : 2023.11.20)	*본건은 해원초등학교 동측300m거리에 위치하고 있으며 부근은 초고층건물 및 각종 근린생활시설로 형성된 지역임.1개동 478세대로 이루어진 주상복합건물로서 사용년수에 비해 외관 및 관리상태는 보통시 되며 단지내 지상 및 지하4층규모의 주차장 있음.24평형 복도식/서향구조로서 접근성은 용이하며 전반적인 주거환경은 무난시 됨. *현장 방문시 점유자 부재중이며 우편물은 없는 상태임. *건물내 입주자들에게 문의한 바 현재 거주하는 사람은 없는 것으로 탐문됨. *1~3층 상가/4~8층 오피스텔/9~21층까지는 아파트로 구분되며 출입구는 A~B동으로 분리되어 있는 구조임.그리고 내부 확인할 수 없었으나 실내는 방2/거실/화장실1개구조로 파악되며 승강기는 총6대 설치되어 있는 것으로 조사되었음.(외관 베란다샷시 수리x) *1~3층 상가로는 가구매장,식당,내과의원,약국,당구장,변호사사무실등이 위치하며 4~8층 오피스텔은 대부분 사무실용도로 이용되고 있는 상태임.현재 본건 앞에 위치한 홈플러스는 폐점이 되었으며 향후 이 부지로는 53층 2개동규모의 업무시설이 들어오는 것으로 탐문됨. *도보5분거리내 지하철2호선 동백역이 위치하며 센텀시티,동백섬,요트경기장,해운대해수욕장 접근성은 양호하였음.						

▲ 그림 1-7 미납관리비

⑤ 권리분석과 점유자 정보

경매를 시작하는 입문자들의 경우 권리분석이 제일 중요하다고 생각해 완벽하게 공부하려고 한다. 권리분석은 말 그대로 경매물건의 권리 사항을 정리한 설명서일 뿐이다. 특히 아파트 권리분석의 경우 대항력 있는 임차인이 없다면 대부분 등기상의 권리는 말소기준권리로 인해 소멸하므로 권리분석에 많은 시간을 할애하는 일이 거의 없다.

〈그림 1-8〉의 임차인 현황을 보면 해당 물건은 배당 요구한 대항력 있는 임차인이 거주하고 있다. 이런 경우 가장 유의해야 할 점은 대항력 있는 임차인보다 먼저 배당을 받는 채권자가 발생하는지, 그리고 발생한다면 그 금액은 얼마인지 체크하는 것이다.

이를 알기 위해 첫째는 지자체의 압류(법정기일 빠른 세금)를 체크할 필요가 있다. 둘째는 임금채권(최우선변제), 셋째는 종전 경매가 진행되었다면 후행 경매의 동일 임차

임차인현황	(말소기준권리 : 2021.11.18 / 배당요구종기일 : 2023.04.10)						
임차인	점유부분	전입/확정/배당	보증금/차임	대항력	배당예상금액	기타	
주택도시보증공사	주거용 전부	전입일자: 2020.08.10 확정일자: 2020.07.02 배당요구: 2023.02.20	보150,000,000원	있음	예상배당표참조		
최○○	주거용 부동산전부	전입일자: 2020.08.10 확정일자: 2020.07.02 배당요구: 2022.11.15	보150,000,000원	있음	배당순위있음	임차권등기자	

임차인수: 2명 , 임차보증금합계: 300,000,000원

임차인분석:
- 폐문으로 거주자 등을 만날 수 없었음. (조사취지를 알리는 안내문을 현관문에 꽂아두고 왔으나 연락이 없음).
- 이 사건 부동산 소재지에 전입신고 된 세대주 및 상가임대차현황에 등록된 임차인 각 없음.
- 점유 및 임대차 여부는 알수 없음.
- 이사건 부동산소재지 관리사무실에서 성명불상의 여자경리직원에게 문의 한 바, 이사건 부동산은 현재 공실이라고 함.
- 주택도시보증공사: 임차인 최○○의 승계인임.
- 최○○:주택임차권자로서 주택임차권등기일은 2022.11.15.
▶ 매수인에게 대항할 수 있는 임차인 있으며, 보증금이 전액 변제되지 아니하면 잔액을 매수인이 인수함

• 등기부현황 (채권액합계: 495,000,000원)   **압류/임금채권/종전 임차인 여부 확인**

No	접수	권리종류	권리자	채권금액	비고	소멸여부
1(갑10)	2020.08.04	소유권이전(매매)	변○○		거래가액:268,000,000	
2(을8)	2021.11.18	근저당	(주)뉴욕파이낸셜대부	150,000,000원	말소기준등기	소멸
3(을9)	2022.04.05	근저당	김○○	150,000,000원		소멸
4(을10)	2022.07.26	근저당	이○○	45,000,000원		소멸
5(을11)	2022.11.15	주택임차권(부동산전부)	최○○	150,000,000원	전입:2020.08.10 확정:2020.07.02	
6(갑12)	2023.01.26	임의경매	이○○	청구금액: 31,499,940원	2023타경○○○	소멸
7(갑14)	2024.02.23	임의경매	○○○○○대부	청구금액: 128,322,000원	2024타경○○○	소멸

▲ 그림 1-8 권리분석과 임차인 확인

인인지 여부, 넷째는 대항력 포기 조건 여부를 체크해야 한다. 해당 물건은 등기상 이 4가지 부분의 하자가 발견되지 않았으므로 권리의 하자가 없는 깨끗한 물건으로 판단할 수 있다.

마지막으로 점유자 정보의 경우 기본적인 대항력 여부와 함께 해당 물건에 거주 중인지, 배당을 받는 점유자인지 배당을 받지 못하는 점유자인지, 그리고 경매정보지에 표시되지 않는 불특정 제삼자인지의 여부로 나눌 수 있다. 해당 물건의 점유자는 전액 배당을 받는 점유자로 낙찰 후 2개월 후인 배당기일에 맞춰 배당을 받고 점유를 비워줄 임차인으로 조사되었다.

권리분석에 미리 겁먹을 필요 없다. 이에 대하여는 5장에서 자세히 살펴볼 것이다. 지금까지 경매물건 기본 조사가 완료되었다. 기본 조사 내용을 토대로 해당 물건에 대해 정리해 보면 다음과 같다.

<기본 조사 보고서>

① 공시가격 1억 원 이상의 부산 해운대에 위치한 아파트로 해당 지역의 공급은 올해는 적정 수준이지만 내년부터 부족할 것으로 보인다.
② 24평형의 방 3개, 욕실 1개의 바다 조망의 서향 아파트이다.
③ 매매 호가는 3억 5,000만 원에서 4억 5,000만 원 선이며 실거래는 월 1~2회 정도 3억 5,500만 원 선이다.
④ 미납관리비는 13만 원으로 명도 시 모두 납부할 예정으로 보인다.
⑤ 대항력 있는 임차인은 보증금 전액을 배당받으며 그로 인해 명도는 배당기일인 낙찰 후 2개월 뒤에 가능해 보이고, 권리상 하자가 없는 물건이다.

03

부동산 가격 조사와 경매물건 내부 조사

기본 조사를 통해 물건의 사실관계 및 권리분석과 점유 현황 등 경매에 관련된 내용들을 정리해 보았다. 다음으로 물건의 투자수익률을 분석하고 적정한 입찰가격을 선정하기 위한 물건 조사를 진행해야 한다.

부동산 가격 조사

경매물건 조사를 처음 시작할 때 가장 어렵고 부담스러운 부분이 부동산 가격 조사다. 부동산중개사무소에 경매로 나온 물건의 가격을 알아보려고 전화했다고 하면 친절함보다 퉁명스러움을 마주할 확률이 높다. 더러는 전화를 끊어 버리기도 한다. 이런 상황을 겪다 보면 위축되어 부동산중개사무소에 전화하는 것을 기피하거나, 아니면 매수자인 척하며 가격을 물어보기도 한다.

하지만 매수자로 조사한 가격과 매도자로 조사한 가격은 절대 동일하지 않다. 얼마에 팔 수 있는지를 정확히 조사하지 못한 채 입찰하게 되면 그 손실은 오로지 입찰자가 보게 된다. 그래서 조사할 때 해당 물건의 동·호수를 부동산중개사무소 소장님께 전달해야 하며, 특이사항이 있는 경우에는 재차 확인해야 실수를 줄일 수 있다.

필자가 15년간 부동산 경매를 해오면서 깨달은 실수를 줄이고 원하는 정보를 얻는 노하우를 공유한다.

첫째, 부동산중개사무소에 전화하기 전, 물건의 정보가 정리되어 있어야 한다. 기본적인 것만 질문하다가 막상 중요한 부분(수요, 가격)을 놓치는 경우가 많다.

둘째, 해당 물건의 동·호수(방향, 층, 조망 등)를 정확히 전달해야 제대로 된 가격 정보를 알 수 있다.

셋째, 동·호수를 듣고 부동산중개사무소에서 경매로 나온 물건임을 알고 있다면 낙찰 후 소장님께 매도를 부탁드린다며 서로 원-윈 관계가 될 수 있음을 어필할 필요가 있다. 만약 경매물건인지 모르고 있다면 경매 입찰가 산정을 위해 가격 조사 차 전화했다는 사실을 말해야 한다. 그렇지 않으면 부동산중개사무소에서 매도자로 착각하여 손님이 있을 때마다 확인 전화를 할 수 있기 때문이다.

그리고 물건이 오래된 구축 아파트인 경우 수리 전과 수리 후의 매수 수요와 매도가격의 차이를 물어봐야 한다. 이때 매도가격은 호가가 아닌 바로 매도할 수 있는 보수적인 가격선을 제시받아야 낙찰 후 매도 시점에 조금 더 안전하게 매도할 수 있다.

다음은 평상시 필자가 입찰할 경매물건 조사를 위해 부동산중개사무소와 통화하는 내용을 적은 것이다. 첫 통화에서 먼저 경매물건 조사라고 목적을 얘기하면 대화의 흐름이 매끄럽지 않을 수 있다. 그래서 대화를 시작할 때 정확한 동·호수와 평수를 밝힌 후 매도가격과 분위기를 물어본다.

> 필자: 소장님, 안녕하세요. 현대아파트 102동 10층 매매를 내놓으려고 하는데, 요즘 시세가 어떻게 되나요?
>
> 소장님: 요즘 거래가 드물어서 싸게 내놓지 않으면 나가기 힘들어요. 1억 6,000만 원에 내놓은 지 3개월인데 집이 잘 안 나가네요.
>
> 필자: 저희는 1억 5,000만 원 선에서 수리해서 내놓으려는데, 이 정도면 가능할까요?
>
> 소장님: 수리하고 1억 5,000만 원이면 충분히 나갈 것 같은데, 혹시 집은 볼 수 있나요?
>
> 필자: 아뇨. 저는 경매 나와 있는 물건을 낙찰받아 수리 후에 내놓으려고 해요. 거리가 멀어서 미리 전화드렸어요. 혹시 낙찰 후 소장님께 맡기면 잘 팔아주실 수 있을까요?
>
> 소장님: 아, 네네! 당연히 팔아드리죠! 꼭 낙찰받으시고 전화주세요.

보통 부동산 상승장에는 사려는 사람이 많아 매도가격이 빠르게 잡히지만, 하락장에는 사려는 사람이 없어 소장님조차도 매도가격을 잡아주지 못하는 경우가 종종 있다. 이런 경우 여러 가지 상황을 설정한 뒤 매도가격을 먼저 제시하면 보수적인 가격을 제시받을 수 있다.

통화 내용을 보면 필자가 1억 6,000만 원에 팔리지 않는 집이 있다는 얘기를 듣고 1억 5,000만 원에 수리까지 해서 매도한다면 어떻겠냐는 상황을 설정해서 경쟁 매물보다 낮은 매도가격을 제시했다. 그러자 부동산중개사무소 소장님도 그 가격이면 충분히 매도될 거라 판단해 집을 보려고 하는 내용이다. 즉 어떤 부동산중개사무소든 소장님은 매도 방법을 만들어 주는 사람이 아닌, 지금 현재 동네 분위기와 현재 가격을 위주로 판단하여 현실적인 정보를 전달하는 사람이다. 그러기에 입찰자 본인이 여러 방법을 만들어서 소장님께 제시한다면 좀 더 가능성 있는 답을 들을 수 있다. 그리고 꼭 경매 입찰을 위해 전화했다는 사실을 밝혀야 추후 소장님과 좋은 관계를 유지할 수 있다.

이와 달리 부동산중개사무소에 전화할 때 경매물건임을 먼저 밝히는 분들이 있고, 그냥 매도자인 척하며 조사하는 분들도 있다. 정해진 답은 없으니, 본인에게 맞는 방법으로 매도 가격만 잘 조사한다면 입찰가 산정에 큰 무리는 없을 것이다.

부동산 두 곳에 연락하여 해당 아파트 경매물건의 매도가격을 잡아보았다.

1. A 부동산중개사무소
- 매매: 수리 없이 3억 5,000만 원에 매도하는 것 추천, 대기 손님 있음
- 전세: 새시까지 수리하면 1억 9,000만 원, 부분 수리하면 1억 7,000만 원
- 월세: 전에 중개한 경험을 토대로 도배 정도만 하고 보증금 2,000만 원, 월세 70만~80만 원

2. B 부동산중개사무소
- 매매: 3억 8,000만 원, 대기 손님 있음
- 전세: 부분 수리 1억 7,000만 원, 수요자 없음
- 월세: 부분 수리 보증금 1,000만 원, 월세 75만~80만 원, 수요자 있음

A 부동산중개사무소에서는 수리 없이 매도할 경우 매도가는 3억 5,000만 원이며 매수할 대기 손님이 있다고 했다. 해당 경매물건의 최저매각가격이 2억 7,500만 원이니 수익은 보장되었다고 볼 수 있다. B 부동산중개사무소에서는 A 부동산중개사무소보다 조금 더 높은 가격인 3억 8,000만 원에 매도가 가능하며, 역시 대기 손님이 있다고 했다.

지금 같은 하락장에도 물건을 내놓으면 바로 매도 가능한 수요가 있다는 것 자체가 아파트 경매에서 굉장히 매력적인 장점이 될 수 있다. 부동산중개사무소 두 곳을 통해 조사한 매도가격을 정리해 보면 3억 5,000만 원과 3억 8,000만 원의 중간선인 3억 6,500만 원 정도로 볼 수 있으며, 매도 시점에 수요층과 분위기에 따라 가격은 충분히 조정할 수 있을 것이다.

내부 인테리어 확인

주거용 경매물건을 입찰하다 보면 80% 이상이 연식이 오래된 구축 물건들이다. 시장이 좋을 때는 오래된 아파트라도 수리 여부가 매도에 크게 상관이 없다. 하지만 매수세가 없는 시장에서는 내부 수리가 되어 있어야 다른 매물 대비 경쟁력이 있어 매도하기가 더 용이하다.

그러나 요즘은 공사비용 자체가 높기 때문에 내부 인테리어가 안 된 물건을 멋모르고 낙찰받았다가 팔리지 않아서 수리를 진행하면, 평균 평당 100만 원 이상 되는 수리 비용에 투자금은 투자금대로 올라가고 투자수익은 줄어드는 아픔을 경험할 수 있다. 따라서 투자수익률을 높이기 위해서는 내부 인테리어가 어느 정도 되어 있는지를 파악하는 것이 중요하다. 문서와 사진을 통해 내부 상태를 파악하는 방법은 다음과 같다.

① 소유권 이전일

물건 검색 시 등기부(갑구)를 볼 때 소유권 이전이 입찰일에서 최근일수록 내부가 깨끗할 확률이 높다. 보통 구축 아파트나 빌라의 경우 본인이 살 집이기 때문에 기본적인 수리나 전체 수리를 하고 거주하는 경우가 많다. 따라서 소유권 이전일이 오래된 물건보다 최근일수록 내부 컨디션이 좋다.

② 임차인 전입일

임차인의 전입이 최근일수록, 즉 전세나 월세를 최근에 계약한 후 경매에 나온 경우 내부를 어느 정도 손본 후 임대를 놓기 때문에 이런 물건 역시 내부가 깨끗할 확률이 높다.

③ 방화문과 도어락, 내부 새시

경매 집행관이나 감정평가사가 현황 조사를 갈 때 내부 촬영은 못해도 기본적인 외부 촬영은 다 하는 편이다. 그때 체크할 수 있는 것이 바로 아파트의 방화문과 도어락 사진이다. 소유권 이전이 최근이며, 방화문에 필름 공사와 함께 최신 도어락이 설치되어 있다면 아무래도 이 경매물건의 내부는 수리되었을 확률이 높다.

추가적으로 네이버 지도나 카카오맵을 활용하여 현시점 외부 새시 상태를 확인했을 때 다른 호수는 알루미늄 철 새시인데 경매로 나온 호수만 하이 새시로 바뀌어 있

▲ 그림 1-9 방화문과 외부 새시

으면 수리되었을 확률이 더 높다고 볼 수 있다.

④ 인근 부동산 중개 내역

해당 호수를 중개한 내역이 있는 부동산중개사무소를 찾을 수 있다면 내부 상태에 대한 확실한 답변을 들을 수 있다.

수익률 계산하기

부동산 조사를 통해 매도가격을 확정 짓고, 내부 인테리어까지 확인했다면 몇 가지 항목을 더해 입찰가격을 산정할 수 있다.

① 장·단점

아무래도 장점만 많다면 입찰 경쟁이 높을 것이고, 단점만 많다면 수익이 없을 것이므로 적당한 장·단점이 섞여 있는 것이 좋다.

② 경쟁률

경쟁률이 높은 물건만 골라 계속 입찰한다면 입찰 진행 비용만 지출될 수 있다. 때문에 적당한 경쟁률에 수익이 발생할 수 있는 물건을 찾아야 한다.

③ 투자 기간

명도와 매도 기간을 예상해 기간 대비 수익률을 파악한다. 명도 기간은 점유자를 통해, 매도 기간은 미리 조사한 매수 수요와 가격을 통해 어느 정도 예상 기간을 산정할 수 있다.

④ 수익률 계산

모든 조사 내용을 정리하여 입찰가격을 산정하고, 입찰가 대비 팔 수 있는 매도가격을 정하면 예상 수익과 투자금, 투자 기간 대비 수익률을 정리할 수 있다.

그럼 이 물건의 완성된 수익률 조사 내용을 보며 기간 대비 수익률을 정리해 보자.

〈수익률 조사 보고서〉

① 장점: 최저가격이 시세 대비 낮고, 낙찰 후 부동산 매도 시 매수 수요 확실
② 단점: 시세보다 낮은 최저가격으로 인해 입찰자들의 치열한 가격 경쟁 예상
③ 내부 인테리어: 2020년 전세 임대계약 시 기본 수리는 되었을 것으로 예상
④ 입찰 경쟁률: 5~10명의 경쟁 예상
⑤ 명도 기간: 대항력 있는 임차인이 전액 배당을 받으므로 늦어도 배당기일(60일)에는 명도가 가능할 것
⑥ 매도 기간: 매도가격만 적당하다면 한두 달 안에도 매도 가능할 것
⑦ 예상 입찰가와 매도가: 입찰가는 3억 700만 원, 매도가는 3억 6,500만 원
⑧ 예상 매도 수익: 세전 수익은 약 5,000만 원, 세후 매매사업자 활용 시 약 3,000만 원
⑨ 만약 매매사업자가 없는 일반 개인 명의의 경우 2년 보유 후 일반과세로 양도세를 납부하거나, 양도세 필요경비를 만들어 과세표준을 줄인 후 양도세 납부
⑩ 수익률: 매도까지 4~5개월, 투자금 7,000만 원(대출 2억 4,000만 원) 대비 수익 3,000만 원으로 5개월에 약 45%의 매도 수익률 발생

해당 수익률 조사 내용이 100% 실현될 수 없지만 미리 입찰할 물건의 투자 기간과 예상 투자금 변동 리스크, 투자수익률까지 정리된 상태에서 입찰한다면 더 안전하게 투자를 진행할 수 있다. 또한 여러 물건을 고민하고 있다면 수익률이 높고 리스크가 작은 순서로 입찰 여부를 한 번 더 정리할 수 있다.

내가 사려는 물건이 얼마의 수익을 안겨줄지, 아니면 손실을 안겨줄지에 대한 선행 조사는 필수다. 일단 낙찰받고 보자는 식의 마구잡이 경매가 아닌 정확한 수익률을 동반한 안전한 경매투자를 해야 이 시장에서 오래 남아 있을 수 있다.

이제 해당 입찰 물건의 모든 정리가 완료되었다. 처음 진행한 기본 조사 내용과 두 번째 진행한 수익률 조사 내용을 통합하면 다음과 같다.

이 물건은 공시지가 1억 원 이상의 아파트이므로 무주택이거나 1주택 명의처럼 취득세 1%로 입찰할 수 있는 입찰 명의가 필요하다. 권리의 하자나 매수 분위기를 봤을 때 적정 입찰가로 낙찰받는다면 리스크는 거의 없어 보인다. 필요한 투자금은 대출 80%를 제외한 약 7,000만 원 정도이며, 투자 기간은 4~5개월 정도로 잡았을 때 투자수익률은 투자금 대비 세후 약 45%로 측정할 수 있다.

그러나 매수 수요가 많고 인기 있는 아파트여서 입찰 경쟁이 치열할 것으로 예상된다. 따라서 이 수익률을 만들기 위한 입찰가격(3억 700만 원)으로는 낙찰이 쉽지 않을 것으로 보인다. 그래도 현시점 부산의 부동산 시장이 좋지 않으므로 혹시 모를 저가 입찰을 대비해 입찰은 해보되 큰 기대는 하지 않았다.

검색의 시작은
물건의 단점을 찾는 것

우리는 수집가가 아닌 투자자다

2020년 10월 전국이 불장이었던 부동산 시장에 해운대 중심지 32평 아파트가 경매로 나왔다. 신건 감정가격은 4억 4,000만 원대였는데, 이때 시세는 2배가 넘는 9억 원대였다. 당시 이 물건을 분석해 보니 첫 번째는 사건번호가 2019타경(2019년에 경매 진행)인데 1년 10개월이 지난 시점에 매각기일을 잡아 상대적으로 저평가됐다는 것이다. 두 번째는 미친 상승장에 경매가 진행되어 경매 시작부터 매각기일까지 계속해서 시세가 상승했다. 따라서 신건에 80명이라는 입찰자가 참여해서 2배 가격인 8억 6,000만 원에 낙찰된 물건이었다.

여기서 한 가지 생각해 봐야 할 부분은 경매의 목적이다. 경매의 목적은 싸게 사서 비싸게 팔아 수익을 내는 것이다. 그런데 남들 눈에도 다 좋아 보이는 인기 많은 아파트 경매물건은 절대 싸게 살 수 없다. 경쟁 없이 싸게 살 수 있는 경매물건을 단독으로 낙찰받아 비싸게 팔 수 있는 방법이 있다면 누구나 이 투자 기술을 적용하여 수익을 내고 싶을 것이다. 많은 사람이 이 투자 기술이 굉장히 어렵다고 생각하지만, 이 기술의 비밀은 바로 누적된 투자 경험과 계속된 실패이다.

부동산 투자에 처음 입문하는 분들과 이런저런 대화를 나눠 보면 투자의 목적이 수익이 아닌 보유에 맞춰져 있다는 걸 많이 느낀다. 예를 들어 '5,000만 원의 투자금으로 시작하여 올해 100%의 수익률을 만들어 보겠다'가 아니라 '서울 아파트를 사고 싶다' '대로변 꼬마빌딩을 사고 싶다' '재개발 물건을 사고 싶다' 등 보유의 목적이 대부분이다. 부동산은 주식과 다르게 손실 폭에 제한이 있지만 환금성이 떨어진다. 때문에 투자의 초점이 부동산 보유에 맞춰져 있으면 하락장에 큰 손실을 볼 수 있고, 자금이 급할 때 융통이 어려워 자금 운용에 큰 타격을 입을 수 있다.

실제로 2022년 후반부터 시작된 부동산 하락장에서 많은 부동산 물건을 보유하고 있던 대부분의 투자자가 역전세와 종부세, 고금리로 자금 문제를 겪었다. 심지어는 회생이나 파산 절차를 밟은 투자자들도 꽤 있었다. 부동산을 사 모으다 보면 가격이 계속 오르거나, 잘 팔리는 물건만 사는 게 아니다. 가격이 하락하고 시장에 내놔도 팔리지 않는 애물단지 물건들도 따라 들어올 수밖에 없다. 그러니 부동산 투자를 시작할 때 좋은 것을 사 모으려 하기보다 안전하게 투자수익을 완성하는, 즉 돈을 벌 수 있는 투자를 해야 한다. 중요한 것은 무엇을 사는 것이 아니라, 얼마를 벌 수 있는지이다.

경쟁을 피하는 법

입지 좋은 대단지 아파트의 경매물건을 입찰하는 경우 가장 큰 경쟁자는 투자자가 아닌 실수요자다. 투자자는 수익을 남기기 위해 팔 수 있는 매도가격 안에서 입찰가를 산정한다. 하지만 실거주자의 경우 호가보다 조금이라도 낮으면 입찰가를 올려 들어온다.

한편 시세와 비슷한 가격으로 낙찰된 경우 실수요자일 수도 있지만, 소유자가 입찰했을 수 있다. 본인의 집이 경매로 나온 경우 채무자는 입찰할 수 없지만, 소유자인 경우 본인의 경매물건에 입찰할 수 있다. 그러나 보통 소유자인 동시에 채무자인 경우가 대부분이기 때문에 다른 가족 명의로 입찰하는 경우가 많다. 이런 경우에는 입찰의 목적은 수익이 아닌 내 집을 지키는 것이므로 시세만큼 입찰가를 적거나 심지어는 시세보다 비싼 입찰가를 적어 낙찰되기도 한다.

이렇게 다양한 이해관계가 있는 경매시장에서 경쟁하지 않고 낙찰받아 수익을 낼 수 있는 방법이 있을까? 필자의 경험으로는 권리의 하자가 있는 특수물건에 접근하기보다 비인기 종목을 입찰하였을 때 낮은 경쟁률로 낙찰받아 수익을 낼 수 있는 기회가 훨씬 더 많았다.

그럼 비인기 종목의 낙찰과 매도 사례를 통해 경쟁이 없는 이유와 수익 구조를 파악해 보자.

① 구축 소형 아파트

아파트 경매물건 중 그나마 경쟁이 덜한 종류는 깨끗한 신축 아파트보다는 오래된 구축 아파트, 대단지 아파트보다는 단지 수가 적은 나홀로 아파트의 경쟁이 상대적으로 덜한 편이다. 연식이 얼마 되지 않으면서 입지와 층이 좋은 물건은 대부분 실거주자가 입찰에 참여해서 입찰가격이 높아진다.

아파트 경매투자 시 그나마 경쟁 없이 수익을 낼 수 있는 첫 번째 방법은 오래된 구축 아파트를 낙찰받아 수리한 후 실거주자에게 매도하는 방법이다. 주로 초보 투자자가 많이 입찰하고, 아무래도 수리가 안 된 기존 물건보다 빨리 매도가 이뤄진다는 것이 장점이다. 단점은 추가로 발생하는 인테리어 비용으로 투자금이 늘어나서 수익률이 낮아진다는 점이다.

② 구축 빌라 공매

여전히 빌라는 투자자들의 관심이 덜할뿐더러 쉽게 접근하지 못하는 종목 중 하나다. 빌라 투자 시 중요한 것은 빌라의 입지와 채광, 조망 등 기본적인 부분들도 있지만, 뭐니 뭐니 해도 이 빌라를 살 매수자가 있는지 그리고 얼마에 팔 수 있는지를 산정하는 수익률 조사가 훨씬 더 중요하다.

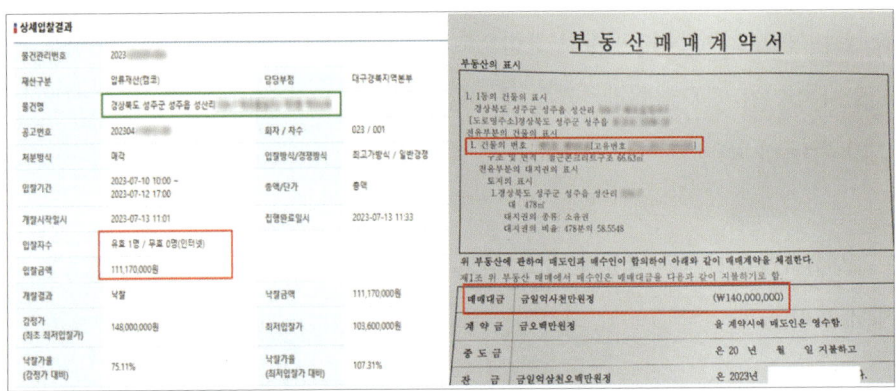

▲ 그림 1-10 구축 빌라 공매 낙찰과 매도 사례

2023년 경북 성주군에 위치한 빌라 물건이 공매로 진행되어 단독으로 낙찰받아 매도한 적이 있다. 공매물건의 최초 감정가격은 1억 4,300만 원이었으며, 최저가는 1억 300만 원이었다. 낙찰가격은 1억 1,100만 원으로 단독 낙찰하여 정확하게 1억 4,000만 원에 매도하였다. 약 3개월 만에 3,000만 원 정도의 수익이 발생했다.

그런데 왜 이런 물건들은 입찰 경쟁이 없을까?

그 이유는 첫째, 한 번도 가본 적 없는 경북 상주라는 위치다. 상대적으로 투자 경험이 적은 초보자들의 경우 본인이 알지 못하는 지역의 물건을 낙찰받는 것을 상당히 부담스러워하기 때문이다.

둘째, 지방에 위치한 빌라를 팔 수 있을까 하는 두려움이다. 빌라를 많이 팔아보지 못한 투자자들은 인근의 많은 부동산중개사무소 소장님이 매도가격을 잡아주어도 본인이 불안해서 포기하는 경우가 많다.

셋째, 공매라는 분야다. 경매의 경우 유료 사이트에서 확실하게 분석해 주기 때문에 안심하고 입찰할 수 있다. 하지만 공매의 경우 보이지 않는 하자에 대한 불안으로 쉽게 투자를 결정하기 어렵다.

결론은 많은 경험을 쌓아 지역을 넓히고 싸게 살 수 있는 루트를 최대한 활용하는 투자자만이 일반시장에서 경쟁을 피해 본인만의 투자수익을 만들어 나갈 수 있다.

③ 구축 주택

주거용 경매물건의 종류를 아파트, 빌라, 오피스텔, 다가구, 단독주택으로 분류했을 때 일반 투자자들의 경험치가 가장 부족한 종목을 꼽자면 바로 단독주택이다. 아파트나 빌라, 오피스텔, 월세 수익형 원룸을 사고팔았던 투자 경험들은 조금씩 있으나 단독주택을 투자용으로 접근하는 경우는 드물어 경매로 나오는 주택은 거의 경쟁이 없는 경우가 많다.

단독주택은 땅을 밟으며 생활할 수 있다는 장점이 있어 일반적으로 마당 있는 집을 선호하는 사람들이나, 아파트처럼 공동생활을 하지 않기 때문에 사생활을 보호받으며 거주하고 싶은 사람들이 수요층이다. 인구가 적은 시골의 경우 아파트나 빌라 수요가 부족하여 대부분 주택에 거주하는데, 이처럼 경매물건을 선별할 때는 물건에 맞는 수요층 분석이 이루어져야 한다.

또한 단독주택은 건물 전체를 관리해야 하는 부동산이므로, 인테리어나 하자 보수 시 건물의 외부와 마당까지 같이 공사를 진행해야 한다. 따라서 추가 비용이 많이 들어갈 수 있다.

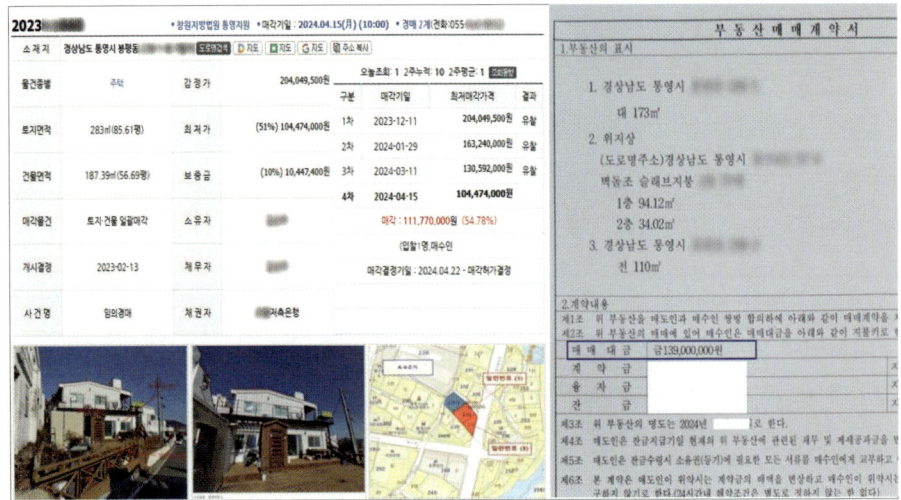

▲ 그림 1-11 구축 주택 낙찰과 매도 사례

2장

경매 사이트에서 좋은 물건 찾기

05 초보자라면 꼭 알아야 할 경매 사이트 활용법

경매물건 검색 툴

경매투자의 시작은 물건 검색이다. 많은 사람이 물건 검색을 할 때 본인 거주지 인근에서 시작하여 아는 지역만 검색한다. 경매 특성상 지역과 종목을 제한하면 그만큼 입찰할 물건의 개수가 줄어든다. 때문에 지역은 최소 5군데 이상, 종목은 3가지 이상을 관심 목록으로 설정하고 물건 검색을 해야 투자 물건들을 효율적으로 발굴할 수 있다.

물건을 매일 검색하는 사람들이 있고, 하루에 몰아서 하는 사람들이 있는데 경험상 적은 시간이라도 매일 찾는 방법이 훨씬 결과가 좋았다. 이때 매일 다른 조건으로 찾아야 좋은 물건들을 놓치지 않고 발견할 수 있다.

경매 사이트에서 물건 검색 시 툴 사용 방법에 대해 간단히 설명하고자 한다. 툴은 최대한 여러 가지 방법으로 검색해 볼 필요가 있으며, 투자금과 투자 목적에 맞는 간편 툴을 지정해서 사용할 수 있다. 경매 사이트마다 기본 툴은 거의 동일하므로 본인에게 편한 사이트를 이용하면 된다. 이 책에서는 '옥션원(auction1.co.kr)'을 활용했다. 단 경매 사이트마다 이용 금액이 다른데 금액이 높을수록 더 다양한 물건 조사 정보를 받아볼 수 있다는 차이가 있다.

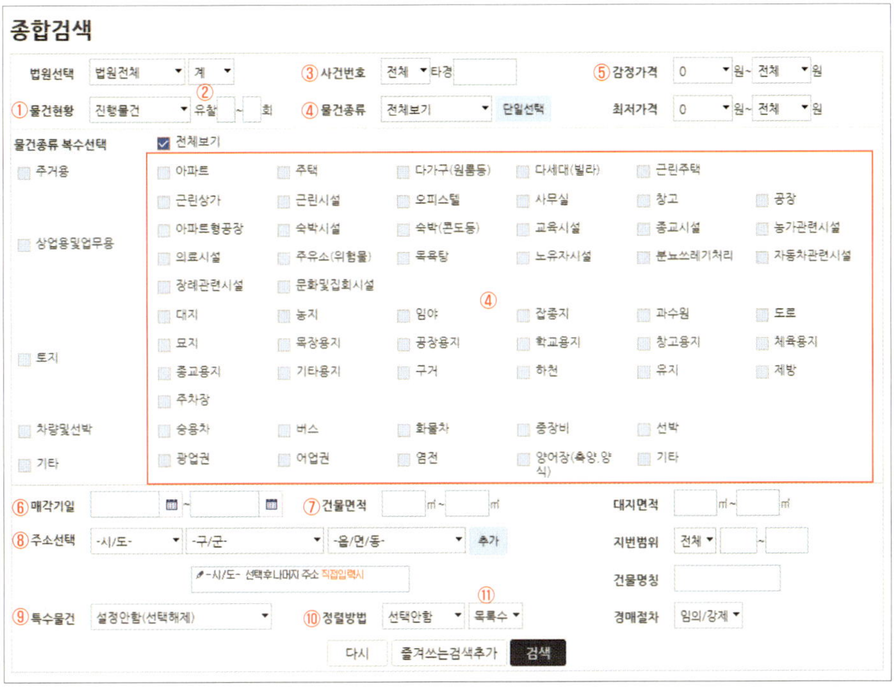

▲ 그림 1-12 물건 검색 툴

① 물건 현황

보통 '진행 물건'으로 검색하지만 낙찰 결과만 보고 싶을 땐 '매각 전부'로 설정하면 된다. 이 툴을 사용하면 취하, 변경된 물건 등을 다양하게 볼 수 있다.

② 유찰 횟수

하락장에서는 유찰 횟수를 1~6회 정도로 맞춰 보는 것이 효율적이다. 그렇지 않으면 10회 이상의 물건들을 함께 봐야 하는데, 이런 물건들은 거의 모두 대항력(임차인이 제삼자에게 자신의 임대차 관계를 주장할 수 있는 권리) 있는 인수 물건이어서 검색하는 게 큰 의미가 없다.

③ 사건번호
관심 있는 물건을 빠르게 찾고 싶을 때는 경매사건 번호를 기입하면 된다.

④ 물건 종류 복수 선택
물건의 종류를 구분하는 툴이다. 물건의 종류는 크게 4가지(주거, 상업, 토지, 동산)로 구분되며 아파트, 빌라, 근린상가 등 본인이 원하는 종목을 지정하여 검색하면 된다.

⑤ 감정가격
감정가격을 미리 정해서 검색할 수 있다. 지금처럼 공시가격에 따라 취득세가 중과되거나 투자금이 한정적인 경우 가격선을 제한해서 볼 수 있다.

⑥ 매각기일
일주일, 한 달, 1년 등의 기간을 정해 매각 결과와 진행 물건을 파악할 수 있다.

⑦ 건물 면적
주로 85m^2 이상의 대형 평형이나 소형 평형만 보고 싶을 때 효과적으로 사용할 수 있다.

⑧ 주소 선택
원하는 지역의 물건만 정해서 볼 수 있으며 총 5개 지역까지 동시에 물건을 검색할 수 있다.

⑨ 특수물건

특수물건(유치권, 가장임차인, 지분, 법정지상권) 외 재매각, 재진행, 신건, 대항력 임차인 인수 조건 변경 등 다양한 방법으로 물건 검색을 할 수 있다.

⑩ 정렬 방법

물건들을 매각기일, 감정가, 입찰가가 높거나 낮은 순서로 볼 수 있다. 필자는 주로 유찰 횟수가 많은 물건을 검색하는 방법을 제일 많이 사용한다.

⑪ 경매물건 목록 수

물건 사진으로 검색 시 최대 100개까지, 목록으로 검색 시 최대 300개까지 검색이 가능하다.

지도

경매 사이트에는 지도상에서도 물건을 검색할 수 있는 기능이 있다. 보통 빨간색은 경매, 파란색은 공매 물건을 나타낸다. 대부분 물건 목록으로 검색해 물건의 현황을 파악한 후 위치를 분석하는 순서로 검색하지만, 잘 아는 지역이라면 지도를 보며 찾는 것도 좋은 물건을 발굴할 수 있는 방법이다.

지도로 물건을 찾을 때는 인근에 진행되는 경·공매 물건들이 같이 나와 시선을 분산시키는 경우가 많다. 이때 상단의 주변 검색 버튼(그림1-13, ①)을 클릭하면 내가 검색한 물건만 표시할 수 있다.

이렇게 지도로 물건을 검색하는 경우 내가 살고 싶은 지역을 검색해서 볼 수 있고,

▲ 그림 1-13 지도로 경매물건 찾기

목록에서는 파악하지 못했던 재개발·재건축 등이 진행되는 호재 지역('아실'에서도 볼 수 있음)을 보다 더 빠르게 파악할 수 있다.

06 아파트 단기투자 경매물건 검색 요령

1. 공시지가 1억 원 이하 아파트

경매 단기투자를 하다보면 공시지가 1억 원 이하의 아파트를 가장 많이 찾게 된다. 〈그림 1-14〉에서 우선 ① 감정가격을 최대 2억 원으로 제한하여 저가 아파트 위주로 설정한 후 ② 유찰 횟수를 1~5회(권리 인수 물건은 제외), ③ 물건 종류는 아파트, 지역은 거주지 인근부터 시작해서 전국의 아파트를 검색해 보자. 초보자가 여러 지역을 한 번에 검색하면 집중도가 떨어지기 때문에 한 지역씩 차례대로 검색하는 방법이 효율적일 수 있다. 다음으로 ④ 유찰 횟수의 화살표를 아래쪽으로 설정(내림차순)하여 유찰이 많이 된 물건부터 ⑤ 목록수를 최대 100개로 설정해 물건 검색을 시작한다.

이 방법으로 부산부터 서울까지 순서대로 검색하다 보면 지역별 물건의 특성들이 나타난다. 일반적으로 하락장이 심한 지역이거나 도시 자체의 아파트 가격이 낮은 지역일수록 공시지가 1억 원 이하의 구축 아파트 물건 개수가 많다. 상승장이나 아파트 단가가 높은 경기·수도권에는 1억 원 이하의 물건 개수가 지방에 비해 상당히 적은 것을 알 수 있다.

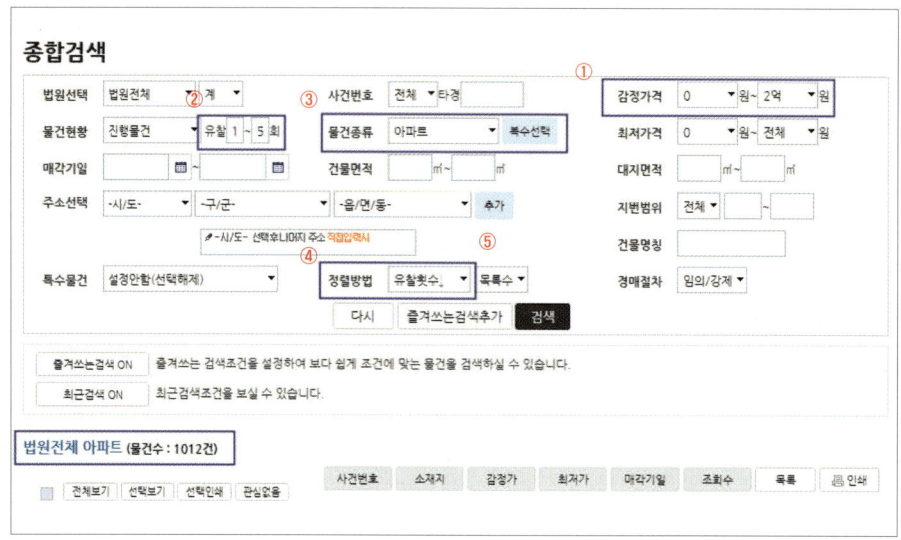

▲ 그림 1-14 공시지가 1억 원 이하 아파트 경매물건 검색 툴

　이렇게 물건을 찾다보면 1,000개 중 50개 정도의 상품성 있는 물건을 발견할 수 있다. 그중 입찰할 물건들을 대상으로 기본 조사와 가격 조사를 하고, 필요할 경우 현장 답사까지 하면 '입찰 가능한 1억 원 이하 단타 물건 리스트'를 완성할 수 있다.

　공시지가 1억 원 이하 아파트의 단기투자 목적은 입찰 경쟁을 최대한 줄이고, 낮은 가격에 낙찰받아 최대한의 수익을 창출하는 것이다. 지금 같이 1억 원 이하 구축 아파트의 경쟁이 치열할 때는 물건 검색을 할 때 지역에 제한을 두지 않아야 최대한 많은 물건을 검색할 수 있고, 많은 입찰을 진행할 수 있다. 수익이 보장된 낙찰은 입찰 횟수에 비례한다. 그러나 무조건 입찰이 아닌, 경쟁을 줄일 수 있는 포인트가 있는 물건을 대상으로 입찰해야 한다.

　〈그림 1-15〉의 물건은 공동주택가격이 6,760만 원으로 1억 원 이하이며 감정가는 1억 1,800만 원이다. 최저가는 6,000만 원까지 떨어져 매도가격은 9,000만 원 정도로 예상할 수 있다. 이 물건의 단점은 연식이 오래되고 입지가 그다지 좋지 않다는

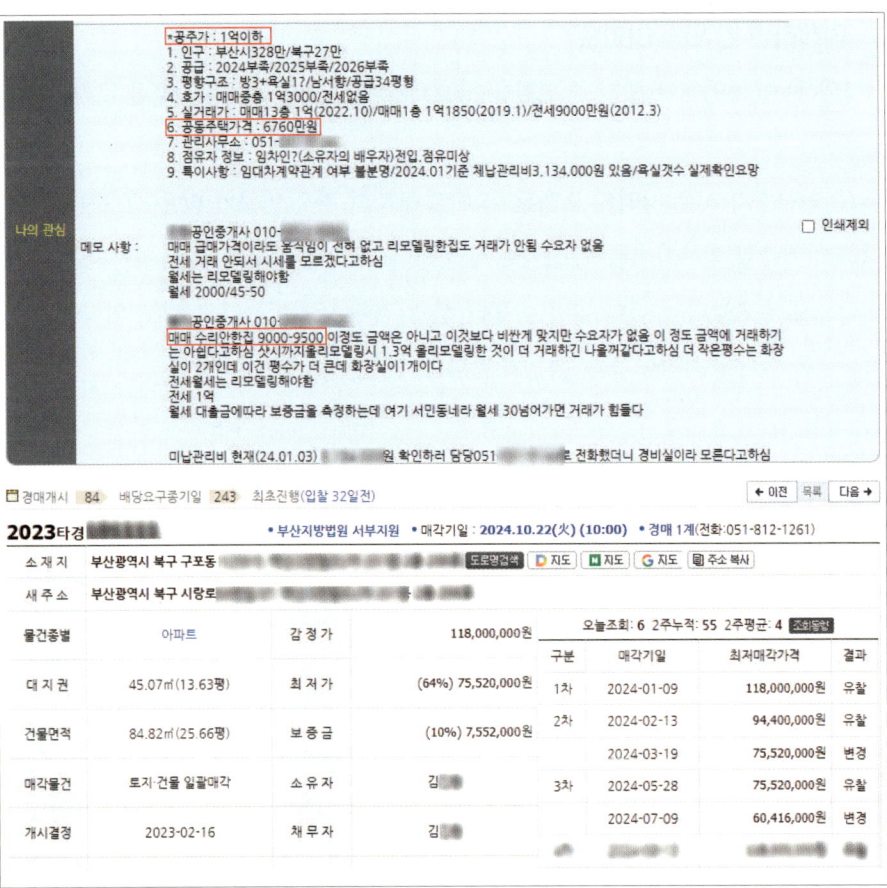

▲ 그림 1-15 해당 툴로 검색하여 찾은 물건

것이지만, 장점은 저렴한 가격과 기본 가격선만 맞으면 매수 수요가 있다는 것이다.

이런 식으로 장점과 단점이 혼합된 물건 중 수익이 날 수 있는 물건들을 선별하여 입찰 가능한 물건들을 최대한 늘려야 한다. 그래야 분위기에 휩쓸리지 않고 보수적인 입찰가로 낙찰받을 수 있다.

2장 경매 사이트에서 좋은 물건 찾기

입찰하면 안 되는 아파트

1억 원 이하 아파트 물건 중 입찰을 자제해야 하는 대표적인 물건들을 보자.

① **인구수가 적은 지역의 오래된 아파트**: 구축의 경우 인구가 많은 대도시라면 수리해서 거주할 의사가 있는 수요층이 충분하다. 하지만 인구가 적은 지역의 경우 상대적으로 수요보다 공급이 많아 아무리 싼 가격에 낙찰받는다고 해도 외곽에 있는 아파트를 받아줄 사람이 없는 경우가 많다.

② **지방의 구축 소형 아파트**: 여기서 말하는 소형 평형은 13평, 15평 등 1인 거주용 소형 아파트를 말한다. 수도권이 아닌 지방에서 이런 아파트는 임대는 잘 나갈지언정 매매는 되지 않는다는 단점이 있다.

③ **소도시의 엘리베이터가 없는 꼭대기 층**: 소도시의 경우 땅은 넓고 인구는 적어서 대도시처럼 재개발·재건축을 하기보다 주로 빈 땅을 활용해 택지개발을 하거나, 건축을 한다. 그리고 고령 인구가 많은 소도시의 특성상 엘리베이터가 없는 꼭대기 층 아파트를 사려는 수요가 거의 없다. 설령 구입한다 해도 2층, 3층 대비 50% 정도 가격 조정이 되어야 팔 수 있는 경우가 많다.

2. 공시지가 1억 원 이상 아파트

아파트 경매투자 시 무주택자나 1주택자라면 공동주택가격 1억 원 이상의 물건을 낙찰받아도 중과세가 아닌 1%의 취득세로 등기할 수 있다. 단기투자를 목적으로 1억 원 이상의 아파트에 접근할 때 무주택이면 2개까지, 1주택이면 1개까지 1%의 취득세가 발생한다. 하지만 낙찰 후 매도하면 다시 주택 수가 줄어들어, 명의 하나로도 1억 원 이상의 아파트 투자를 계속할 수 있다.

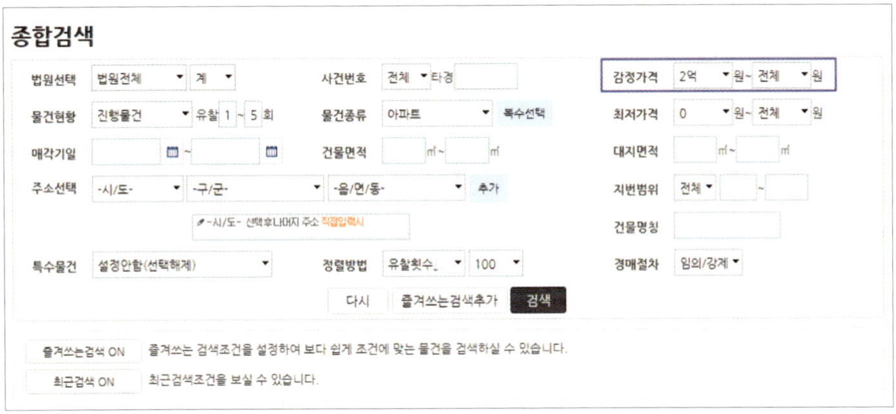

▲ 그림 1-16 공공시지가 1억 원 이상 아파트 경매물건 검색 툴

경매시장에서 일반적으로 공동주택 가격 1억 원 이하의 아파트보다는 1억 원 이상인 아파트의 경쟁이 적은 경우가 많다. 또 수도권이 아닌 지방, 그중에서도 인구가 5만 명 이하의 소도시는 신축급 아파트라고 해도 입찰 경쟁이 없는 경우가 많다. 때문에 1억 원 이상의 아파트 경매투자하기에 좋은 환경이라고 할 수 있다.

그러나 공시지가 1억 원 이상인 아파트의 경우 실제 아파트 가격은 2억 원 이상이다. 낙찰가가 높을수록 수익률은 낮아질 수밖에 없으므로 입찰가 산정 시 확실한 매도 수익 비율을 정하고 그 가격에 맞춰 입찰하는 습관을 들여야 한다.

〈그림 1-17〉은 공시지가 1억 원 이상의 아파트 경매물건 낙찰 사례이다. 이 물건은 전남 광양에 위치한 32평 준신축 아파트로 동일한 사건번호에 물건번호 8개인 물건이 동시에 진행되어 입찰 경쟁이 적었다.

▲ 그림 1-17 공시지가 1억 원 이상 낙찰받은 아파트 물건

    감정가 1억 9,800만 원, 최저가는 1억 3,800만 원, 낙찰가는 1억 4,000만 원이었다. 이 물건을 추천한 이유는 임차인이 거주하다 주택도시보증공사로부터 보증금을 돌려받고 나간 상태에서 경매가 진행되어 명도가 필요 없다는 점, 그리고 아파트 단지 바로 앞에 초등학교가 있어 초등생 자녀를 둔 학부모 수요층이 많다는 점이었다. 아마 이 물건이 공시지가 1억 원 이하로 명의가 필요 없었다면 지금 경쟁보다 5배 이상의 입찰자가 들어와 낙찰가격도 많이 올라갔을 것이다.

3. 대형 평형 아파트

　기본적으로 아파트 투자 시 18평, 25평, 32평 등 국민주택 규모 이하를 가장 많이 선호하며, 40~70평대의 아파트는 입찰을 꺼리는 경우가 많다. 아무래도 대형 평수가 소형 평수보다 수요층이 부족해 매도 기간이 길어질 수 있고, 내부 수리 비용도 소형 아파트보다 2배 정도 더 들기 때문이다.

　그리고 최근 들어 경매 단기투자 수요가 늘면서 양도세 부담 때문에 매매사업자를 활용하여 투자하는 비율이 증가했다. 이에 건물분 부가세가 발생하는 대형 평수보다 부가세 없이 투자할 수 있는 85㎡ 이하의 아파트를 선호하는 비중이 높아졌다.

▲ 그림 1-18 대형 평형 아파트 경매물건 검색 툴

　그래서 대형 평수 아파트에 투자할 때는 웬만하면 내부 수리가 되어 있는 물건을 입찰하는 편이 좋다. 부동산 가격 조사를 할 때도 해당 물건을 매수할 수요층이 확실한지도 확인해야 한다.

빌라, 주택, 오피스텔 경매물건 검색 요령

1. 빌라

빌라 물건 검색은 아파트 검색 방법과 거의 동일하지만 팔 수 있는 빌라와 팔리지 않는 빌라를 구분하는 것이 중요하다. 보통 인구가 5만 명 이하인 지역일수록 아파트 수요층은 있지만 빌라 수요층은 상대적으로 적다. 특히 한 동이나 두 동의 작은 세대 빌라 중 입지가 좋지 않은 곳에 마구잡이로 건축된 경우 가격이 떨어져도 매도가 쉽지 않으니 유의해야 한다.

▲ 그림 1-19 빌라 경매물건 검색 툴

정리하면 빌라 물건은 수요가 많은, 즉 거주인구가 많은 지역에 있는 양호한 입지 (교통, 인프라, 학군 등)의 경매물건을 낙찰받아야 안전한 수익을 낼 수 있다.

〈그림 1-20〉은 감정가 1억 2,200만 원에서 최저가 6,000만 원까지 유찰된 부산 사상구에 위치한 빌라 물건이다. 빌라 경매물건의 투자 조건을 본다면 첫째는 해당 도시의 인구(수요)와 입지이다. 둘째는 조망과 채광, 셋째는 엘리베이터와 물건의 하자 여부이며, 마지막으로 적정 매도가격이다.

이 물건의 장·단점, 예상 경쟁률과 수익률을 정리해 보자. 첫째로 수요층은 부산 330만 명, 사상구 20만 명으로 충분하다. 둘째, 조망과 채광은 〈그림 1-20〉의 사진과 같이 거실 방향으로 막힘이 없고 남서향으로 채광이 양호한 것으로 보인다. 셋째, 엘리베이터가 없고 건물의 연식이 오래되어 누수나 결로 가능성이 있어 보인다.

▲ 그림 1-20 해당 빌라의 외관과 위치

기본 조사 결과, 적정 매도가격은 현 상태 매매보다 내부 수리를 한 후 1억 2,000만~1억 3,000만 원 정도면 경쟁력이 있어 보인다. 정리하면 이 물건의 장점은 인근의 충분한 수요층과 막힘 없는 조망, 낮은 매입가격이다. 단점은 엘리베이터가 없는

3층이라는 것과 노후 여부이다.

결론적으로 단점보다 장점(저가 낙찰, 수리 후 매도)이 많기 때문에 투자 실익이 있는 빌라로 판단되며, 최대한 낮은 가격에 매입해야 안전하게 수익을 낼 수 있을 것이다.

빌라 경매는 기본 조건이 충족되지 않으면 매도 자체가 어렵다. 따라서 최저가격을 보고 투자하지 말고, 실거주 시 문제가 없는 빌라인지 꼼꼼히 체크한 후 입찰을 결정해야 한다.

입찰하면 안 되는 빌라

① **앞이 막힌 빌라**: 빌라 투자 시 가장 중요한 부분은 앞 건물에 조망이 가리지 않고 채광이 잘 나와야 한다는 점이다. 빌라를 사는 90%가 실거주 목적이기 때문에 앞이 막히고 해가 안 들어오는 빌라를 굳이 사고 싶어 하는 사람은 없을 것이다.

② **엘리베이터가 없는 꼭대기 층 구축 빌라**: 구축 빌라 중 엘리베이터가 없는 빌라들의 경매 진행 건수가 많다. 이런 물건은 일반 부동산 시장에서 매매가 되지 않아 경매까지 넘어오는 경우가 대부분이다. 엘리베이터가 없는 빌라는 1~3층을 제외한 고층, 특히 꼭대기 층을 입찰할 때는 현 시세의 50% 이하로 낙찰받아 수리 후 매도하는 방법으로 투자해야 한다. 따라서 가격을 높게 받으면 매도 자체가 힘들 수 있다는 것을 유의해야 한다.

③ **근린생활시설 빌라**: 근린생활시설 빌라는 엄연한 위반 건축물이기에 일반적인 매매 거래가 되지 않는다. 만약 가격이 시세의 30%까지 내려간다면 월세 목적으로 접근할 수 있지만, 단기투자로 접근하기에는 매우 위험한 물건이다.

④ **위반 건축물**: 빌라 위반 건축물의 유형 중 가장 많은 사례가 베란다를 불법 확

장한 물건이다. 불법 확장한 베란다는 원상복구해야 하며, 이를 이행하지 않을 경우 이행강제금이 부과된다. 2019년 4월 23일 이전에는 이행강제금을 연 2회, 최대 5회까지만 누적하여 부과할 수 있었지만 현재는 시정될 때까지 계속 부과할 수 있다. 위반 건축물은 잔금대출도 불가하니 투자 목록에서 제외하자.

⑤ **주변에 인프라가 없는 빌라**: 물 좋고 공기 좋은 곳에 살고 싶어 하는 시절은 이제 지났다. 한 번씩 산이나 강 인근에, 전혀 도시가 형성되지 않은 자연이 좋은 곳에 생뚱맞게 지어진 빌라들이 경매에 나온다. 이런 빌라들은 애초에 건물을 짓기 전 수요 파악에 실패하여 건축이 이뤄진 경우이므로 싸게 낙찰을 받는다고 해도 다시 매도하기가 쉽지 않다. 공기가 나빠도 사람이 많이 사는 곳이 투자하기에는 훨씬 더 안전하다고 볼 수 있다.

2. 주택

주택은 일반 아파트나 빌라에 비해 경매로 나오는 건수가 적고, 입찰자 수 또한 많지 않아 지역을 구분하지 않고 한 번에 물건 검색을 할 수 있다. 주택 검색을 해보면 바로 느껴지는 부분이 수도권이나 광역시의 주택 단가와 지방이나 소도시의 주택 단가가 확연히 다르다는 것이다. 단기투자로 접근할 때는 아무래도 투자금이 적게 들어가는 주택의 거래 회전이 더 빠르기에 주로 5,000만~2억 원 사이의 주택 물건을 검색하는 편이다.

실거주자에게 판매할 주택 경매물건을 찾을 때는 입지 다음으로 주택의 외관 상태가 가장 중요하다. 주택은 아파트와 다르게 내부 공사와 외부 공사를 같이 진행해야 하므로 투자금이나 투자금 대비 매도 수익률을 생각하면 외부 공사가 완료된 주

▲ 그림 1-21 주택 경매물건 검색 툴

택을 낙찰받는 편이 훨씬 더 안전하다.

다음으로 매도가격 조사 시 인근 부동산중개사무소 중에서도 주택 거래 경험이 많은 곳을 찾아 가야 정확한 매수 수요층과 매도가격을 산정할 수 있다.

정리하면 주택이라는 종목은 위치도 괜찮고 건물도 예쁘다고 해서 무조건 수익으로 직결되지 않는다. 따라서 경매물건 지역의 인구, 입지, 외관, 수요, 분위기 등을 부동산중개사무소나 현장 조사를 통해 최대한 정밀히 조사하여 상품성이 있는지 판단해야 한다.

〈그림 1-22〉는 경남 진주시에 위치한 구축 주택으로 1988년 서울올림픽 때 건축하여 36년이나 지났으며, 2층 새시를 제외하고는 리모델링이 전혀 되어 있지 않았다. 해당 주택의 감정가격은 2억 5,400만 원이고 최저가 1억 400만 원까지 유찰되

▲ 그림 1-22 해당 주택의 외관과 매매계약서

어 1억 1,177만 원(43%)에 낙찰받아 1억 4,000만 원에 매도하였다.

이렇게 오래된 주택을 낙찰받는 경우는 두 가지인데, 첫째는 주택의 가치가 전혀 없지만 위치가 좋아 신축을 목적으로 하는 수요자에게 매도하는 경우다. 둘째는 주택 내·외부 리모델링으로 새롭게 단장한 후 실거주자에게 매도하는 경우이다.

필자가 해당 주택을 봤을 때 인근에 아파트 단지가 많고 길 건너편에 남강(산책로)이 있었다. 거실 방향, 조망, 채광은 가리는 것 없이 환하며 맞은편 주택이 식당으로 개조해 영업 중이었다. 말 그대로 주택으로 거주하기에 좋은 위치와 주변 환경을 갖췄는데, 단 하나 단점은 건물 자체가 너무 노후되었다는 점이었다.

그래서 인근 부동산중개사무소에 가격 조사를 하면서 수리 전 매수 수요층과 수리 후 매수 수요층을 각각 조사하여 분석해 본 결과, 적정가격에 리모델링만 한다면 수요층이 충분해 수익을 내기 어렵지 않아 보였다. 정리하면 수리 후 매도가격 2억 5,000만 원에서 낙찰가격 1억 1,000만 원과 수리 비용 5,000만 원을 제하면 9,000만 원이라는 시세차익이 예상되었다. 인테리어 회사를 같이 운영하고 있는 필자 입장에서는 충분히 매력 있는 주택 투자 물건이었다.

입찰을 유의해야 하는 주택

① **소도시 외곽의 오래된 구축 주택**: 인구가 거의 없는 지역의 전원주택들이 경매에 나오는 경우가 많다. 요즘 트렌드는 귀농이나 귀촌보다는 도시다. 따라서 정말 깨끗한 신축급의 주택이 아닌 구축 주택을 낙찰받는다면 매도하기 쉽지 않다.

② **도심과 떨어져 산을 깎아 만든 전원주택**: 도심에서 벗어나 야외로 나가면 경치 좋은 곳에 산을 깎아 건축한 전원주택들을 많이 볼 수 있다. 이런 주택들은 입지나 인프라가 실거주 수요에 전혀 맞지 않아 세컨드 주택이나 별장으로 사용한다. 이런 물건들 역시 수요층이 제한되므로 입찰에 유의할 필요가 있다.

③ **앞 건물에 가려 조망이나 채광이 제한된 주택**: 주거용 경매물건을 선택할 때의 공통점은 거실 창의 조망과 채광 확보다. 직접 거주할 집을 본다고 생각했을 때 조망과 채광이 가려진 집을 제일 먼저 제외할 것이다. 팔릴 수 있는 집은 기본적인 거주 요건이 가장 중요하다.

④ **진입도로가 좁고 하자가 많은 주택**: 경매로 나오는 주택은 도로를 접한 주택보다 골목 안으로 들어간 자루형 토지의 주택이 많다. 차 한 대가 못 들어갈 정도로 폭이 좁은 골목에, 주택 내부 하자(누수, 결로, 마감)가 많은 경우는 수리 기간이나 비용이 추가되어 오히려 손실이 발생하게 된다. 그러므로 이런 물건은 손익분기점을 꼼꼼히 계산할 필요가 있다.

⑤ **호재로 가격이 많이 오른 주택**: 이 부분은 주택뿐만이 아니라 모든 부동산 투자에 공통적으로 적용해야 하는 부분이다. 각종 호재로 인한 가격 상승을 노리고 하는 부동산 투자는 물건을 소개하고 수수료를 받는 업체들만 돈을 벌고 정작 투자자는

돈을 벌지 못한다. 호재가 실현되지 않는 경우가 많고, 설령 실현된다고 해도 부동산 가격이 기대만큼 상승하지 않는 경우가 대부분이기 때문이다.

3. 오피스텔

2022년 후반부터 시작된 부동산 하락장의 영향은 아파트보다 비(非)아파트가 더 컸고, 실거주용의 빌라 물건보다 수익형 부동산인 오피스텔 물건들의 하락 폭이 훨씬 심했다. 엎친 데 덮친 격으로 전세가 하락으로 인한 역전세 현상이 가중되면서 오피스텔 시장은 매매가와 전세가 하락, 그리고 오피스텔을 사려는 수요 자체가 실종되면서 경매로 진행되는 건수가 역대 최대치가 되었다.

오피스텔 경매물건을 검색하는 요령은 크게 두 가지로 나눌 수 있다. 첫째는 임대를 목적으로 건축한 원룸형 오피스텔이며, 둘째는 실거주 수요를 겨냥한 아파트형 오피스텔이다. 이 중 경매시장에 많이 등장하는 종류는 임대 목적의 원룸형 오피스텔이다. 이런 물건에 투자할 때는 최악의 경우 매매하지 못할 수도 있다는 것을 생각하고 월세를 받는 목적으로 투자할 필요가 있다.

물론 원룸형 오피스텔이 모두 그런 것은 아니다. 예를 들어 대단지 아파트에 섞인 원룸형 오피스텔이나 입지 좋은 상업지에 건축한 브랜드 오피스텔의 경우는 아파트만큼 매매가 잘 되기도 한다. 하지만 그 비중은 전체 경매물건의 10%가 안 되기 때문에 나머지 수요 없는 오피스텔을 입찰할 때는 좀 더 주의를 기울일 필요가 있다.

그리고 실거주용 오피스텔을 볼 때 가장 중요한 것은 역시 거주하기 좋은 입지다. 그다음으로는 조망, 채광, 방향 등이 있다. 경매가 진행되는 전국의 25~30평형의 아파트형 오피스텔의 경우 양호한 입지에 건축한 물건들도 많지만, 주로 상업지나 외진 곳에 건축된 물건들도 많다.

이 경우 한 동형 건물들이 대다수여서 상하좌우로 새로운 건물이 지어질 때 조망과 채광을 망치는 경우가 많다. 그래서 이런 물건들을 검색할 때는 첫째는 입지, 둘째는 조망, 채광, 방향, 셋째로 구조 등의 기본적인 내용들을 파악한 후에 수익성 분석을 해야 실수를 줄일 수 있다.

▲ 그림 1-23 오피스텔 경매물건 검색 툴

① 원룸형 오피스텔

원룸형 오피스텔은 1인 임대 세대 수요에 특화되어 있어 무엇보다도 입지와 인프라가 제일 중요하다. 인근에 교통 수단(지하철)이 있거나 마트나 백화점 등이 있으면 훨씬 수요가 많고, 내부 옵션에 따라 임대가격이 더 높아지기도 한다.

경매로 진행되는 원룸형 오피스텔은 매도가 쉽지 않다는 단점이 있으므로 철저히 임대수익 개념으로 투자를 진행해야 한다. 임대수익률이 최소 10% 이상이면서 공실 발생률이 없는 물건이어야 한다.

② 아파트형 오피스텔

우선 오피스텔 기본 조사를 할 때 홈텍스에서 반드시 공시지가를 확인해야 한다. 개인 명의로 오피스텔을 취득할 때 공시지가 1억 원 이상의 오피스텔은 주택 수에 포함하는 정부 정책 때문이다. 예를 들어 1주택자가 공시지가 1억 원 이상의 오피스텔을 낙찰받는다면 주택 수에 포함되어 다음에 취득하는 1억 원 이상의 물건들은 8~12% 중과된 취득세를 납부해야 한다.

그러나 주택 수가 2주택 이상인 다주택자의 경우 공시가격 1억 원 이상의 오피스텔을 낙찰받는다 해도 오피스텔 취득세(4%)는 중과가 없기에 개수에 상관없이 기본 취득세로 매수할 수 있다. 그리고 개인 명의 외 법인사업자가 있다면 법인 명의로 단기투자 목적으로 오피스텔을 취득하는 것도 좋은 방법이다. 하지만 매매가 아닌 임대로 진행하게 되면 법인 종부세가 부과될 수 있으니 이 부분 또한 유의해야 한다.

정리하면 단기투자 목적의 아파트형 오피스텔의 경우 가장 기본적인 입지와 조망, 채광이 좋아야 한다. 아파트형 오피스텔은 매수 수요가 파악되고 정확한 매도가격이 정해진다면 아파트 경매처럼 단기투자를 진행할 수 있는 종목이므로 물건 검색을 열심히 해서 수익을 많이 낼 수 있기를 바란다.

주거용 물건, 즉 아파트, 빌라, 주택, 오피스텔을 빠르게 찾는 방법은 한 번에 묶어서 하는 것이다(그림1-24). 필자의 경우 물건 검색을 할 때 주거용 물건을 묶은 다음 성격이 비슷한 인근 지역까지(최대 5개 지역까지 가능) 통합해서 같이 보는 경우가 많다. 예를 들어 동남권을 볼 때는 부산, 울산, 대구, 경남, 경북 5군데를 묶어서 같이 검색한다. 그리고 서호남권을 볼 때는 전남, 전북, 광주, 충남, 충북을 통합해서 물건 검색을 한다.

주거용 경매물건의 수는 경기·인천권을 제외하면 경남·부산권이 가장 많고, 강원과 전북 등 작은 도시들은 물건이 거의 나오지 않는다. 그래서 1억 원 이하의 구축 주거용 경매물건은 동남권을 시작으로 수도권까지 검색한다. 그리고 1억 원 이상의 상승장 위주로 물건을 검색할 때는 수도권을 시작으로 지방 도시로 마무리한다.

이렇게 주거용 물건을 검색한 후에는 상업용(근린상가, 근린주택, 근린시설) 경매물건을 묶어서 검색한다. 그리고 공장과 숙박시설, 토지(대지)까지 검색한 후에 개별 종목(아파트 외) 검색을 한다.

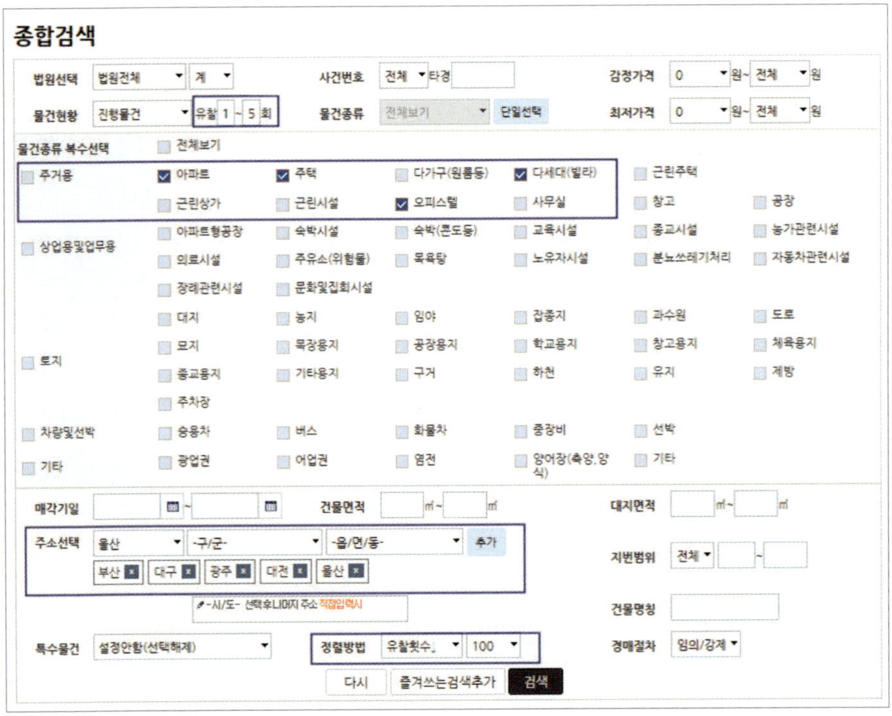

▲ 그림 1-24 주거용 경매물건 검색 툴

물건 검색을 오래 하다 보니 좋은 물건을 빠르게 찾을 수 있는 비결은 없고, 얼마나 꾸준히 검색하는지에 따라 좋은 물건을 발굴할 확률이 커진다는 것을 알게 되었다. 여기에 많은 낙찰과 매도 경험이 더해지면 남들이 쉽게 입찰할 수 없는 물건, 그리고 일반적인 수익의 몇 배가 날 수 있는 우량 물건들을 찾아낼 수 있는 시각이 생긴다. 노력을 동반하지 않은 수익은 쉽게 사라진다. 지금의 노력을 모아 더 단단한 수익을 만들 수 있도록 지속적인 루틴을 생활화하는 투자자가 되어야 한다.

08 미납물건! 재매각 경매물건 검색 요령

1. 재매각 물건

한 달 기준으로 약 500명 정도의 낙찰자가 경매물건을 낙찰받고도 잔금을 납부하지 않는다. 이렇게 미납한 경매물건을 재매각 물건이라고 한다. 일부 법원에서는 같은 실수를 방지하고자 입찰보증금을 기존 보증금의 2~3배(20~30%)로 상향하여 진행하고 있다.

이런 재매각 물건의 유형을 분석해 보면 80% 이상이 가격조사를 부실하게 하여 입찰가격을 높게 적은 경우다. 그 외 선순위 권리의 인수, 물건의 하자, 시장의 변화 등의 이유로 미납한 경우다.

▲ 그림 1-25 재매각 경매물건 검색 툴

다음 〈그림 1-26〉의 경매물건은 울산에 위치한 아파트로 감정가격은 1억 5,100만 원, 최저가격은 1억 570만 원이었다. 처음 3명이 입찰하여 1억 3,850만 원에 낙찰되었으나 끝내 잔금납부를 하지 않아 다시 경매로 나온 물건이다.

권리상이나 물건에 하자는 없었는데 낙찰가격이 너무 높아 수익이 나지 않자 입찰자가 포기한 것으로 보였다. 적당한 입찰가로 낙찰받는다면 충분히 수익이 발생할 것으로 생각되었다.

이 물건의 경우 재매각 입찰보증금이 기존 보증금의 3배인 3,170만 원이었다. 만약 다시 입찰을 진행한다고 해도 높은 입찰보증금으로 인해 경쟁이 거의 없을 것으로 예상했다. 가장 큰 장점으로는 약 360만 원의 미납관리비가 있었으나 내부에는

▲ 그림 1-26 재매각 경매물건의 정보

사람이 거주하지 않는 공실이라는 점이었다. 게다가 2015년 집을 매수하면서 일부 수리한 것으로 조사되어 낙찰 후 3개월 만에 1억 4,600만 원에 매도할 수 있었다.

입찰하면 안 되는 재매각 물건

재매각 물건의 대부분은 권리의 하자(대항력 있는 임차인)나 물건의 하자(누수, 결로, 파손)가 있는 경우가 많다. 따라서 재매각 물건은 입찰 전 권리분석이나 현장 방문을 통해 물건의 상황을 더욱더 꼼꼼히 분석해야 한다.

3장

리스크 줄이는 물건별 현장답사 팁

09

전문가가 알려주는 실전 현장답사 요령

지역답사와 물건답사

현장답사란 물건의 정보 수집을 위해 현지에 나가서 조사하는 것이다. 부동산 투자를 할 때도 부동산의 현황과 가격, 수익률(리스크, 가치) 분석 등을 위해 해당 부동산 현장을 방문하여 조사하는 경우가 많다. 부동산 현장답사는 크게 지역답사와 물건답사로 나뉜다.

첫째, 지역답사의 경우 해당 지역의 부동산중개사무소에 방문하여 지역이 갖고 있는 입지성과 대장 아파트 가격, 교통 및 호재 그리고 지역의 흐름을 배우는 답사이다. 답사의 특성상 혼자 다니는 것보다는 여러 투자자와 동행하여 부동산중개사무소를 방문해야 더 디테일한 브리핑을 들을 수 있다. 해당 지역을 가장 잘 알고 있는 전문가들에게 살아있는 정보를 배우며 성장하는 방법이다.

둘째, 물건 답사의 경우 물건의 현황, 가격 분석과 여러 변수를 현장에서 확인하여 투자 가치를 판단하고 입찰가격을 산정하는 답사로 볼 수 있다. 물건답사의 경우 답사 전 물건에 대한 기본 조사가 70% 이상된 후 현장에서 조사 내용을 확인하는 방법으로 진행해야 제한된 시간 안에 정확한 판단을 내릴 수 있다.

정리하면 투자 지역답사는 해당 지역의 가격과 호재, 교통 등의 흐름을 분석하기 위해 필요한 답사이다. 그리고 투자 물건답사는 입찰할 물건의 리스크, 수요, 가격 등의 정확한 수익률과 투자 가치를 판단하기 위해 필요한 답사이다.

현장답사를 생략해도 되는 경우

경매를 처음 하는 초보자의 경우 입찰하는 경매물건의 현장을 전부 방문하는 경우가 있는데, 경매물건의 여러 리스크를 줄이며 물건의 장·단점을 파악할 수 있는 좋은 방법이다. 하지만 경매물건의 종류에 따라 현장답사가 아까운 시간만 낭비하는 효율성 없는 방법이 될 수도 있다.

예를 들어 대단지 아파트 물건이 경매로 진행될 때 예상 매도가격은 전화 조사만으로도 충분히 산정 가능한 경우가 많다. 그리고 미납관리비 여부나 물건의 방향, 조망, 수리 여부도 부동산중개사무소에 가격 전화 조사나 전자지도, 로드뷰를 통해 판단할 수 있어 굳이 현장을 방문하지 않고도 조사를 마칠 수 있다.

제한된 시간 안에 경매물건을 상품화해 효율적으로 입찰 횟수를 늘리기 위해서는 답사가 꼭 필요한 물건과 답사를 생략해도 되는 물건의 선별 작업이 중요하다. 대단지 아파트나 신축 아파트에 입찰하는 경우 현장답사를 가서 물건 조사를 하는 것과 경매 사이트나 부동산 앱을 통해 가격 조사를 하는 방법에 큰 차이가 없다. 그러므로 시간의 효율성과 입찰 횟수를 늘리기 위해서는 온라인 가격 조사의 정확도를 키우는 것이 좋다.

현장답사가 반드시 필요한 경우

앞서 얘기한 대단지 아파트처럼 현장 조사와 탁상 조사의 결과 차이가 크게 나지 않는 경우 굳이 시간을 들여가며 현장을 방문해 조사할 필요가 없다. 하지만 탁상 조사를 끝낸 후 현장에 가야만 판단할 수 있는 물건들은 반드시 추가적으로 현장 조사를 진행해야 한다.

현장 조사가 필요한 경우는 나홀로 아파트, 빌라, 주택, 상가, 공장 등 난이도 있는 물건에 속할 경우, 그리고 권리의 하자(가장임차인, 유치권, 선순위 권리)를 파악할 필요가 있는 경우다.

난이도 있는 물건을 조사하는 방법은 두 가지다. 첫째, 정확한 매도가격을 판단하기 위해 물건지 인근(입지, 인프라)을 조사하며 매수 수요층을 파악하는 시장 조사가 있다. 둘째, 물건의 하자(조망, 채광, 누수, 마감)를 확인하여 투자 리스크를 관리하는 물건 조사가 있다. 이런 디테일한 분석들이 곧 수익이나 손실로 이어질 수 있으므로 이런 물건들은 현장 조사가 매우 중요하다.

그리고 권리의 하자가 있는 물건의 현장답사를 할 때는 현장에 가야만 판단할 수 있는 여러 요인을 통해 권리의 하자를 치유할 수 있는 방법을 찾아내면, 일반 물건에서는 창출할 수 없는 큰 수익으로 연결되는 경우가 많다. 그러므로 기본적인 탁상 조사 후 현장 조사 체크리스트를 만들어 현장에서 점유자를 만나 하나하나 체크한다. 그리고 하자를 풀 수 있는 단서들을 모아 최종적인 투자 판단을 내릴 수 있는 검증된 보고서를 만드는 느낌으로 조사한다.

10

현장에 답이 있다!
나홀로 아파트의 현장답사

실거주 조건

나홀로 아파트와 대단지 아파트는 세대수와 브랜드 등 기본적인 차이도 있지만, 나홀로 아파트는 주로 중심지가 아닌 외곽에 건축하는 경우가 많다 보니 대단지 아파트보다 입지가 떨어진다는 단점이 있다. 그리고 외곽에 위치한 경우 주변 인프라도 좋지 않을 가능성이 크며, 이런 단점들은 곧 실거주 수요 부족으로 연결될 수 있다. 그러므로 입찰 전 경매물건 지역 현장을 돌아보며 실거주하기에 불편함은 없는지, 그리고 주변에 어떤 건물들이 있는지를 보고 판단해야 한다.

그리고 경매물건을 가리는 건물이 있는지(조망), 건물을 가릴 수 있는 방향에 건축이 이뤄지지 않는지(미래 조망 가림)도 매도하는 과정에서 매우 중요한 요소가 될 수 있으므로 꼼꼼히 체크해야 한다.

마감 공사

　도시가 작고 입지가 좋지 않은 곳에 나홀로 아파트를 건축했는데, 계획대로 분양이 되지 않으면 건축주는 급한 대로 전세나 월세로 자금을 확보하다 버티지 못해 경매로 나오는 경우가 많다. 이런 경우 공사업자에게 잔대금을 모두 납부하고 정상적으로 대출을 실행하여 등기 후 분양하는 경우도 있다. 하지만 공사업자에게 잔대금을 납부하지 못해 공사 마감이 되지 않은 채 촉탁 등기되어 경매로 진행되는 경우도 있다. 그래서 신축 나홀로 아파트 경매물건은 내부 마감상태를 반드시 확인해야 한다.

　공사 마감이 제대로 이뤄지지 않은 물건의 대표적인 하자는 엘리베이터 설치(외부에 문은 있지만 내부 엘리베이터가 없을 수 있음), 계단의 난간, 복도 타일 마감, 옥상 방수공사, 외부 새시 코킹, 건축물 외부 마감이다. 이런 부분들을 현장 확인 없이 낙찰받는다면 생각보다 많은 마감 공사비용에 수익은커녕 손실로 이어질 수도 있다. 그리고 경매 낙찰 후 막상 분양하려고 할 때 하자보수가 되지 않아 계획한 대로 분양할 수 없는 경우도 많다.

▲ 그림 1-27 주변 인프라가 없거나 외부 마감공사가 안 된 경우

나홀로 아파트는 대단지 아파트와 다르게 특정 수요층이 정해져 있지 않아 투자 물건의 입지, 주변 환경, 인프라, 조망, 채광, 마감 여부 등 모든 사항을 입찰자가 꼼꼼히 체크해야 실수가 없다.

실거래가격

대표적으로 분양이 안 되는 물건 중 하나가 지방 외곽 지역의 나홀로 아파트와 빌라들인데, 실거래가를 확인해 보면 이상하게도 매우 높은 가격에 분양된 물건들이 더러 있다. 부동산 투자 경험이 적은 투자자들은 이 실거래 가격을 신뢰하여 이 금액을 매도가격으로 산정해 입찰하는 경우가 있다. 하지만 우리나라 등기부등본은 형식적 조사를 바탕으로 이뤄지는 권리 이전이므로, 얼마든지 특정 금액으로 본인들끼리 등기이전을 할 수 있다는 사실을 인지해야 한다.

그래서 신축 나홀로 아파트 현장 조사 시 꼭 거주 중인 입주민들을 만나 실제로 그 금액을 지불하고 분양을 받았는지, 아니면 공사 금액을 변제받지 못해 대물로 받았는지를 확인할 필요가 있다. 한편 실제로 그 시기에 그 금액을 지불하고 분양받았다고 하더라도 현시점에 매도가 가능한 금액인지도 체크해야 한다. 지방의 신축 나홀로 아파트의 특성상 실거주 수요 부족으로 분양 후 가격이 점점 하락하는 경우가 많다. 그러므로 경매물건 지역만 조사하는 게 아니라 인근 지역 물건의 가격과 분위기까지 넓게 조사해야 실수가 없을 것이다.

미납관리비와 가스비

나홀로 아파트의 경우 세대수가 적다 보니 자체 관리사무소가 없어 건물 관리를 외부에 위탁하거나, 입주민 중 한 사람이 총무 역할을 하며 건물을 관리하는 경우가 많다. 이런 경우 현장에 가지 않는 이상 관리주체의 연락처나 미납관리비 금액을 알아낼 방법이 없기 때문에 현장 조사에서 반드시 확인해야 한다.

그리고 LPG 가스를 사용한다면 미납 가스요금을 낙찰자가 지불해야 할 수도 있기 때문에 반드시 가스비 미납금액을 확인해야 한다. 미납 가스요금을 지불하지 않으면 가스 공급이 되지 않기 때문이다. 참고로 판례상 주거용 부동산의 도시가스, 수도, 전기 미납요금은 등기이전일부터 낙찰자 부담이며, 이전 금액은 낙찰자 인수 사항이 아니다.

▲ 그림 1-28 나홀로아파트와 LPG 가스

11
조망과 채광은 기본!
빌라의 현장답사

조망, 채광, 입지분석

　빌라 경매물건은 아파트와 다르게 동 간 거리 제한 없이 건축하는 경우가 많아 앞동과 뒷동의 간격이 너무 좁아 햇빛이 들지 않는 경우도 많다. 그리고 거실 창을 열면 앞 건물에 막혀 조망이 나오지 않는 빌라들이 종종 있다. 이런 빌라들의 경우 재개발 등의 호재가 있지 않는 이상 사실상 실거주 수요에게 매도하기 쉽지 않아 입찰 전 꼼꼼히 체크해야 한다.

　이런 부분들은 물건을 검색할 때 지도와 로드뷰를 이용해 확인할 수 있다. 하지만 놓칠 수 있는 부분들이 있기 때문에 현장답사를 할 때 다시 한 번 확인하는 것이 좋다. 또 도시 외곽 지역에 위치한 빌라 물건들은 주변에 인프라가 부족한 경우들이 많고, 종종 주변에 주거시설이 아닌 공장이나 숙박, 유흥시설이 많은 경우가 있다. 이런 부분들 또한 매도할 때 실거주 수요가 부족해 금액을 싸게 받아도 팔지 못할 수도 있다.

　그래서 현장답사 시 물건을 가장 정확하게 볼 수 있는 방법은 본인이 직접 실거주 한다는 생각으로 주변에 위치한 공공시설과 편의시설을 꼼꼼히 체크하는 것이다. 그리고 인근 환경이 거주하기에 적합한지 계속 확인하는 것이 좋다. 즉 현장에서 물건을 볼 때 어떤 수요층에 어떻게 판매할 것인지에 대한 그림을 그려가며 답사를 진행해야 실수가 없다.

옥상 방수

구축 빌라 경매물건이 꼭대기 층인 경우 반드시 옥상 바닥 면의 방수 공사를 조사해야 한다. 오래된 빌라에서 빈번히 발생하는 하자가 누수이기 때문이다.

위층에서 발생한 세대 간 누수의 경우 공사 책임은 누수 발생 세대에 있다. 때문에 손해가 발생한 아래층의 피해복구와 누수 공사비용은 모두 위층에서 부담하므로 큰 문제가 되지 않는다. 이와 달리 옥상에서 발생한 누수의 경우 옥상이 빌라 전체의 공용부분이므로 관리주체에 의해 빌라 소유주 모두 비용을 분담하여 공사를 진행해야 한다. 하지만 세대수가 적고 오래된 빌라의 경우 관리주체가 없는 경우가 많고, 꼭대기 층 외 다른 세대들은 누수로 인한 직접적인 손해가 없으므로 비용 부담에 비협조적인 경우가 많다.

그래서 꼭대기 층 물건이라면 옥상 바닥 면에 방수 처리가 잘되어 있는지 점검하고, 물건의 내부와 옆집에 누수 발생 여부를 확인해야 한다.

빌라 관리와 마감공사

관리주체가 없는 빌라는 분리수거나 음식물쓰레기와 일반쓰레기장 등의 공간이 없어 빌라 주변에 정리되지 않은 채 방치되어 있는 경우가 많다. 또 빌라 건축 당시

자금이 부족해 공사 마감이 제대로 되지 않은 상태로 경매가 진행되어 낙찰 후 건물 외벽 누수, 복도 새시 창틀 누수 등 각종 하자가 발생할 수 있다.

현장답사를 할 때 관리가 제대로 되지 않은 빌라들은 향후 매도할 때 문제가 될 수 있으므로 입주민 중 관리자(총무)를 선임할 수 있는지, 또는 외부에서 건물 관리용역을 위임하여 세대별로 비용을 부담하고 관리를 진행할 수 있는지에 대한 선행 조사가 필요할 수 있다.

그리고 건축 마감이 제대로 안 된 경우 외벽과 복도, 계단 상태와 새시 코킹 등을 꼼꼼히 체크해야 한다. 보통 이런 빌라들은 엘리베이터도 멈춰 있는 경우가 많아 엘리베이터 작동 여부에 대한 현장 확인도 굉장히 중요하다.

▲ 그림 1-29 건물 옥상과 내부 누수 확인

12

수익률 대박!
단독주택의 현장답사

외관수리 여부, 유해시설, 입지 분석

　단독주택의 경우 현장답사가 필수인데, 건물 내부와 외부 상태를 모두 확인해야 하기 때문이다. 아파트, 빌라, 오피스텔 등 공동주택의 경우 공용부분(외관, 옥상, 복도 등)은 모두 함께 관리하기 때문에 전유부분(해당 호수)만 확인해도 된다. 하지만 단독주택은 소유자가 건물의 내·외부, 마당, 대문 등 모든 부분을 관리해야 하기 때문에 확인해야 할 범위가 더 넓다.

　단독주택의 답사 순서는 먼저 입지를 검토하고 주변 편의시설이나 시골 주택의 경우 유해시설(축사)이 있는지 확인한다. 그다음 앞쪽에 건물이 있으면 앞 건물과의 간격, 조망, 채광을 체크한다. 특히 주택의 외관 상태(외벽, 새시, 옥상, 지붕)를 꼼꼼히 체크할 필요가 있다. 현장답사 시 외관이 너무 노후해서 많은 공사비용이 발생할 것 같으면 입찰가를 좀 더 낮추거나, 입찰을 포기하는 편이 더 나을 수 있기 때문이다.

도시가스와 인근 마을

지방의 주택은 LPG 가스를 사용하는 경우가 많다. 주변의 모든 주택이 LPG 가스를 사용하면 문제가 없지만, 일부 주택은 도시가스를 사용하고 일부 주택은 LPG 가스를 사용할 경우에는 문제가 된다. 도시가스 배관 작업이 되어 있지 않으면 도시가스 설치가 불가능해 매도가 힘들어질 수 있다. 그리고 여러 필지의 이해관계 때문에 도시가스 인입이 쉽지 않은 경우도 많기 때문이다.

지방 단독주택 중에서도 시골의 전원주택이라면 가장 먼저 체크할 부분은 인근에 마을이 형성되어 있는지다. 귀농, 귀촌에 대한 수요가 많이 줄었기 때문에 세컨하우스의 개념보다는 철저히 실거주 개념으로 접근할 필요가 있다. 이때 실거주자들이 중요하게 보는 부분은 어느 정도 공동체 생활을 이룰 수 있는 마을이다. 따라서 주변에 비슷한 크기의 주택들이 어우러져 있는지를 현장에서 검토해야 한다.

그리고 시골의 경우 인근에 부동산중개사무소가 없는 경우가 있다. 이럴 땐 해당 지역에 거주하고 있는 주민분들에게 물어보면 더 정확한 가격을 알 수 있다. 현장 조사 시 동네의 유지(이장, 군수)를 찾아가거나, 동네 슈퍼나 미용실 등 주민들이 많이 왕래하는 곳에서 문의하면 많은 정보를 알아낼 수 있다.

▲ 그림 1-30 주변 마을과 유해시설 확인

13 함정에 빠지지 않는 상가의 현장답사

상권, 공실률, 임차인 매출과 재계약 여부

경매투자를 하다 보면 상가에도 관심이 생기기 마련이다. 상가는 무조건 현장답사를 해야 하는 종목 중 하나다. 상권은 계속 바뀔뿐더러 해당 물건 인근의 전체 상권까지 조사해야 리스크와 입찰 가격을 정할 수 있기 때문이다.

먼저 상권분석은 경매에 나온 상가 위주로 최대한 넓게 도보로 이동하면서 상권이 형성되어 있는 곳을 조사한다. 건물 외관에 부착된 현수막 광고를 통해 공실률과 임대, 매매가격을 파악하고 유동인구와 동네의 전반적인 상권 분위기 등을 확인한다.

그다음 건물분석은 해당 상가 건물의 전층의 전호실을 모두 방문해 건물 내 공실과 현재 계약 중인 입주민들의 임대, 매매가격을 분석한다. 만약 경매 건물에 임차인이 사업을 하는 경우 해당 사업장의 사업 현황과 매출 규모를 확인할 수 있는 만큼 최대한 자세히 조사한다. 웬만하면 임차인을 직접 만나 재계약 여부를 확인하고 입찰에 참여해야 한다.

필자의 경우 경매 물건이 식당이면 점심시간에 식사하며 손님 수와 객단가, 서비스 상태 등을 체크한다. 헬스장이나 필라테스라면 방문도 하지만 사업자의 마케팅(블로그, 인스타그램 등) 현황과 고객 후기 등도 참고한다. 해당 건물의 임차인을 현장에서 직접 만나 입찰 여부를 밝히며 건물사용에 대한 불편함이 없는지, 임대가격은 적정한지, 매출은 괜찮은지 등을 물으면 상대방도 솔직히 알려주는 경우가 꽤 많았다.

건물 상태와 미납관리비

건물 내·외부 관리상태와 관리사무소를 통한 미납관리비 등을 꼼꼼히 체크해 추가비용 지출 가능성을 미리 판단하고 입찰해야 한다. 특히 공실 상가의 경우 공실이 된 이유와 어떤 업종이 들어와야 계약할 수 있는지 등을 인근 상인들에게 물어본다. 그래야 낙찰 후 수익이 날 상가인지, 입찰을 포기해야 할 상가인지 판단할 수 있다.

상가경매의 경우 최대한 꼼꼼히 조사하되 판단하기 힘든 부분이 있으면 확신이 설 때까지 계속해서 현장을 방문해야 한다. 이런 노력과 시간이 낙찰을 잘못 받아 발생할 수 있는 손실을 미리 방지해 줄 것이다. 수익보다 중요한 것이 손실을 예방하는 것이다. 현장에는 많은 답이 있다. 현장에서 최대한 많은 것을 배우기 바란다.

▲ 그림 1-31 상가 건물분석으로 분위기 파악

PART II

**최저가 입찰부터 권리분석,
개운한 명도까지!**

입찰부터 낙찰까지
한눈에 파악하는 경매 절차

그림으로 보는 경매 절차

매각기일을 기준으로 나뉘는 경매

경매 절차는 경매 신청부터 매각공고까지, 매각 전 절차와 매각공고부터 배당기일까지의 매각 후 절차로 나눌 수 있다. 투자를 목적으로 경매를 공부하는 경우 매각 전 절차보다 매각 후 절차가 더 중요할 수 있지만, 경매의 전체 진행 과정을 알면 경매를 더 깊이 이해할 수 있다.

경매는 먼저 실질적 경매와 형식적 경매로 구분할 수 있다. **실질적 경매**는 채권자와 채무자가 존재하고, 채무자가 변제기일까지 채권변제를 이행하지 않았을 때 채권자의 신청으로 이뤄지는 경매다. **형식적 경매**의 경우 채권변제 목적이 아닌 부동산 자체를 매각하여 돈으로 바꾸는 환가(換價)를 목적으로 한다. 대표적으로 공유물 분할경매와 유치권에 의한 형식적 경매, 청산을 위한 경매(상속 등) 등이 있다. 이 둘은 경매 신청의 목적만 다를 뿐 절차는 같으니 굳이 구분해서 공부할 필요는 없다.

① 매각 전 절차

경매는 채권을 변제받지 못한 채권자가 법원에 경매 신청을 하고 경매비용을 예납하면서 시작된다. 신청 법원은 경매목적물 소재지 법원이다. 법원은 경매 신청서가 접수되면 경매개시결정을 하고 매각할 부동산을 압류한다. 그리고 이틀 안에 관할 등기소에 기입등기를 촉탁하여 경매개시결정 사실을 등기부에 기입한다. 그리고 경매개시결정 정본을 3일 안에 채권자와 채무자, 이해관계인에게 송달한다. 이때 채권자나 이해관계인은 경매개시결정 정본을 송달받지 않아도 경매 절차가 진행되지만, 채무자나 소유자가 송달받지 않으면 매각을 진행할 수 없다.

그리고 법원은 경매개시결정 등기가 기재된 후 3일 안에 현황 조사와 감정평가를 각각 진행한다. **현황조사**란 집행관을 통해 경매를 진행할 목적물의 현황과 등기부가 일치하는지를 조사한다. 그리고 감정평가기관을 통해 해당 목적물의 가치평가를 2주간 진행하며, 감정평가기관의 판단에 따라 경매목적물의 매각 가격을 결정한다. 이를 **감정평가**라고 한다.

이후 이해관계인에게 매각 대금을 우선순위에 따라 배분하기 위해 채권자들에게 배당신청을 받는다. 이때 2~3개월 정도의 배당요구종기를 설정하는데, 종기일이 지나면 배당요구를 할 수 없다. 만약 채권자가 임차인이라면 임대차 계약서 등의 서류를 배당요구종기 내에 신청해야 보증금을 돌려받을 수 있으므로 놓치면 안 되는 굉장히 중요한 기간이다.

법원은 조세 기타 공과를 주관하는 공무소에 경매할 부동산에 관한 채권의 유무와 한도를 배당요구의 종기까지 통지하도록 최고(催告)한다. 이는 우선채권인 조세채권의 유무를 확인하고, 주관 공공기관으로 하여금 조세 등에 대한 교부청구의 기회를 주기 위함이다. 또 최저매각가격이 압류 채권자의 채권보다 우선하는 부동산의 모든 부담과 절차 비용을 변제하고도 남을 가망(이후 '잉여의 가망')이 있는지를 확인하는 과정이다.

배당요구 신청과 채권 최고 신청이 끝나고 배당요구종기가 지나면 매각 준비 후 매각기일을 정해 법원의 게시판과 신문, 전자통신 매체에 공고한다. 그리고 매각기일

7일 전부터 매각물건명세서를 일반인들이 열람할 수 있도록 법원경매정보 사이트에 공개한다. 그렇게 매각기일의 공고가 끝난 물건은 2주 후 1차 매각이 진행되며, 유찰이 한 번도 진행되지 않은 경매라고 해서 신권경매라고 부른다.

❖ 매각 전 절차 진행 과정

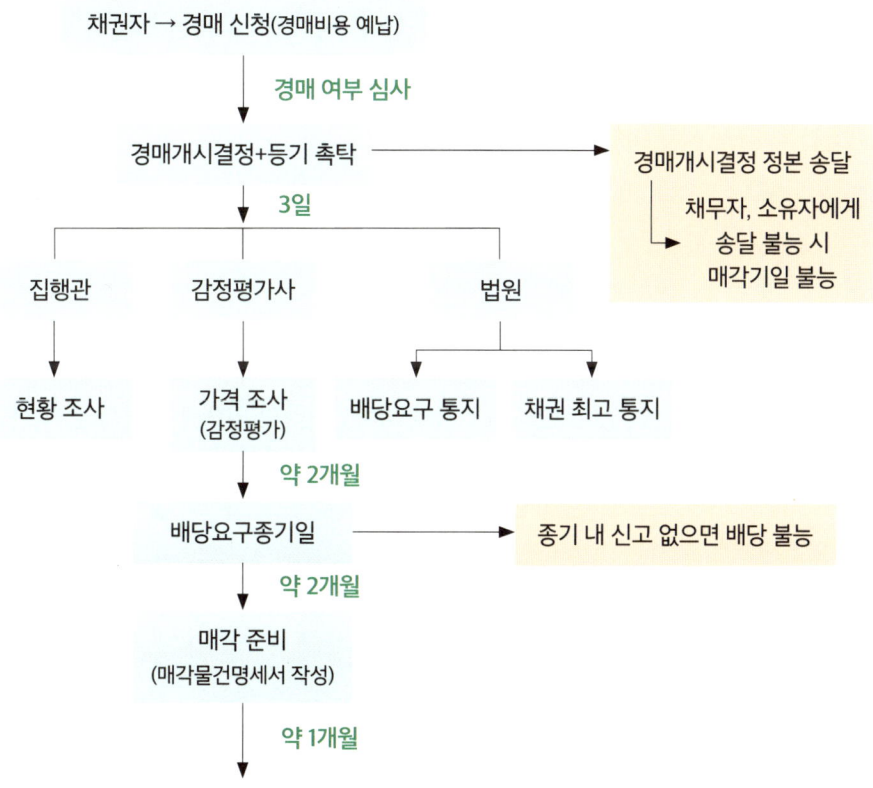

② 매각 후 절차

매각공고가 진행된 매각 물건들은 경매 유료 사이트에서 신건 물건 검색을 통해 검색할 수 있다. 특히 부동산 상승장의 경우 1차 매각기일의 감정가격(6~8개월 이전

가격)보다 부동산 가격이 상승하여 감정가격이 저평가되는 물건들이 꽤 많다. 이런 시기에는 유찰되지 않은 1차 매각기일에 낙찰받아도 수익을 낼 수 있어 신건 검색을 통해 물건을 빠르게 낙찰받는 투자법을 많이 사용했다. 그러나 지금은 서울의 일부 지역들을 제외한 나머지 지역들의 하락장이 지속되어 신건 검색이 의미가 없기 때문에 유찰된 물건들 위주로 검색할 필요가 있다.

매각공고가 진행되고 2주가 지나면 1차 매각기일이 정해진다. 만약 1차 매각기일에 아무도 입찰하지 않아 유찰되면 보통 30일 전후로 20~30% 유찰된 가격으로 2

❖ 매각 후 절차 진행 과정

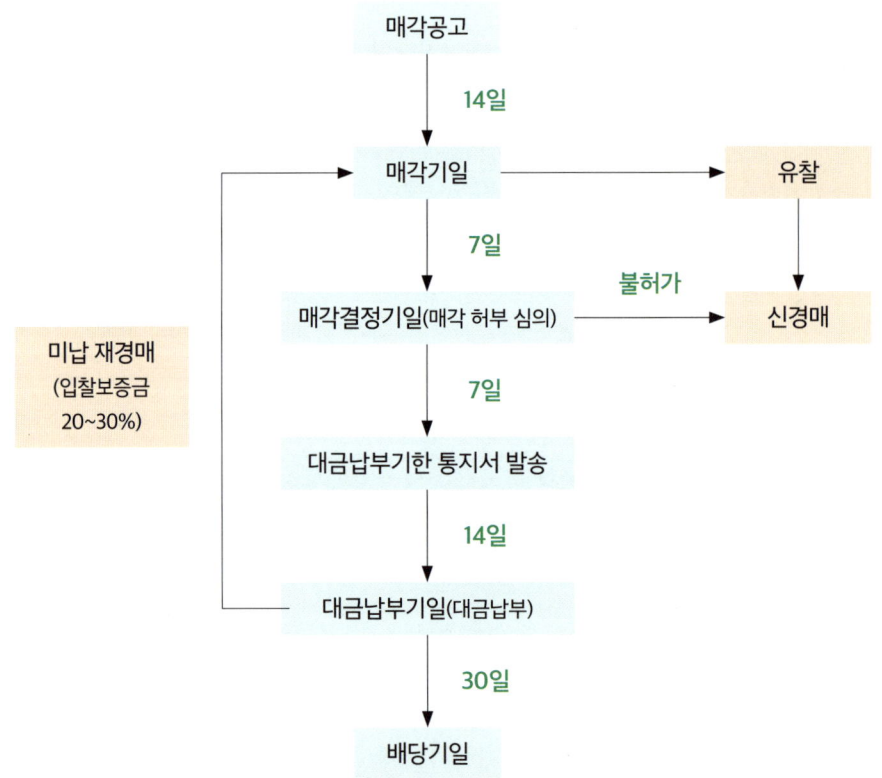

차 기일이 지정된다. 이를 **신경매**라고 한다. 그러나 낙찰을 받고 여러 이유로 잔금을 납부하지 않는 경우가 있는데 이를 **재경매**라고 부른다.

이후 낙찰이 되면 법원에서는 낙찰일로부터 일주일간 매각결정기일이라고 하여 매각 물건에 대한 허가 여부를 결정한다. 낙찰자 외 이해관계인은 이 기간 안에 매각불허가 신청을 할 수 있고, 매각불허가 신청 등의 특이사항이 없으면 법원은 매각 물건에 대한 허가를 진행한다.

매각허가결정 후 일주일간은 허가 여부에 대한 불복 과정으로 즉시항고 또는 허가에 대한 이의신청을 할 수 있다. 이때도 특별한 경우가 없으면 법원에서는 매각허가결정을 확정한다. 2주 후 대금납부기일이 지정되고, 낙찰자에게 대금납부기한 통지서가 발송된다.

경매 잔금을 빨리 납부한다고 해서 배당기일이 당겨지지는 않는다. 배당기일은 대금납부기일을 기준으로 4주 후로 지정되며, 배당받는 임차인이나 채무자가 있을 경우 배당기일에 맞춰 명도를 진행할 수 있다.

15

첫 입찰부터 기쁨의 낙찰까지

입찰 전 과정

물건 검색과 권리분석, 수익성 분석과 현장답사까지 모두 마쳤다면 이제 입찰기일에 맞춰 해당 법원에 입찰하러 가야 한다. 이때 입찰표 작성은 당일에 법원에서 작성하지 않고 1~2일 전에 미리 작성한 후 가지고 가야 실수를 줄일 수 있다. 입찰표 양식은 법원 사이트에서 다운로드하면 된다.

혹시 입찰 당일 법원에서 입찰표를 작성해야 한다면 최대한 일찍 도착해서 여유롭게 작성하고 틀린 부분이 없는지 재차 확인한다. 여유시간 없이 서둘러 입찰표를 작성하다 보면 실수할 수 있고, 만약 입찰가를 잘못 적어 보증금을 날리기라도 하면 타격이 크기 때문이다.

그리고 본인 명의 입찰 시 신분증과 도장, 입찰보증금을 준비하면 되는데, 도장을 잊었다면 본인의 엄지손가락 지장으로 대체할 수 있다. 본인 명의가 아닌 대리인으로 입찰할 때는 본인 명의의 인감증명서와 위임장(본인 인감도장 날인), 대리인의 신분증과 도장을 지참하여 입찰할 수 있다. 경매 입찰 시 사용되는 인감증명서의 유효기간은 일반적으로 6개월이지만, 간혹 3개월을 주장하는 법원도 있으니 인감증명서는 최소 유효기간이 3개월을 넘지 않는 서류로 준비하자.

입찰 전날 경매사건의 문건송달 내역이나 기일 내역을 참고하여 경매 취하나 변경 등 변동 사항이 있는지 꼭 체크해야 입찰도 못 한 채 집으로 돌아오는 불상사를 막을 수 있다. 경매의 변동에 대해서는 다음 장을 참고하자.

◆입찰 전 준비사항
① 매각기일 집행관이 입찰 실시
② 입찰 전 준비물
　-입찰보증금(현금 또는 자기앞수표): 법원이 공시한 최저매각가의 10%
　-본인 입찰: 본인 신분증, 도장, 입찰보증금
　-대리 입찰: 본인의 인감도장이 찍힌 위임장, 인감증명서, 대리인의 신분증과 도장
　-법인 입찰: 법인 등기사항전부증명서, 법인 인감도장, 대표자 신분증과 도장
　-법인 대리 입찰: 법인등기사항전부증명서, 법인 인감도장이 찍힌 위임장, 대리인 신분증과 도장
③ 유료 경매 사이트나 법원 게시판을 통해 경매의 취하, 취소 등 변경 사항 확인

※ 신분증은 주민등록증, 운전면허증, 여권 가능
※ 인감증명서의 유효기간은 일반적으로 6개월이나 간혹 3개월을 요구하는 법원도 있음

입찰 개시 후 과정

법원마다 차이가 있지만 보통 입찰은 입찰 시작 시각부터 1시간 정도 진행한다. 법원은 입찰 개시 후 매각물건명세서와 현황조사서, 감정평가서 등을 입찰에 참여하는 사람들이 열람할 수 있게 비치한다. 그러나 이 서류들은 대법원경매 사이트나 유료 사이트에서 열람할 수 있으므로 오프라인에서 열람할 경우는 거의 없다.

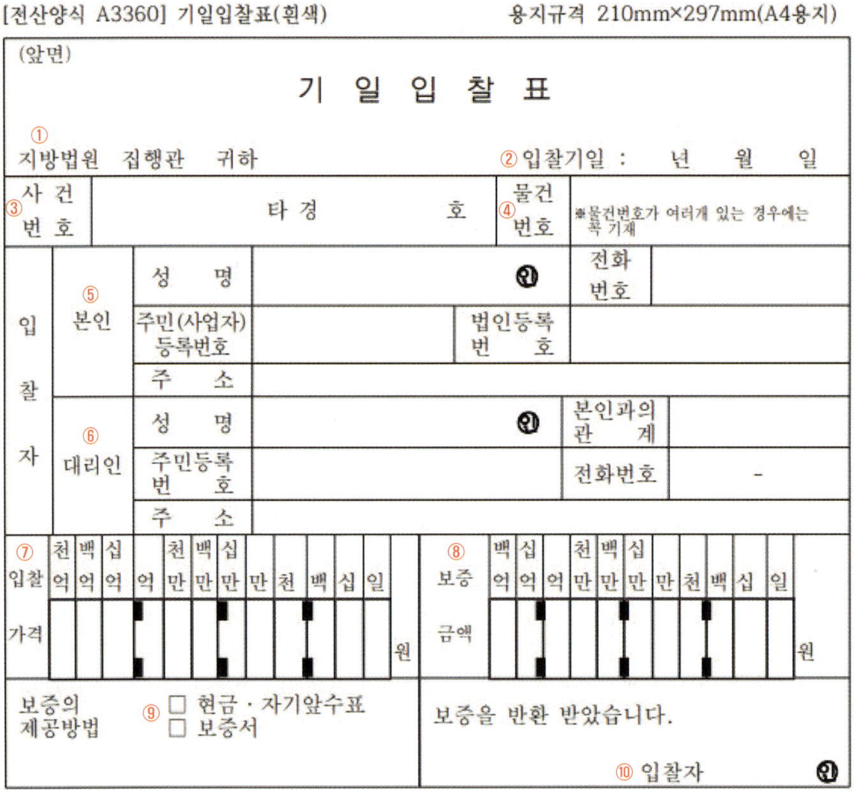
[전산양식 A3360] 기일입찰표(흰색) 용지규격 210mm×297mm(A4용지)

(앞면)

기 일 입 찰 표

① 지방법원 집행관 귀하 ② 입찰기일 : 년 월 일

③ 사건번호	타경 호		④ 물건번호	※물건번호가 여러개 있는 경우에는 꼭 기재		
입찰자	⑤ 본인	성명	㊞	전화번호		
		주민(사업자)등록번호		법인등록번호		
		주소				
	⑥ 대리인	성명	㊞	본인과의 관계		
		주민등록번호		전화번호	-	
		주소				

⑦ 입찰가격	천억	백억	십억	억	천만	백만	십만	만	천	백	십	일	원
⑧ 보증금액	백억	십억	억	천만	백만	십만	만	천	백	십	일		원

보증의 제공방법 ⑨ □ 현금 · 자기앞수표 □ 보증서

보증을 반환 받았습니다.

⑩ 입찰자 ㊞

▲ 그림 2-1 입찰표 양식

전날 입찰표를 미리 작성해 왔다면 법원에서 입찰봉투(대봉투)와 매수신청보증봉투(입찰보증금 봉투)를 받아 추가적인 기재 사항과 도장을 찍은 뒤 입찰표를 제출하면 된다.

개찰은 사건번호가 빠른 순서대로 진행하는데 가끔 입찰자가 많은 물건을 먼저 진행하기도 한다. 이때 사건번호를 잘못 기재하거나 변경이나 취하된 사건에 입찰한 입찰자들을 먼저 호명하여 보증금을 반환한 뒤 본격적인 개찰이 시작된다.

입찰표 작성 요령은 다음과 같다.

◆**입찰표 작성 요령**
① 경매물건의 진행 법원 기재
② 입찰기일 기재
③ 해당 경매사건의 사건번호 기재(사건번호 오기 시 무효 처리)
④ 해당 경매사건의 물건번호 기재(물건번호 미기재 시 무효 처리)
⑤ 본인의 성명, 연락처, 주민등록번호, 주소 기재
⑥ 대리인의 성명, 연락처, 주민등록번호, 주소 기재(본인과 가족이 아니면 지인으로 기재)
⑦ 입찰가격 기재(입찰가 수정 불가, 입찰가격 숫자가 정확하지 않으면 무효 처리)
⑧ 보증금액 기재(최저 보증금보다 이하일 때 무효 처리)
⑨ 보증금 지불 방법에 체크
⑩ 이름 기재 후 도장 날인

(뒷면)

위 임 장

① 대 리 인	성 명		직업	
	주민등록번호	-	전화번호	
	주 소			

위 사람을 대리인으로 정하고 다음 사항을 위임함.

다 음

② 지방법원   타경   호 부동산

경매사건에 관한 입찰행위 일체

③ 본 인 1	성 명	(인감)	직 업	
	주민등록번호	-	전 화 번 호	
	주 소			
본 인 2	성 명	(인감)	직 업	
	주민등록번호	-	전 화 번 호	
	주 소			
본 인 3	성 명	(인감)	직 업	
	주민등록번호	-	전 화 번 호	
	주 소			

▲ 그림 2-2 위임장 양식

위임장 작성 요령은 다음과 같다.

◆ **위임장 작성 요령**
① 대리인의 인적 사항 기재
② 경매 진행 법원과 사건번호 기재
③ 본인의 인적 사항 기재(본인 인감도장 날인)

입찰표와 위임장의 준비가 끝났다면 집행관에게 봉투를 받아 사건번호를 기재하고 도장을 찍어야 한다. 입찰표를 작성하거나 도장을 날인할 땐 미니 인주를 준비해 인적이 드문 법원 내 벤치나 식당에서 여유롭게 작성해야 실수를 줄일 수 있다.

매수신청보증봉투에는 미리 준비한 보증금을 넣고 사건번호(물건번호가 있다면 반드

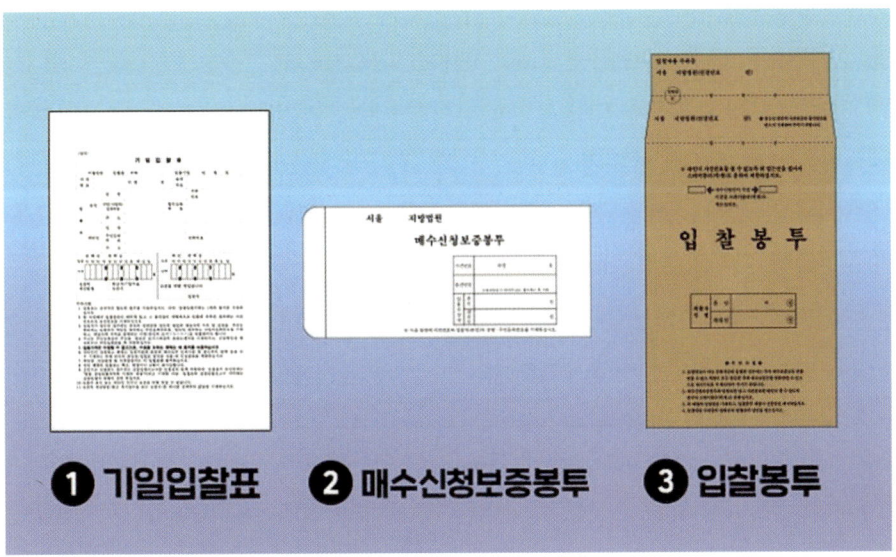

▲ 그림 2-3 입찰 시 작성해야 하는 서류 종류

시 기재)와 입찰자를 기재한 후, 입찰자란과 보증금 봉투 뒷면에 각각 도장을 찍는다. 입찰봉투에는 입찰표와 위임장(대리 입찰 시)을 넣은 후 앞면에 입찰자 이름을 적고 도장을 찍는다. 뒷면에는 상단에 사건번호와 물건번호(없으면 기재 안 해도 됨)를 기재하고 경매법정의 입찰함에 입찰봉투를 제출하면 집행관이 수취증을 준다.

이렇게 입찰이 끝난다.

◆**입찰 개시와 입찰 서류 작성법**
① 입찰 개시
　-입찰 개시 선언(보통 10시 시작) : 기록 열람과 입찰 사항 등을 고지
　-매각물건명세서, 현황조사서, 감정평가서 사본 열람 가능
② 입찰표 작성
　-사건번호(물건번호)
　-입찰자의 인적사항
　-매수신고가격과 보증금(최저매각가격의 10%)
③ 매수신청보증봉투 작성
　-준비한 보증금 넣고 봉인
　-사건번호(물건번호)
　-입찰자 란과 봉투 뒷면에 날인
④ 입찰봉투 작성
　-입찰표와 위임장 넣고 봉인
　-앞면 : 입찰자 서명, 날인
　-뒷면 : 사건번호(물건번호) 기재
⑤ 집행관에게 수취증 수령

낙찰 후 과정

　집행관에게 받은 수취증은 입찰영수증과 동일한 효력이 있다. 입찰이 끝난 후 해당 물건의 수취증을 보관하고 있다가 낙찰을 받으면 수취증과 신분증을 확인해 낙찰영수증과 교환하고, 패찰하면 입찰보증금과 교환할 수 있다.

　낙찰이 진행되다 보면 종종 최고가 낙찰가가 중복으로 나오는 경우가 있다. 이런 경우는 동일 낙찰자끼리 추가 입찰하여 다시 최고가 매수인을 가린다. 예를 들어 최저가가 1억 원인 물건에 최고 낙찰가 1억 2,000만 원을 두 명이 적어 냈다면 그 두 명만 다시 입찰을 진행한다. 입찰 방식은 낙찰된 금액인 1억 2,000만 원보다 높은 금액을 적는 방식으로 진행한다.

　필자도 예전에 1억 5,299만 9,990원으로 입찰가를 적었는데 똑같은 금액이 나와 당황했던 기억이 있다. 보통 1억 2,000만 원, 1억 5,000만 원처럼 끝자리 숫자 없이 깔끔하게 떨어지면 입찰가가 겹치는 경우가 많다. 그래서 귀찮더라도 1억 2,777만 원처럼 끝자리 숫자를 붙여 최대한 겹치지 않게 입찰가격을 적는 것이 노하우다.

　차순위 매수신고는 최고가 매수신고인이 잔금납부를 하지 않는 경우 추가 매각을 진행하지 않고 차순위 매수신고인이 그 소유권을 이전받는 절차다. 그 조건은 최고가 매수신고 가격에서 입찰보증금을 공제한 금액 이상의 입찰가를 제출해야 한다. 예를 들어 최저가격이 1억 원이고 최고가 매수신고인의 낙찰가격이 1억 5,000만 원이라고 하자. 이때 차순위 신고를 할 수 있는 대상자는 낙찰가격에서 입찰보증금(최저가의 10%) 1,000만 원을 공제한 1억 4,000만 원 이상의 입찰가를 제출한 사람이다.

　차순위 대상이 되는 입찰자가 여러 명일 때 차순위 신고는 그중 가장 높은 가격을 제출한 입찰자만 할 수 있다. 만일 차순위 요건이 되는 입찰자가 차순위 신고를 포기하면 낮은 입찰 금액을 제출한 입찰자도 차순위 신고를 할 수 있다.

　실무에서 차순위 신고를 많이 하는 입찰자는 부동산을 꼭 지켜야 하는 채무자나 소유자인 경우가 많다. 이들은 입찰에서 떨어졌을 때 차순위 신고를 한 후 낙찰자에게 보증금과 일종의 수고비를 지급하고 낙찰자가 잔금을 납부하지 않게 해 소유권을 가져오기도 한다.

    차순위 신고의 단점은 입찰보증금이 한 달 동안 법원에 묶여 있다는 것이다. 최고가 매수신고인의 잔금납부기일인 한 달 동안은 보증금을 반환받을 수 없기 때문이다. 그리고 아쉽게 떨어진 물건들의 90% 이상은 낙찰자가 잔금을 납부한다. 때문에 떠난 버스를 끝까지 잡으려 하기보다는 훌훌 털어 버리고 새로운 버스에 탑승하는 편이 현명할 것이다.

◆ **입찰 마무리**

① 최고가 매수신고인의 결정
　- 최고가격으로 응찰하고 보증금을 제출한 자를 최고가 매수신고인으로 결정
　- 최고가 매수신고인이 2인 이상일 경우 이들을 대상으로 추가 입찰 진행, 이후 또 동일 가격이 나오면 추첨

② 차순위 매수신고인의 결정
　- 최고가 매수신고 가격에서 입찰보증금을 공제한 금액 이상으로 입찰한 자
　- 최고가 매수신고인이 대금납부를 하지 않을 경우 차순위 매수신고인이 대금납부로 소유권 취득

경락잔금대출 잘 받는 요령

낙찰 후 받게 되는 낙찰영수증은 경락잔금대출 실행 시 꼭 필요한 서류이니 분실하지 말고 잘 보관해야 한다. 경락잔금대출이란 경매 낙찰 후 은행에서 받는 대출을 말한다. 낙찰영수증을 가지고 경매법정을 나서면 기다렸다는 듯이 대출상담사들의 명함을 받게 될 것이다. 이때 명함은 최대한 많이 받아놓는 것이 좋다. 낙찰받은 물건의 대출부터 향후 입찰할 경매물건의 대출까지 상담사들에게 미리 문의할 수 있기 때문이다.

많은 투자자가 부동산 대출 규제 뉴스가 나오면 경매 대출에도 똑같이 적용될 것으로 생각하여 투자를 주저하는 분들이 많다. 그러나 경매 대출은 정해진 대출한도가 없고 직접 발로 뛰어 만들어 가는 것이다.

경락잔금대출이 일반 부동산 대출과 다른 점은 주거래은행이 제1금융보다 제2~3금융이 많고, 대출 지역의 제한이 없어 부산에서 낙찰받은 물건을 경기권 은행에서 대출받을 수 있다. 또 개인의 신용도보다는 담보 가치의 비율을 평가하여 진행된다.

그래서 경매로 낙찰받은 물건의 대출한도가 생각했던 만큼 나오지 않을 때는 전국의 대출상담사에게 낙찰받은 경매사건번호와 내가 원하는 대출한도 금액을 정리하여 대출이 가능한 경우 답신을 달라고 문자메시지를 보낸다. 그러면 열 군데 중 두세 군데는 가능하다는 답변이 올 것이다. 만약 해당 은행에서 정상적인 방법으로 대출이 불가능한 경우 여러 가지 방법을 찾아 대출한도에 맞춰 실행해 줄 것이다.

정리하면 경매투자에서 대출 은행은 본인의 주거래은행이나 제1금융권, 금리가 낮은 은행이 아닌 한도를 맞춰줄 수 있는 은행을 항상 옆에 두어야 안전한 레버리지를 사용하여 투자할 요건을 갖출 수 있다.

16 입찰자의 시간 낭비 막는 변경, 취하, 기각 체크하기

경매가 변경되는 경우

경매물건 검색부터 조사, 현장답사까지 마치고 법원에 입찰하러 갔는데 여러 가지 이유로 입찰이 불가하게 되면 조사 기간부터 입찰일까지의 시간적·물리적 손해는 당연하고, 무엇보다 시작도 하지 못한 채 끝나버린 것에 대한 허탈감이 밀려올 수 있다. 그래서 입찰 전 발생할 수 있는 변수들과 이에 대응하는 방법들을 미리 공부하여 내 시간을 아껴줄 물건인지 아닌지를 구분할 수 있어야 한다.

경매물건이 변경되는 경우는 보통 두 가지다.

첫째, 경매물건의 채무자가 채권자에게 일부 채권을 변제하거나, 아니면 일정 부분의 이자를 지급하며 기일을 늦추는 경우다. 채무자가 채권을 변제할 수 있다면 채권자 입장에서도 경매로 매각하는 것보다 원금을 보전받을 수 있고, 지급기일이 빨라지므로 채권자의 기일 연기 신청이 자주 발생한다.

둘째, 채무자가 채권자를 통하지 않고 경매기일을 연기하는 방법이다. 개인회생 신청을 통해 경매 진행을 멈추고 개인회생인가 시점까지 기일을 연기하는 경우와 채권 금액을 갚은 후 강제집행 정지 신청을 하여 기일을 정지하는 경우가 있다.

이렇게 변경될 확률이 있는 경매물건인지 아닌지를 가장 빨리 확인할 수 있는 방법은 해당 사건의 문건 송달 내역을 검색하여 채권자의 기일연기 신청이나 채무자의 집행정지 신청이 접수되었는지를 보는 것이다. 보통 경매 입찰기일 며칠 전이나 입찰 전날 신청하는 경우가 많으므로 최소 입찰 전날에는 꼭 송달 내역을 체크하여 진행 여부를 판단할 필요가 있다.

경매가 취하되는 경우

입찰을 하다 보면 경매가 취하되는 경우도 있다. 이런 경우는 경매물건에 기재된 경매 신청 금액과 총채권 금액으로 어느 정도 판단할 수 있다. 다음 〈그림 2-4〉의 사례는 감정가격 3억 2,000만 원의 아파트 경매물건이 채무자의 요청으로 경매 취하된 사건이다.

경매 신청 금액은 860만 원으로 채무자가 어느 정도 노력만 한다면 변제할 수 있는 소액이다. 또 등기부에 설정되어 있는 총채권이 2억 3,700만 원인데, 이는 감정가의 70% 수준으로 채무자가 이 물건을 급매로 처분하거나 다른 금융기관을 통해 대출한도를 높여 새로운 대출을 일으키면 충분히 변제할 수 있는 금액이다.

이렇게 경매 신청 금액이 너무 소액이거나 총채권이 경매물건 가격 대비 70%를 초과하지 않는다면 채무자가 여러 가지 방법으로 변제할 수 있는 방법이 있어 경매를 취하시킬 수 있다. 따라서 이런 물건들은 입찰 전 취하 가능성을 염두에 두고 살펴볼 필요가 있다.

혹시 취하 신청이 들어오지 않은 상황에서 낙찰받았다면 미리 현장을 방문해 명도하지 말고, 잔금을 납부할 수 있는 2주가 됐을 때 최대한 빨리 잔금을 납부해 경매 취하 가능성부터 없애야 한다. 종종 채무자가 본인의 물건이 낙찰됐는지 모르는 경

▲ 그림 2-4 경매취하된 사례

우도 있기 때문에 섣부르게 명도를 진행하여 채무자가 이 사실을 알게 된다면 채무를 변제해 경매를 취하할 수도 있기 때문이다.

경매가 기각되는 경우

경매사건이 기각되는 경우에 대응하는 방법을 공부하기 앞서 먼저 압류 채권자의 우선매수 신청에 대해 알아보자.

〈그림 2-5〉는 감정가격 4억 4,000만 원에 최저가격이 2억 8,000만 원까지 떨어진 아파트 경매물건이다. 경매사건 하단 주의사항에 압류 채권자 'ㅇㅇ금융자산대부'로부터 3억 1,874만 원의 매수 신청 보증이 있다고 기재되어 있다.

우선 ㅇㅇ금융자산대부는 이 사건의 경매 신청 채권자이다. 법원에서 경매사건을 진행하다 보면 잉여(매각되어도 신청 채권자가 받아갈 금액 없음)의 가능성과 신청 채권자보다 선순위 권리인(임차인과 ㅇㅇㅇ저축은행)이 금전적으로 피해를 볼 가능성이 있는 경

▲ 그림 2-5 경매 취하된 사례

우가 있다. 이때 법원에서는 신청 채권자에게 이 물건을 매각하고 앞의 두 가지를 충족할 수 있는 금액 이상으로 직접 매수하라는 통지서를 보낸다. 그러면 신청 채권자는 일주일 이내 매수 금액을 산정하고 일정 부분의 보증금을 공탁해 채권자 매수 신청을 할 수 있다.

이 사례에서 경매물건의 최저가격은 2억 8,200만 원인데 1순위 대항력 있는 임차인의 보증 금액이 2억 8,300만 원이고, 2순위인 ○○○저축은행이 3,000만 원의 채권을 각각 신고하였다. 이 상황에서 3순위인 ○○금융자산대부가 배당을 받기 위해서는 1순위 채권, 2순위 채권에 경매비용 300만 원(경매비용은 경매 사이트의 배당표 참고)을 더해 총 3억 1,500만 원을 초과한 금액으로 매수 신청을 해야 선순위 권리자들의 채권에 손해가 없이 경매 신청 채권자가 조금이라도 배당을 받아 갈 수 있다. 그리고 이 요건을 만족해야 법원이 경매를 계속해서 진행한다.

이렇게 채권자의 매수 신청으로 경매가 진행되는 물건을 입찰하려는 경우 입찰자는 이 금액보다 높은 금액으로 입찰하면 우선매수와 관계없이 소유권을 취득할 수 있다. 하지만 이 금액보다 낮은 금액으로 입찰하면 매수 신청한 채권자가 자동으로 낙찰자가 되어 입찰에 의미가 없다.

정리하면 경매 신청 채권자의 우선매수 신청이 진행되기 위해서는 첫째, 경매 신청 채권자보다 선순위 채권자들의 채권 금액에 피해가 없어야 한다. 둘째, 모든 비용을 지불하고도 경매 신청 채권자가 배당받을 금액이 있어야 한다. 셋째, 법원에서 판단할 때 앞의 두 가지 요건을 충족하지 않으면 경매 신청 채권자에게 해당 요건을 충족할 수 있는 매수 금액을 정한 후 매수하라는 매수 신청서를 보내게 된다. 넷째, 매수신청서를 받은 채권자가 7일 이내 매수 의사를 신청하지 않으면 경매사건은 기각 처리된다. 반면, 경매 신청 채권자가 매수 금액을 정한 후 매수 신청서를 제출하면 매각물건명세서에 채권자의 우선매수 신청이 표기된다. 이때 입찰자는 경매 신청 채권자의 매수 신청 금액보다 높은 금액으로 입찰해야 낙찰받을 수 있다.

경매 신청 채권자의 매수 신청 금액은 매각물건명세서를 통해 확인할 수 있다. 만약 경매 신청 채권자가 제시한 금액보다 낮은 금액으로 입찰할 경우 자동으로 경매 신청 채권자가 낙찰받는다. 즉 채권자의 매수 신청 금액보다 높게 입찰해도 수익이 날 수 있는지가 관건이라고 볼 수 있다.

앞서 살펴본 것처럼 경매 신청 채권자가 받아 갈 금액(잉여 가능성)이 없거나, 압류 채권자가 법원의 매수 통지서를 받고도 경매에 참여하지 않으면 법원은 직권으로 해당 경매사건을 기각 처리하여 경매 진행이 종료된다. 그래서 이런 경매물건은 입찰 전에 경매 신청 채권자의 배당이나 매수 통지 여부에 대해 한 번 더 확인할 필요가 있다.

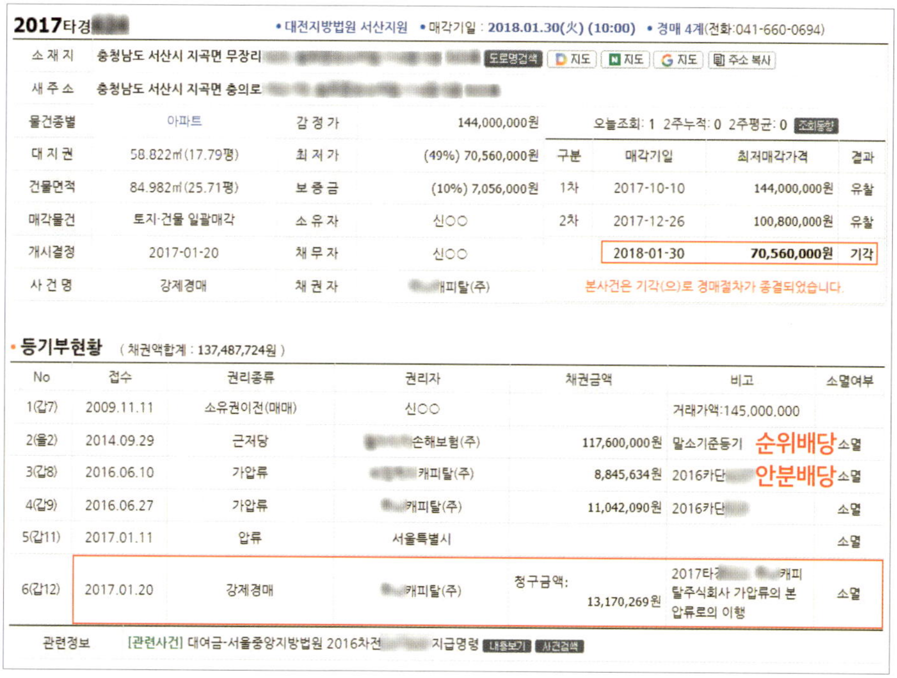

▲그림 2-6 경매가 기각된 사례

〈그림 2-6〉은 감정가격 1억 4,400만 원에 최저가격 7,000만 원인 빌라인데, 4순위 채권자인 ○○캐피탈의 신청으로 해당 물건의 경매가 시작되었다. 경매 신청 채권자보다 선순위인 ○○○손해보험과 ○○○캐피탈의 채권을 모두 합한 금액은 1억 2,600만 원이다. 이는 최저가격인 7,000만 원 대비 2배 이상 높은 가격으로 선순위 채권자의 채권 금액 보전이 어렵고, 경매 신청 채권자의 잉여 가능성이 없으므로 법원에서는 압류 채권자에게 매수 신청서를 발송하였다. 그러나 경매 신청 채권자 입장에서 굳이 무리하여 채권자 우선 매수를 신청하면서까지 추가적인 손해를 볼 필요가 없다고 판단하여 매수 신청을 포기한 사건이다.

기각을 보완하는 중복경매

법원의 경매 기각으로 경매 절차가 중지되는 것을 방지하는 방법이 있다. 바로 중복경매 신청이다. 후순위 경매 신청 채권자가 잉여 가능성이 없어 기각될 수 있는 상황에서 선순위 채권자가 한 번 더 중복으로 경매를 신청하여 후순위 경매 신청자의 잉여와 관계없이 경매를 계속 진행하도록 하는 방법을 말한다.

단, 중복경매 신청이 선행 경매사건의 배당요구종기일 이전에 이루어지느냐, 이후에 이루어지느냐에 따라 경매 절차가 달라진다. 배당요구종기일 이전에 이루어진 경우 선행 경매사건을 종결하지 않고 승계하여 진행된다. 반면 배당요구종기일 이후에 이루어진 경우 선행 경매사건은 종료되고 새로운 경매사건으로 처음부터 진행된다.

이렇게 내가 입찰하려는 경매사건이 어떤 이해관계가 얽혀 있는지를 미리 알 수 있다면 낭비될 수 있는 소중한 시간을 아낄 수 있다.

5장

5분이면 충분한
실전 경매 권리분석

17 한눈에 보는 등기사항전부증명서

물건에 대한 권리와 금전에 관한 권리

물권은 누구에게나 주장할 수 있는 권리(배타적 지위권)이며, 부동산 같은 실물자산에 대한 권리를 나타낸다. 예를 들어 아파트를 소유하는 경우 물권자는 해당 재산의 소유자로 제한된 권리와 혜택을 가질 수 있다. 물권은 등기부에 공시되며, 설정일자로 인한 우선변제권(순위배당)이 있으며 경매 신청권을 가지고 있다.

반면 채권은 특정인(채무 관계)에게 주장할 수 있는 권리를 뜻한다. 예를 들어 채무자에게 돈을 빌려준 사람에 대한 채권자의 권리이다. 채권자는 채무자로부터 이자를 받거나 미래에 원금을 환급받을 수 있다. 채권은 채무를 진 당사자에게만 주장할 수 있는 권리로 제삼자에게는 효력이 없다. 채권은 설정일자에 관계없이 동등(안분배당)하게 배당되며 집행권원이 없으면 경매 신청권이 없다.

순위배당은 등기부에 설정된 날짜 순서대로 배당이 이뤄지는 것이고, **안분배당**은 설정 날짜와 관계없이 동일한 순위로 배당하되 채권의 비율에 따라 다르게 배당한다.

♦**권리의 종류**
① 물권: 물건에 대한 권리로 근저당, 전세권 등이 있다.
　→ 순위배당
② 채권: 특정인에 대하여 가지는 권리로 가압류 등이 있다.
　→ 안분배당

경매 공부를 할 때 물권과 채권을 구분해야 하는 이유는 권리관계에서 우선순위를 파악하기 위해서다. 경매물건에 설정되어 있는 물권과 채권의 순위를 확인하고, 매각 후 배당 시 입찰하는 물건에서 발생할 수 있는 다양한 리스크(대항력 있는 임차인, 낙찰자 인수 금액)를 사전에 파악하여 안전하게 경매투자를 하기 위해서다.

물권은 등기부에 설정되는 날짜에 따라 배당 순위를 가지지만, 채권은 물권처럼 순위가 없어 선순위로 설정되더라도 후순위 권리와 동일한 순위로 배당된다.

♦**경매사건에서 물권과 채권의 순위 관계**
① 물권 간에는 먼저 성립한 물권이 우선
② 물권이 채권보다 빠른 경우는 물권이 우선
③ 채권은 우선 성립과 무관하게 모두 평등한 동 순위 권리

최선순위 권리와 말소기준권리

권리분석이란 경매나 공매로 물건을 낙찰받은 경우 소멸하는 권리(말소기준권리)와 인수되는 권리가 무엇인지를 분석하는 것이다.

말소기준권리는 법적으로 정의된 용어는 아니지만, 일반적으로 해당 경매 절차에서 매각으로 소멸되거나 낙찰자에게 인수되는 권리를 판단하는 기준이 된다. 경매 투자자는 말소기준권리를 제대로 파악할 수 있어야 낙찰 이후 인수되는 권리와 소멸되는 권리가 무엇인지 정확하게 알 수 있으므로 입찰 여부를 결정할 때 중요한 부분이 될 수 있다.

등기사항전부증명서의 갑구와 을구에 가장 먼저 설정된 권리가 말소기준권리(근저당, 가압류, 압류, 경매개시결정등기, 배당요구나 경매 신청한 전세권, 가등기)에 해당하면 그 이하 권리들은 모두 매각으로 소멸된다.

여기서 포인트는 최선순위 권리(등기부에 설정된 날짜가 가장 빠른 권리)가 말소기준권리에 해당하면 말소기준권리를 포함한 나머지 권리들도 매각으로 소멸한다는 것이다. 하지만 최선순위 권리가 말소기준권리가 아닌 인수권리(지상권, 지역권, 배당요구 없는 전세권, 가등기)인 경우 인수권리를 제외한 후순위 권리 중 가장 빠른 말소기준권리를 기준으로 낙찰 후 소멸된다. 여기서 소멸의 뜻은 해당 경매사건에 설정된 채권자가 돈을 다 받아가든지, 받아가지 않든지에 상관없이 남은 채권을 낙찰자에게 청구하지 못하고 경매사건이 종결된다는 뜻이다.

이렇듯 경매에서 소멸하는 권리를 둔 이유는 채권 변제가 필요한 채권자들이 경매 신청을 통해 해당 부동산 채무의 일부라도 변제함으로써 악성 채권이 쌓이지 않고 계속 거래할 수 있는 출구를 만들어 주는 것이다. 또 큰 틀에서는 국가적인 부도 상황을 사전에 방지하는 것이다.

◆말소 여부에 따른 권리 구분
① 무조건 말소되는 권리: 근저당, 압류, 가압류, 강제경매결정등기
② 배당요구, 경매 신청 등 조건부로 인수되는 권리: 전세권, 가등기
③ 무조건 인수되는 권리: 유치권, 예고 등기, 가처분(건물 철거)

무조건 소멸하는 말소권리가 등기부상 최선순위에 설정되면 해당 권리를 포함한 나머지 권리들(무조건 인수되는 권리 제외)은 매각됨과 동시에 소멸한다. 따라서 낙찰자는 아무 인수 사항 없이 해당 부동산을 취득할 수 있다.

조건부 인수권리가 등기상 최선순위에 설정된 경우(후순위일 때는 자동 소멸) 해당 권리자가 경매 신청이나 채권의 배당요구 신청을 했다면 인수권리가 아닌 말소권리로 보아 소멸한다. 하지만 그런 권리 신고가 없다면 인수권리로 보아 낙찰자에게 인수된다.

절대적 인수권리는 등기상 선순위든 후순위든(유치권은 등기부에 설정되지 않는 권리) 해당 권리가 설정되었으면 무조건 낙찰자에게 인수된다. 따라서 이 절대적 인수권리는 가장 유의해서 접근해야 한다. 그래서 경매 유료 사이트에서도 무조건 인수해야 하는 권리가 있는 물건의 경우 빨간 글씨로 표시해 놓는다.

경매할 때 자주 보이는 권리 용어 정리

저당이란 부동산 등을 담보로 돈을 빌려주는 것을 말한다. 그리고 저당권은 채무자가 빚을 갚지 않는 경우에 채권자가 경매 등의 절차를 통해 돈을 돌려받을 수 있는 권리이다.

근저당권은 은행에서 돈을 빌린 후에 일부를 갚으면 채권액이 줄어들 수도 있고, 반대로 이자가 밀려 채권액이 더 늘어날 수도 있다. 채권액이 변동될 때마다 저당권 설정과 등기를 다시 해야 하는 번거로움을 해결하기 위해 일반적으로 저당권보다 근저당권으로 설정한다. 실제로 빌려준 돈의 120~130%에 해당하는 금액을 채권 최고액으로 근저당권을 설정해 두면 이자가 밀려 채권액이 늘어나더라도 채권액의 최대 한도 금액 내에서 변제받을 수 있다. 그리고 채권액이 달라져도 저당권 설정과 등기를 다시 하지 않아도 된다.

가압류 또는 압류는 채권자가 빌려준 돈을 받기 위해 소송을 제기하여 승소하더라도 채무자가 재산을 숨기거나 팔아 버리면 그 돈을 회수할 수 없기 때문에 판결이 나서 돈을 돌려받기 전에 채무자가 재산을 빼돌릴 수 없도록 법원이 채무자의 재산을 임시로 확보하는 것을 말한다.

전세권이란 보증금을 반환받지 못할 경우 법원의 확정 판결 없이도 바로 경매 진행을 청구할 수 있는 권리이다. 이때 전세권자가 배당요구나 경매 신청을 하면 말소기준권리가 되지만, 아무 것도 하지 않으면 낙찰자에게 인수된다.

담보가등기란 채권자가 빌려준 돈을 받기 위해 채무자의 부동산에 근저당권을 설정하는 것과 마찬가지로 가등기를 설정하기도 하는데, 이를 담보가등기라고 한다. 담보가등기도 돈을 받기 위한 권리이므로 말소기준권리가 될 수 있으며, 매각으로 소멸한다.

경매개시결정등기는 채권자의 신청에 의해 경매가 진행된다는 것을 알리는 역할을 한다. 그 자체가 돈을 받기 위한 권리는 아니지만, 처분을 금지하는 압류 효과가 발생한다. 이는 법원에서 경매를 진행하고 있으니 마음대로 처분해서는 안 된다는 공시 방법이기도 하다.

등기사항전부증명서 분석하기

경매물건 권리분석의 경우 크게 등기부 권리분석과 임차인 권리분석으로 나눠서 판단한다. 만약 경매물건의 점유자가 소유자라면 등기부상 말소기준권리를 기준으로 인수되는 권리를 분석한다. 임차인이라면 말소기준권리를 기준으로 임차인의 대항력과 우선변제권(임차인 권리분석)을 추가로 정리한다.

먼저 등기사항전부증명서는 등기부의 사실관계를 기재한 '표제부'와 권리관계를 기재한 '갑구'와 '을구'로 나뉘어져 있다. 권리분석은 이 중 갑구와 을구를 살펴보는 것이다.

갑구는 소유권에 관한 권리 사항, **을구**는 소유권 외의 권리 사항이 기재되어 있다. 이 권리들을 하나로 합쳐 날짜순으로 정리하여 말소기준권리와 소멸하는 권리를 구분할 수 있다. 이때 권리 설정일자가 표기된 접수번호를 기준으로 정리한다.

◆ **등기사항전부증명서의 구성**
① 표제부: 부동산의 소재지와 현황 등 사실관계 기재
② 갑구: 소유권에 관한 권리 사항, 즉 소유권에 관한 제한 권리인 가압류(일반채권)와 가등기, 가처분(권리와 목적물의 보전), 압류(세금) 등의 권리 기재
③ 을구: 소유권 외의 권리 사항, 즉 근저당(대출)이나 전세권(사용), 지상권(임대) 등의 권리 기재

유료 경매 사이트를 이용하면 등기사항전부증명서의 갑구, 을구의 권리 설정일자에 따라 정리되어 있어 말소기준권리와 소멸하는 권리를 한눈에 파악할 수 있다. 따라서 권리분석을 빠르게 할 수 있다는 장점이 있다. 하지만 직접 정리하면서 실력을 키우면 권리분석을 하는 본인만의 요령이 생길 수 있다. 뿐만 아니라 나중에는 상세한 분석까지 할 수 있다. 필자 또한 경매를 처음 시작할 때 직접 권리분석을 해보며 기초를 다졌다.

등기사항전부증명서(말소사항 포함)
- 집합건물 -

고유번호 1760-2007-005174

[집합건물] 경상북도 구미시 상모동 271

【 표 제 부 】 (1동의 건물의 표시)				
표시번호	접 수	소재지번,건물명칭 및 번호	건물내역	등기원인 및 기타사항
1	2007년7월19일	경상북도 구미시 상모동	철근콘크리트조 철근콘크리트지붕 14층 아파트 ~~지하1층 100.9920㎡~~ ~~1층 910.0464㎡~~ ~~2층 910.0464㎡~~ ~~3층 893.2464㎡~~ ~~4층 893.2464㎡~~ ~~5층 893.2464㎡~~ ~~6층 893.2464㎡~~ ~~7층 893.2464㎡~~ ~~8층 893.2464㎡~~ ~~9층 893.2464㎡~~ ~~10층 893.2464㎡~~ ~~11층 893.2464㎡~~ ~~12층 893.2464㎡~~ ~~13층 893.2464㎡~~ ~~14층 893.2464㎡~~ 철근콘크리트조 철근콘크리트지붕 2층 경로당,관리사무소,주민공동시설,독서실 ~~1층 경로당,관리사무소 194.58㎡~~ ~~2층 주민공동시설,독서실 194.58㎡~~ 벽돌조 철근콘크리트지붕 단층 경비실 14.33㎡ 철근콘크리트조 철근콘크리트지붕 단층 전기실,기계실,발전기실 ~~지하1층~~ 전기실,기계실,발전기실 367.5㎡	도면편철장 제1083면

▲ 그림 2-7 등기사항전부증명서의 표제부

【 갑 구 】		(소유권에 관한 사항)		
순위번호	등 기 목 적	접 수	등 기 원 인	권리자 및 기타사항
1 (전 2)	소유권이전	1992년12월15일 제24284호	1991년8월9일 매매	소유자
				부동산등기법시행규칙부칙 제3조 제1항의 규정에 의하여 1999년 01월 08일 전산이기
2	소유권이전	2016년9월8일 제58836호	2016년8월10일 매매	소유자 이
				거래가액 금83,000,000원
3	가압류	2021년3월17일 제16216호	2021년3월17일 서울중앙지방법원의 가압류 결정(2021카단803586)	청구금액 금46,301,720 원 채권자 주식회사
4	가압류	2021년4월6일	2021년4월6일	청구금액 금42,300,000 원

【 을 구 】		(소유권 이외의 권리에 관한 사항)		
순위번호	등 기 목 적	접 수	등 기 원 인	권리자 및 기타사항
~~1~~	~~근저당권설정~~	~~2014년8월29일 제12340호~~	~~2014년8월28일 설정계약~~	~~채권최고액 금120,000,000원~~ ~~채무자 유~~ ~~근저당권자 협동조합~~
~~1-1~~	~~1번근저당권변경~~	~~2015년4월24일 제6424호~~	~~2015년4월24일 계약인수~~	~~채무자 이~~
2	근저당권설정	2018년7월30일 제12106호	2018년7월30일 설정계약	채권최고액 금123,000,000원 채무자 이 근저당권자 거창새마을금고
3	1번근저당권설정등기말소	2018년7월30일 제12125호	2018년7월30일 해지	

▲ 그림 2-8 등기부등본의 갑구와 을구

직접 해보는 권리분석

다음은 실제 경매물건들의 권리를 정리해 놓은 등기부 현황이다. 이미지를 보고 어떤 권리가 말소기준권리이고, 해당 권리가 최선순위 권리가 되었을 때 어떤 특이점이 있는지를 공부해 보자.

① 최선순위이자 말소기준권리가 같은 경우

〈그림 2-9〉의 사례에서 최선순위 권리는 2015년 2월 2일에 설정된 근저당이고, 해당 권리는 말소기준권리가 된다. 경매물건 매각 시 근저당 이후의 모든 권리는 소멸한다.

• 임차인현황 (말소기준권리 : 2015.02.02 / 배당요구종기일 : 2023.04.25)

임차인	점유부분	전입/확정/배당	보증금/차임	대항력	배당예상금액	기타
홍○○	주거용 전부(방 3칸)	전입일자: 2018.09.14 확정일자: 2018.09.14 배당요구: 2023.02.09	보15,000,000원 월400,000원	없음	소액임차인	[현황서상 보:30,000,000원]

전문가멘트	▶ 물번이 여러 개인 경우 모든 물건이 매각된 후 배당기일이 지정됩니다. 배당기일 이후 인도명령결정이 가능하므로 임차인의 인도명령결정까지 다소 기간이 소요될 수 있으니 참고하시기 바랍니다.

• 등기부현황 (채권액합계 : 238,229,280원)

No	접수	권리종류	권리자	채권금액	비고	소멸여부
1(갑1)	2015.01.29	소유권보존	김○○			
2(을1)	2015.02.02	근저당	○○신협	150,000,000원	말소기준등기	소멸
3(을2)	2015.03.19	근저당	(주)○○○	88,229,280원		소멸
4(갑2)	2019.11.01	압류	국 (마산세무서장)			소멸
5(갑3)	2020.05.22	압류	국민건강보험공단			소멸
6(갑4)	2021.01.20	압류	창녕군			소멸
7(갑6)	2021.10.15	압류	창녕군			소멸
8(갑7)	2023.01.20	임의경매	○○신협	청구금액: 848,104,497원	2023타경○○○ 변경전: ○○○신용협동조합	소멸
9(갑8)	2023.01.31	압류	창원시 (의창구청장)			소멸
10(갑10)	2024.05.03	압류	창원시			소멸

▲ 그림 2-9 최선순위이자 말소기준권리가 같은 경우 1

〈그림 2-10〉의 사례에서 최선순위 권리는 2020년 6월 10일에 설정된 가압류이며, 해당 권리가 말소기준권리가 된다. 경매물건 매각 시 이후의 모든 권리는 소멸한다.

▲ 그림 2-10 최선순위이자 말소기준권리가 같은 경우 2

② 최선순위 권리와 말소기준권리가 다른 경우

〈그림 2-11〉의 사례에서 최선순위 권리는 2021년 1월 28일에 가장 먼저 설정된 전세권이다. 전세권이 최선순위 권리일 때 배당을 요구하거나 경매를 신청하면 소멸된다. 하지만 해당 사례에서 임차인이자 전세권자인 최○○ 씨는 전세권을 사용하지 않고 임차인으로서의 권리를 사용하였으므로(주의사항 참고) 전세권은 소멸되지 않고 인수된다.

임차인현황	(말소기준권리 : 2021.10.08 / 배당요구종기일 : 2023.09.15)						
임차인	점유부분	전입/확정/배당	보증금/차임	대항력	배당예상금액	기타	
최■■■	주거용 전부	전입일자: 2021.08.31 확정일자: 2021.01.28 배당요구: 2023.06.30	보330,000,000원	있음	배당순위있음	선순위전세권등기자, 경매신청인	
임차인분석	☞ 폐문으로 거주자 등을 만날 수 없었음.(조사취지를 알리는 안내문을 현관문에 꽂아두고 왔으나 연락이 없었음.) ☞ 이 사건 부동산소재지에 석■■세대 만이 전입신고 되어 있었음. ☞ 점유 및 임대차 여부를 알 수 없으므로 별도의 확인을 요함. ☞ 위 임차인 의 임대차관계는 전입세대열람 내역및 주민등록표등본(동사무소)에 기재되어 있는 내용임. ☞ 석■■:경매신청채권자 최■■의 배우자임. ☞ 최■■:전세권자이며 전세권설정등기일은 2021.1.28.임. ☞ 최■■:경매신청채권자이며 전입일자는 배우자 석■■의 전입일자임. ☞ 매수인에게 대항할 수 있는 임차인 있으며, 보증금이 전액 변제되지 아니하면 잔액을 매수인이 인수함						

• 등기부현황 (채권액합계 : 4,643,057,300원)

No	접수	권리종류	권리자	채권금액	비고	소멸여부
1(갑4)	2020.07.06	소유권이전	■■개발(주)		신탁재산의귀속	
2(을2)	2021.01.28	전세권(전부)	최■■	330,000,000원	존속기간: 2021.01.28~2023.01.27	인수
3(을4)	2021.10.08	근저당	수협은행 (서대구지점)	4,200,000,000원	말소기준등기	소멸
4(을5)	2023.04.14	근저당	■■■주택조합	60,387,600원		소멸
5(갑8)	2023.07.05	강제경매	최■■	청구금액: 330,000,000원	2023타경■■■■	소멸
6(갑9)	2023.11.29	가압류	강■■	52,669,700원	2023카단■■■■	소멸

관련정보	[관련사건] 임대차보증금-부산동부지원 2023가단■■■■ 판결정본 내용보기 사건검색
주의사항	▶ 매각허가에 의하여 소멸되지 아니하는 것 – 을구 순위 2번 전세권설정등기(2021.1.28.접수 제10332호) 선순위 전세권자 겸 선순위 주택임차인 최■■은 임차인의 지위에 기하여 배당요구를 하고 전세권자의 지위에 기하여 배당요구를 한 것은 아니므로 위 전세권이 인수될 수 있음

▲ 그림 2-11 근저당이 말소기준권리가 된 경우

그리고 2021년 10월 8일에 설정된 근저당이 말소기준권리가 되어 이후 설정된 권리들은 모두 소멸한다.

〈그림 2-12〉의 사례에서 최선순위 권리는 2021년 12월 27일에 설정된 가처분이다. 가처분이 선순위 권리인 경우 낙찰자에게 인수되므로 경매 시 반드시 주의해야 한다. 가처분 이후 2023년 2월 20일에 설정된 강제경매가 말소기준권리가 되어 이후 모든 권리는 소멸한다.

임차인현황 (말소기준권리: 2023.02.20 / 배당요구종기일: 2023.05.09)

임차인	점유부분	전입/확정/배당	보증금/차임	대항력	배당예상금액	기타
한■■	주거용 전부	전입일자: 2019.10.11 확정일자: 2019.10.08 배당요구: 2022.04.06	보160,000,000원	있음	배당순위있음	임차권등기자

임차인분석
☞ 폐문으로 거주자 등을 만날 수 없었음.(조사취지를 알리는 안내문을 현관문에 꽂아두고 왔으나 연락이 없었음).
☞ 이 사건 부동산소재지에 주소지로 전입신고 된 세대는 없었음.
☞ 점유 및 임대차 여부를 알 수 없어 관리사무실에 문의 한 바, 현재 공실이라고 함.
☞ 한■■:주택임차권자이며 임차권등기 설정일은 2022. 4. 6.임.
☞ 주택도시보증공사가 한■■의 권리.의무를 승계하였으며 신청채권자임.
▶ 매수인에게 대항할 수 있는 임차인 있으며, 보증금이 전액 변제되지 아니하면 잔액을 매수인이 인수함

등기부현황 (채권액합계: 160,000,000원)

No	접수	권리종류	권리자	채권금액	비고	소멸여부
1(갑4)	2019.10.11	소유권이전(매매)	정■■		거래가액: 225,000,000	
2(갑6)	2021.12.27	가처분	정■■		부산가정법원,이혼을 원인으로 한 재산분할청구권■■ 사건검색	인수
3(을12)	2022.04.06	주택임차권(전부)	한■■	160,000,000원	전입:2019.10.11 확정:2019.10.08	
4(갑9)	2023.02.20	강제경매	주택도시보증공사 (영남관리센터)	청구금액: 163,615,490원	말소기준등기 2023타경■■	소멸

관련정보 [관련사건] 구상금-부산지방법원 2022차전■■■■■ 지급명령 [내용보기] [사건검색]

주의사항
▶갑구 순위 6번 최선순위 가처분 등기(2021.12.27.등기)관련 본안소송인 부산가정법원 ■■■■■■ 재산분할 사건은 소송 계속 중임.
▶ 매각허가에 의하여 소멸되지 아니하는 것 - 갑구 순위 6번 최선순위 가처분 등기(2021.12.27.등기)는 매각으로 소멸하지 않고 매수인에게 인수됨. 만약 위 가처분의 피보전권리가 실제로 존재하는 것으로 확정되는 경우에는 매수인이 소유권을 상실할 수 있음.

▲ 그림 2-12 가처분 이후 강제경매가 말소기준권리가 된 경우

18

임차인의 권리 어디까지 책임져야 할까

앞서 권리분석을 등기부 권리분석과 임차인 권리분석으로 구분했다. 앞 장을 통해 등기부 권리분석에 대해 공부해 보았다면 이제는 임차인 권리분석에 대해 알아보자.

주택임대차보호법에서 임차인이 가진 권리에는 대항력, 우선변제권, 최우선변제권이 있다. 그중에서 가장 기본이 되는 것은 임차인의 대항력이다. 임차인의 대항력이 중요한 이유는 임차인이 보증금 전액을 배당받지 못하면 낙찰자에게 인수되기 때문이다.

임차인의 권리를 보호하는 주택임대차보호법

주택임대차보호법이 있기 전 임차보증금은 단순한 차용증 수준이었기 때문에 임차한 주택이 경매로 매각되는 경우 보증금을 보호받기 어려웠다. 그래서 정부는 경제적 약자인 임차인을 보호하기 위해 1981년 3월 5일 민법 임대차의 상위법인 주택임대차보호법을 처음으로 제정하여 시행하였다.

주택임대차보호법의 주요 내용을 살펴보면 다음과 같다.

① 임차인의 대항력 부여
임차인의 주택임대차는 등기가 없는 경우에도 임차인이 주택의 인도와 주민등록을 마쳤다면 그다음 날부터 제삼자에 대해서도 효력이 생긴다. 쉽게 말하면 임차인이 전입신고를 마치고 해당 부동산에 입주하면 그다음 날부터 이 부동산에 다른 사람들의 간섭 없이 계약 기간 동안 거주할 수 있는 대항력이 생긴다.

② 임차 기간의 존속 보장
주택임대차보호법에서 임대차 계약 기간은 2년을 원칙으로 하기 때문에 임차인은 2년을 보장받을 수 있고, 2년 이하의 기간도 주장할 수 있다. 지금은 임대차 3법이라고 해서 2+2로 총 4년의 임대차 기간을 보장하지만, 이전까지는 2년이었다.

③ 임차보증금의 반환 확보
주택임대차보호법이 시행되기 전 임차보증금은 임차인이 등기상에 전세권 설정을 하지 않으면 물권처럼 순위를 가질 수 없었다. 하지만 주택임대차보호법에서는 확정일자에 순위를 부여하여 임차보증금이 채권에 해당하지만 물권처럼 보아 말소기준권리보다 날짜가 빠르면 먼저 배당받을 수 있도록 했다. 그러나 이는 임차인의 보증금에 한해서만 가능하다.

주택임대차보호법은 강행 규정으로 이 법에 위반된 임대차 약정으로 임차인에게 불리한 것은 그 효력이 없다. 경매 낙찰 후 전·월세 계약 시 임대차 분쟁이 발생할 수 있으므로 미리 공부해 두자.

계약 기간 동안 거주할 권리, 대항력

임차인은 주택의 인도와 전입신고를 한 다음 날 자정부터 제삼자에 대하여 대항력이 생긴다. 여기서 임차인의 대항력 발생 시점을 다음 날로 규정한 이유는 제삼자(등기권리자)를 보호하기 위해서다. 은행에서 대출을 실행하는 당일에 임차인이 전입할 경우, 임차인의 대항력은 익일부터 발생한다. 그러므로 은행 근저당이 임차인의 대항력보다 선순위 권리가 되어 보호받을 수 있다. 은행에서 담보대출을 실행할 때 대출 당일 전입세대 확인서를 확인하는 이유가 바로 이 때문이다.

임차인이 거주하는 부동산이 경매로 넘어갔을 때 임차인이 대항력과 우선변제권을 주장하기 위해서는 최소한 경매개시결정 등기 전까지 대항 요건인 전입과 점유를 갖춰야 한다.

◆**임차인의 대항력 인정 요건**
① 임차인의 대항력은 전입신고를 해야 대항 요건을 갖춘 것으로 본다.
② 임차인의 직계가족(본인, 배우자, 자녀) 중 한 사람이라도 주민등록을 유지하고 있다면 임차인의 대항력이 인정된다.
③ 온 가족이 이사하며 전출한 뒤 다시 돌아온 시점에 재전입한 경우 임차인은 재전입한 다음 날 0시부터 대항력이 인정된다.
④ 임차인과 공동생활을 영위하는 동거인(사실혼 관계)의 전입도 대항력이 인정된다.
⑤ 적법한 전대차의 경우 전차인이 전입과 점유를 마치면 기존 임차인의 대항력을 동일하게 유지할 수 있다.
⑥ 임차인이 임차권 등기를 마친 후 전출한 때도 기존 전입의 대항력이 동일하게 유지된다.

※ 임차권 등기란 임대차 계약이 종료되었는데도 보증금을 반환받지 못한 경우 임차 주택 소재지 관할 법원에 임차인이 신청할 수 있는 제도다. 임차권 등기를 설정하면 보증금을 받지 못한 상태에서 부득이하게 이사를 하더라도 대항력을 유지할 수 있다.

〈그림 2-13〉의 사례에서 말소기준권리는 2007년 9월 17일 한국자산관리공사의 근저당이다. 임차인 최○○은 2007년 8월 22일에 최초 전입신고를 하였으나, 전출 후 다시 2009년 8월 31일에 재전입하여 대항력을 상실하였다. 하지만 임차인의 배우자 송○○의 전입이 계속 유지되었기 때문에 배우자의 대항력이 임차인의 대항력으로 원용되어 임차인의 대항력은 최초 전입일자인 2007년 8월 22일로 인정받을 수 있다.

임차인현황 (말소기준권리 : 2007.09.17 / 배당요구종기일 : 2009.12.30)						
임차인	점유부분	전입/확정/배당	보증금/차임	대항력	배당예상금액	기타
최○○	주거용 미상	전입일자: 2007.08.22 확정일자: 미상 배당요구: 없음	미상		배당금 없음	처 송○○의 최초전입일자임. 최○○ 전입:2009.8.31
기타사항	최■■ : 배우자(송○○)의 전입일자임					

등기부현황 (채권액합계 : 415,000,000원)						
No	접수	권리종류	권리자	채권금액	비고	소멸여부
1	2007.01.12	소유권이전(상속)	신○○			
2	2007.09.17	근저당	한국자산관리공사	325,000,000원	말소기준등기	소멸
3	2008.04.23	근저당	이○○	90,000,000원		소멸
4	2009.10.15	임의경매	한국자산관리공사	청구금액: 242,257,682원	2009타경■■ 변경전: ■■상호저축은행	소멸
5	2010.05.26	압류	용인시수지구		세무과-■■	소멸
주의사항	최■■은(는) 전입일상 대항력이 있으므로, 보증금있는 임차인일 경우 인수여지 있어 주의요함.					

▲ 그림 2-13 임차인의 대항력 살펴보기

보증금을 돌려받을 권리, 우선변제권

우선변제권은 원래 담보 물권에 주어지는 권리인데, 해당 물건이 경매로 매각되었을 때 후순위 권리자보다 우선하여 배당받을 수 있는 권리를 말한다. 임차인이 전입 후 임대차 계약서에 확정일자를 부여받으면 그 효력을 물권처럼 보아 확정일자의 순서대로 후순위 권리자보다 먼저 배당받을 수 있게 만든 권한이다.

대항력 발생 시점과 확정일자 발생 시점을 비교하여 둘 중 늦은 날짜를 기준으로 우선변제권을 부여한다. 예를 들어 확정일자 발생 시점이 대항력 발생 시점보다 빠른 경우 우선변제권은 대항력 발생 시점에 같이 발생한다. 반면 확정일자 발생 시점이 대항력 발생 시점보다 늦은 경우는 확정일자 날짜의 당일 오전 9시부터 효력이 발생한다. 즉 우선변제권은 대항력보다 앞설 수 없다.

❖ **대항력 발생 시점 > 확정일자 발생 시점**

❖ **확정일자 발생 시점 > 대항력 발생 시점**

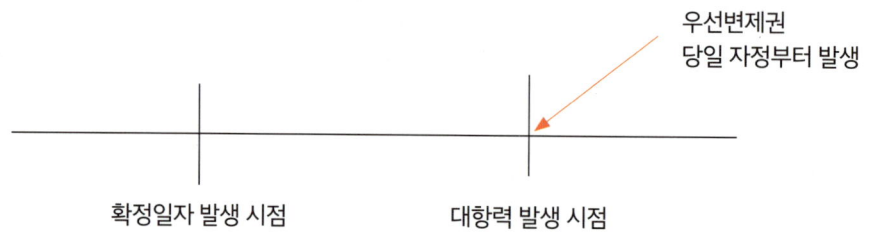

대항력은 경매개시결정 등기 이전에 요건을 갖추어야 하지만, 확정일자의 경우 배당요구종기일 전까지 갖추면 된다.

♦권리별 효력 발생 시각
① 임차인의 대항력 : 전입일 다음 날 0시
② 우선변제권
  -대항력 > 확정일자 : 확정일자 발생일 오전 9시
  -확정일자 > 대항력 : 대항력 발생일 0시
③ 말소기준권리인 근저당, 가압류, 가등기, 경매개시 등기 : 당일 오전 9시

실무에서 임차인 분석을 할 때 가장 중요한 부분이 임차인의 대항력과 우선변제권 발생 시점이다. 다음 4가지 사례를 통해 임차인의 대항력 발생 시점과 우선변제권 발생 시점을 정리해 보자. 모두 같은 해에 신고했다고 가정한다.

① 전입 1월 5일, 확정일자 1월 5일
- 대항력 발생: 1월 6일 0시
- 우선변제권 발생: 1월 6일 0시

임차인의 대항력은 전입한 그다음 날 0시부터 효력이 발생한다. 따라서 대항력 발생 시점은 1월 6일 0시이고, 전입한 날 확정일자를 받았으므로 우선변제권도 1월 6일 0시에 발생한다.

② 전입 1월 5일, 확정일자 1월 8일
- 대항력 발생: 1월 6일 0시
- 우선변제권 발생: 1월 8일 오전 9시

임차인 전입일의 다음 날 1월 6일 0시에 대항력이 발생한다. 확정일자는 전입보다 늦은 1월 8일에 받았으므로 우선변제권은 확정일자를 받은 당일인 1월 8일 오전 9시에 발생한다.

③ 전입 3월 1일, 확정일자 2월 20일
- 대항력 발생: 3월 2일 0시
- 우선변제권 발생: 3월 2일 0시

임차인의 대항력은 전입일 다음 날인 3월 2일 0시에 발생한다. 확정일자가 전입일보다 빨랐지만 우선변제권은 대항력보다 앞설 수 없다. 따라서 우선변제권은 대항력 발생일과 같은 날짜인 3월 2일 0시에 발생한다.

④ 전입 1월 5일, 확정일자 1월 6일
- 대항력 발생: 1월 6일 0시
- 우선변제권 발생: 1월 6일 오전 9시

임차인의 대항력은 전입일 다음 날인 1월 6일 0시에 발생한다. 확정일자는 전입보다 하루 늦은 1월 6일에 받았으므로 우선변제권은 당일 1월 6일 오전 9시에 발생한다.

말소기준권리에 따른 권리인수 여부

대항력과 우선변제권 발생 시점이 모두 정리되었다면 이제는 말소기준권리와 임차인의 대항력과 우선변제권을 함께 분석할 수 있어야 한다. 말소기준권리보다 임차인의 전입이 빠르다면 대항력이 있어 낙찰자 인수 사항이 될 것이다. 반면 말소기준권리보다 임차인의 전입이 늦다면 대항력이 없어 낙찰자가 인수할 사항이 없다.

① 임차인 전입 1월 5일, 확정일자 1월 5일, 근저당 설정 1월 5일

- 대항력 발생: 1월 6일 0시
- 우선변제권 발생: 1월 6일 0시
- 근저당 발생: 1월 5일 오전 9시

임차인의 전입과 확정일자가 1월 5일로 동일하다. 따라서 대항력과 우선변제권은 1월 6일 0시에 발생한다. 그러나 근저당은 설정일자 당일인 1월 5일 오전 9시에 효력이 발생하므로 해당 임차인은 대항력이 없고 우선변제권도 근저당보다 늦다.

우선변제권이 근저당보다 후순위일 경우 경매 낙찰금으로 근저당을 먼저 변제한 후에 우선변제를 받게 된다. 그러므로 일부만 받거나 전혀 받지 못하는 상황이 발생할 수 있다.

② 임차인 전입 1월 6일, 확정일자 1월 6일, 근저당 설정 1월 7일

- 대항력 발생: 1월 7일 0시
- 우선변제권 발생: 1월 7일 0시
- 근저당 발생: 1월 7일 오전 9시

임차인의 전입과 확정일자가 1월 6일로 동일하다. 따라서 대항력과 우선변제권은 1월 7일 0시에 발생한다. 근저당은 설정일자 당일인 1월 7일 오전 9시에 효력이 발생하므로 해당 임차인은 대항력이 있고, 우선변제권도 근저당보다 빠르다.

③ 임차인 전입 1월 6일, 확정일자 1월 8일, 근저당 설정 1월 8일

- 대항력 발생: 1월 7일 0시
- 우선변제권 발생: 1월 8일 오전 9시

- 근저당 발생: 1월 8일 9시

임차인의 대항력은 전입일 다음 날인 1월 7일 0시에 발생하고, 우선변제권은 확정일자를 받은 당일인 1월 8일 9시부터 발생한다. 근저당도 설정 당일인 1월 8일 오전 9시부터 발생하므로 해당 임차인은 대항력이 있고, 우선변제권은 근저당과 동일 순위로 배당된다. 이렇게 동일 순위로 배당되는 경우 5:5 비율로 변제되고, 대항력 있는 임차인이 받지 못한 금액에 대해서는 낙찰자가 인수하게 된다.

④ 임차인 전입 1월 7일, 확정일자 1월 2일, 근저당 설정 1월 8일

- 대항력 발생: 1월 8일 0시
- 우선변제권 발생: 1월 8일 0시
- 근저당 발생: 1월 8일 오전 9시

임차인의 대항력은 전입일 다음 날인 1월 8일 0시에 발생한다. 확정일자가 전입일보다 빨랐으나 우선변제권이 대항력보다 우선할 수 없다. 따라서 우선변제권은 대항력 발생과 동시에 1월 8일 0시에 발생한다. 근저당은 1월 8일 오전 9시부터 효력을 발휘하므로 해당 임차인은 대항력이 있고, 우선변제권도 근저당보다 빠르다.

❖ 대항력과 우선변제권에 따른 임차인의 권한

구분		대항력	
		○	×
우선변제권	○	• 전입일자 > 근저당 • 전입일자와 확정일자 > 근저당	
	×	전입일자가 빠르고 확정일자가 근저당 설정일과 같을 경우(안분배당)	전입일자가 말소기준권리보다 늦을 경우

※ 전입일자가 근저당보다 빠르면 대항력이 발생해 우선변제권이 생긴다. ⇨ 대항력 ○
※ 전입일자와 근저당 일자가 같으면 근저당이 우선이어서 우선변제권이 생기지 않는다. ⇨ 대항력 ×

19
순위와 상관없이 무조건 먼저! 최우선변제권

소액 임차인과 최우선변제금

최우선변제권이란 소액 임차인이 거주하는 임차주택의 경·공매가 진행되어 제삼자에게 낙찰되었을 때 임차인의 확정일자와 관계없이 임차보증금을 등기부상에 설정되어 있는 모든 권리보다 우선하여 배당해 주는 제도다.

다음은 주택임대차보호법에 따른 최우선변제 기준표이다. 최선순위 담보권 설정일을 기준으로 지역에 따라 소액 보증금과 최우선변제금이 달라진다. 이때 소액 보증금은 담보물권 설정 시의 금액을 기준으로 하며, 임차인의 보증금이 소액 보증금 적용 범위 안에 포함되어야 소액 임차인에 해당한다. 최우선변제금은 소액 임차인에 해당하는 경우 선순위 권리자보다 먼저 배당받을 수 있는 금액이다.

❖ 최우선변제 기준표

최선순위 담보권 설정일자	지역	소액 보증금 적용 범위	최우선변제금
1984. 1. 1.~	특별시, 광역시	300만 원 이하	300만 원
	기타 지역	200만 원 이하	200만 원
1987. 12. 1.~	특별시, 광역시	500만 원 이하	500만 원
	기타 지역	400만 원 이하	400만 원
1990. 2. 19.~	특별시, 광역시	2,000만 원 이하	700만 원
	기타 지역	1,500만 원 이하	500만 원
1995. 10. 19.~	특별시, 광역시	3,000만 원 이하	1,200만 원
	기타 지역	2,000만 원 이하	800만 원
2001. 9. 15.~	수도권 중 과밀억제권역	4,000만 원 이하	1,600만 원
	광역시(군 제외)	3,500만 원 이하	1,400만 원
	그 외 지역	3,000만 원 이하	1,200만 원
2008. 8. 21.~	수도권 중 과밀억제권역	6,000만 원 이하	2,000만 원
	광역시(군 제외)	5,000만 원 이하	1,700만 원
	그 외 지역	4,000만 원 이하	1,400만 원
2010. 7. 26.~	서울특별시	7,500만 원 이하	2,500만 원
	수도권 중 과밀억제권역	6,500만 원 이하	2,200만 원
	광역시(군 제외), 안산, 용인, 김포, 광주	5,500만 원 이하	1,900만 원
	그 외 지역	4,000만 원 이하	1,400만 원
2014. 1. 1.~	서울특별시	9,500만 원 이하	3,200만 원
	수도권 중 과밀억제권역	8,000만 원 이하	2,700만 원
	광역시(군 제외), 안산, 용인, 김포, 광주	6,000만 원 이하	2,000만 원
	그 외 지역	4,500만 원 이하	1,500만 원
2016. 3. 31.~	서울특별시	1억 원 이하	3,400만 원
	수도권 중 과밀억제권역	8,000만 원 이하	2,700만 원
	광역시(군 제외), 세종, 안산, 용인, 김포, 광주	6,000만 원 이하	2,000만 원
	그 외 지역	5,000만 원 이하	1,700만 원

	서울특별시	1억 1,000만 원 이하	3,700만 원
2018. 9. 18.~	수도권 중 과밀억제권역, 세종, 용인, 화성	1억 원 이하	3,400만 원
	광역시(군 제외), 안산, 김포, 광주, 파주	6,000만 원 이하	2,000만 원
	그 밖의 지역	5,000만 원 이하	1,700만 원
	서울특별시	1억 5,000만 원 이하	5,000만 원
2021. 5. 11.~	수도권 중 과밀억제권역, 세종, 용인, 화성, 김포	1억 3,000만 원 이하	4,300만 원
	광역시(군 제외), 안산, 광주, 파주, 이천, 평택	7,000만 원 이하	2,300만 원
	그 밖의 지역	6,000만 원 이하	2,000만 원
	서울특별시	1억 6,500만 원 이하	5,500만 원
2023. 2. 21.~	수도권 중 과밀억제권역, 세종, 용인, 화성, 김포	1억 4,500만 원 이하	4,800만 원
	광역시(군 제외), 안산, 광주, 파주, 이천, 평택	8,500만 원 이하	2,800만 원
	그 밖의 지역	7,500만 원 이하	2,500만 원

그러나 최우선변제권이 모든 소액 임차인에게 적용되는 것은 아니다. 최초 설정된 담보권 설정일자를 기준으로 소액 보증금 한도 내의 임차인에게만 적용된다. 그 이유는 담보물권자의 손해를 방지하기 위해서다. 보통 최초 설정된 담보물권은 근저당권이 압도적으로 많으며, 그 외 담보가등기와 전세권 등이다.

만약 임차인의 보증금이 선순위 담보물권 기준의 소액 보증금을 초과해 최우선변제가 불가능한 경우에는 선순위 근저당이 전액 배당받고, 남은 배당 금액이 있을 때 그다음 순위의 담보물권(후순위 근저당)을 기준으로 최우선변제를 받을 수 있다.

다음 최우선 변제 대상 사례를 보자. 광역시에 한 주거용 건물에 임차인으로 살고 있는 '병'이 자신이 거주 중인 물건의 등기사항전부증명서를 보니 다음과 같았다면 어떻게 해석할 수 있을까?

❖ 사례: 최우선변제 대상

No.	접수	권리 종류	권리자
1	1997. 1. 1.	근저당	갑
2	2001. 10. 1.	근저당	을
3	1998. 1. 1.	임차인(보증금 2,500만 원)	병
4	1998. 1. 1.	임차인(보증금 3,500만 원)	정

1997년 1월 1일 설정된 최우선 순위 근저당을 기준으로 소액 임차인의 보증금 적용 금액은 광역시 기준 3,000만 원 이하이고, 최우선변제금은 1,200만 원까지다(최우선변제 기준표 참고). 이때 '병'의 보증금은 2,500만 원으로 소액 임차인에 해당하여 보증금 한도 내 최우선변제를 받을 수 있다. 하지만 '정'의 보증금은 3,500만 원으로 소액 임차인 적용 범위를 초과했기 때문에 최우선변제를 받을 수 없다.

이때 선순위 근저당자인 '갑'이 전액 배당을 받고, 남은 배당 금액이 있다면 후순위 근저당인 '을'을 기준으로 다시 최우선변제 금액을 계산한다. 2001년 10월 1일 기준 광역시의 소액 보증금 한도는 3,500만 원이므로 이때는 임차인 '정'도 소액 임차인에 해당하여 1,400만 원 한도로 최우선변제금을 받을 수 있다.

이런 경우를 최우선변제 기준선 변경이라고 하며, 하나의 경매물건에 담보물권이 여러 개 있을 때 적용될 수 있다. 반면, 등기상에 담보물권이 없고 압류나 가압류와 같은 일반채권만 있는 경우 현 경매사건의 배당기일이 최우선변제 기준일이 된다.

앞에 제시된 최우선변제 기준표를 참고하여 다음 사례의 경우 임차인이 소액 임차인에 해당하는지, 최우선변제금을 받을 수 있는지 정리해 보자. 단, 모두 광역시(군 제외)를 기준으로 한다.

① A 임차인(전입) 2002년 3월 3일(보증금 4,500만 원)

- 가압류 설정 2004년 4월 5일
- 근저당 설정 2009년 3월 4일

최우선변제는 최우선 순위 담보물권을 기준으로 적용한다. 이 사례의 담보물권은 근저당이고, 가압류는 채권에 해당하므로 최우선변제 기준일은 2009년 3월 4일이 된다. A씨는 2002년 3월 3일에 전입하여 최우선 순위 담보물권 기준보다 설정일이 빠르다. 또한 2009년 3월 4일 기준 광역시의 소액 보증금은 5,000만 원이므로 A씨는 소액 임차인에 해당하여 1,700만 원까지 최우선변제금을 배당받을 수 있다.

이 사례에서 말소기준권리는 2004년 4월 5일 설정된 가압류이고, A씨의 대항력은 그 이전인 2002년 3월 4일 0시에 발생했으므로 A씨는 대항력 있는 임차인이다.

② B 임차인(전입) 2012년 5월 5일(보증금 3,200만 원)

- 담보가등기 2000년 10월 10일
- 근저당 2002년 7월 7일

이 사례의 최우선 담보물권은 2000년 10월 10일에 설정된 담보가등기다. 광역시 기준 3,000만 원 이하의 보증금만 인정하므로 B씨는 소액 임차인이 아니다. 또 말소기준권리 역시 담보가등기가 되므로, 이보다 늦은 2012년 5월 5일 입주한 B씨는 대항력이 없는 임차인에 해당한다.

③ C 임차인(전입) 2008년 8월 22일(보증금 3,000만 원)

- 근저당 2008년 8월 20일
- 근저당 2009년 9월 5일

이 사례의 최우선 담보물권은 2008년 8월 20일에 설정된 근저당이다. 광역시 기준 3,500만 원 이하의 보증금일 때 소액 임차인으로 인정되어 1,400만 원을 최우선변제금으로 배당받을 수 있다. C씨의 보증금은 3,000만 원이므로 소액 임차인으로 인정된다.

말소기준권리 역시 2008년 8월 20일에 설정된 근저당이며, 이에 따라 C씨는 대항력 없는 임차인이다.

최우선변제권의 적용 요건

최우선변제금을 받을 수 있는 소액 임차인의 경우 가장 먼저 보증금이 최초 설정된 담보물권 기준 소액 보증금 한도 안에 들어와야 한다. 그 외 다음 3가지 요건을 충족해야 한다.

첫째, 경매개시결정등기 전 전입을 마쳐야 한다.
둘째, 배당요구종기 안에 배당요구 신청을 해야 한다.
셋째, 배당요구종기까지 전출 없이 전입을 유지해야 한다.

◆ 소액 보증금 최우선변제 요건
① 보증금의 액수가 최선순위 담보물권 기준 소액 보증금에 해당할 것
② 경매개시결정등기 전에 대항 요건을 갖추었을 것
③ 배당요구종기일까지 배당 요구를 하였을 것
④ 배당요구종기일까지 대항력을 유지할 것

그리고 최우선변제금은 낙찰가에서 경매 비용을 제외한 금액의 2분의 1 한도 내에서만 배당받을 수 있다. 그 이유는 소액 임차인을 제외한 나머지 채권자들의 채권 금액도 보전해야 하기 때문이다. 만약 임대차 기간 동안 임차보증금의 증감이 있는

경우는 배당할 당시의 보증금을 기준으로 판단한다. 예를 들어 기존 보증금은 최우선변제기준을 초과했지만 배당 시 보증금이 감액되어 최우선변제 금액 한도 이내라면 소액 임차인에 해당한다.

이미 임차권 등기를 마친 주택에 임대차 계약을 한 임차인은 소액 보증금에 대한 최우선변제 권리를 배제한다. 또한 하나의 공동주택에 여러 명의 임차인이 공동생활을 하는 경우 이들을 1인의 임차인으로 보아 각 보증금을 합산하여 최우선변제를 실행한다. 예를 들어 아파트 한 호실에 2인 이상의 임차인이 거주하며 각각 최우선변제 신청을 했다면 1인의 임차인으로 합산하여 배당하고, 나머지 임차인에 대해서는 최우선변제 신청이 배제된다.

다음은 주택임대차보호법상 임차인의 대항력과 최우선변제, 우선변제를 구분하여 정리한 표이다. 주택임대차보호법은 경매투자 공부에도 필요하지만, 일상생활을 하며 겪을 수 있는 각종 부동산 임대차와 관련해서도 필요한 부분들이 많다. 그러므로 확실하게 정립하도록 하자.

❖ **최우선변제 기준표**

구분	대항력	최우선변제권	우선변제권
효력	다음 날 0시 발생	무관	• 대항력 발생 전: 대항력 발생일 0시 • 대항력 발생 후: 확정일자 발급 당일 오전 9시
적용 요건	경매개시일 전까지 전입과 점유	대항력과 배당요구	대항력과 확정일자, 배당요구
내용	보증금 전액 회수 시까지 인도 거절 권리	보증금 중 일정 금액을 선순위 담보물권보다 우선 변제	보증금 전액에 대하여 후순위 권리자보다 우선 변제
배당 범위	무관	낙찰가격의 2분의 1 한도	제한 없음

사례로 정리하는 권리분석

사례를 통해 지금까지 학습한 임차인의 대항력과 최우선변제 요건, 배당 금액 그리고 낙찰자 인수 여부를 종합적으로 정리해 보자. 참고로 모든 사례의 최우선변제금의 지역 기준은 광역시로 한다.

사례 1

낙찰가	7,000만 원
임대차 관계	임차인 갑: 보증금 2,000만 원, 배당요구 신청 - 전입: 2009. 1. 2. - 확정: 2011. 1. 2.

갑구			을구		
순번	등기 목적	접수번호	순번	등기 목적	접수번호
1	압류	2009. 2. 3. 1,500만 원	1	근저당 A	2010. 1. 1. 2,000만 원
2	가압류	2010. 1. 2. 500만 원	2	근저당 B	2011. 1. 2. 500만 원
3			3		

① **임차인의 대항력**: 임차인 갑의 대항력은 2009년 1월 3일 0시에 발생한다. 이는 말소기준권리인 압류 설정일인 2009년 2월 3일보다 빠르므로 대항력 있는 임차인이다.

임차인	
갑: 2,000만 원(보증금) -전입: 2009. 1. 2. -확정: 2011. 1. 2.	-대항력 발생일: 2009. 1. 3. 0시 -우선변제권 발생일: 2011. 1. 2. 오전 9시
배당 순서	
압류: 1,500만 원, 2009. 2. 3.	말소기준권리
근저당 A: 2,000만 원, 2010. 1. 1.	선순위 담보물권
가압류: 500만 원, 2010. 1. 2.	
근저당 B: 500만 원, 2011. 1. 2.	

② **최우선변제 여부**: 선순위 담보물권인 근저당 A를 기준으로 임차인의 최우선변제 요건이 정해진다. 2010년 1월 1일 기준 광역시 임차인의 소액 보증금이 5,000만 원 이하일 때 1,700만 원의 최우선변제를 받을 수 있다. 해당 사건의 임차인은 보증금이 2,000만 원으로 소액 임차인에 해당하여 1,700만 원의 최우선변제금을 배당받을 수 있다.

③ **배당 순서**: 낙찰가격 7,000만 원-최우선변제금 1,700만 원-압류 1,500만 원-근저당 A 2,000만 원-가압류 500만 원-임차인 우선변제금 300만 원-근저당 B 500만 원으로 남은 500만 원은 채무자에게 배당된다.

④ **권리 소멸 여부**: 해당 사건의 말소기준권리는 2009년 2월 3일 최선순위로 설정된 압류다. 따라서 말소기준권리를 포함한 등기부에 설정된 나머지 권리는 매각으로 소멸한다.

사례 2

낙찰가	6,000만 원
임대차 관계	임차인 갑: 보증금 3,500만 원, 배당요구 신청 -전입: 2009. 1. 1. -확정: 2009. 1. 1. 임차인 을: 보증금 1,500만 원, 배당요구 신청 -전입: 2010. 1. 1. -확정: 2010. 1. 1.

갑구			을구		
순번	등기 목적	접수번호	순번	등기 목적	접수번호
1	가등기	2004. 2. 4. 3,000만 원	1	근저당 A	2005. 5. 5. 5,000만 원
2	임의경매개시 결정*	2009. 5. 5. 3,000만 원	2	근저당 B	2007. 9. 8. 4,000만 원
3			3		

*가등기권자가 요청함

① **임차인의 대항력**: 임차인 갑과 을의 대항력은 각각 2009년, 2010년에 발생했다. 이는 말소기준권리인 가등기 설정일 2004년 2월 4일보다 늦게 발생했으므로 해당 사건 임차인들은 대항력이 없다.

② **최우선변제 여부**: 선순위 담보물권인 가등기 설정일을 기준으로 임차인의 최우선변제 요건이 정해진다. 2004년 2월 4일 기준 광역시 임차인의 소액 보증금이 3,500만 원 이하일 때 1,400만 원의 최우선변제를 받을 수 있다.

임차인 갑과 을 모두 소액 보증금 범위에 포함되지만, 임차인 을의 경우 전입이 경

임차인	
갑: 3,500만 원 -전입: 2009. 1. 1. -확정: 2009. 1. 1.	대항력, 우선변제권 발생일: 2009. 1. 2. 0시
을: 1,500만 원 -전입: 2010. 1. 1. -확정: 2010. 1. 1.	대항력, 우선변제권 발생일: 2010. 1. 2. 0시
배당 순서	
가등기: 3,000만 원, 2004. 2. 4.	말소기준권리, 선순위 담보물권
근저당 A: 5,000만 원, 2005. 5. 5.	
근저당 B: 4,000만 원, 2007. 9. 8.	
임의경매개시 결정(가등기권자): 3,000만 원, 2009. 5. 5.	

매개시결정 등기인 2009년 5월 5일보다 늦게 이루어졌으므로 대항 요건을 만족하지 못해 최우선변제권이 없다.

③ **배당 순서**: 낙찰가격 6,000만 원-최우선변제금 1,400만 원-가등기 3,000만 원-근저당 A 1,600만 원=0으로 남은 배당금 없이 종결된다. 이때 미배당 금액은 각각 근저당 A 3,400만 원, 근저당 B 4,000만 원, 임차인 갑 2,100만 원, 임차인 을 1,500만 원이다.

④ **권리 소멸 여부**: 해당 사건의 말소기준권리는 2004년 2월 4일 최선순위 설정된 가등기(경매 신청으로 담보가등기)다. 따라서 말소기준권리를 포함한 등기부에 설정된 나머지 권리는 매각으로 소멸한다.

사례 3

낙찰가	5,000만 원
임대차 관계	임차인 갑: 보증금 4,000만 원, 배당요구 신청 -전입: 2001. 1. 1. -확정: 2009. 1. 5.
	임차인 을: 보증금 3,000만 원, 배당요구 신청 -전입: 2010. 1. 1. -확정: 2010. 1. 2.

갑구			을구		
순번	등기 목적	접수번호	순번	등기 목적	접수번호
1	가압류	2010. 1. 2. 2,000만 원	1		
2	압류 A	2011. 2. 2. 3,000만 원	2		
3	압류 B	2011. 5. 6. 4,000만 원	3		

① **임차인의 대항력**: 임차인 갑과 을의 대항력이 모두 말소기준권리인 가압류 설정일(2010년 1월 2일)보다 먼저 이루어졌으므로 갑과 을 모두 대항력 있는 임차인이다.

② **최우선변제 여부**: 해당 사건에는 등기상 담보물권이 존재하지 않는다. 따라서 현재 배당 시점(2024년)의 보증금을 기준으로 최우선변제금을 계산해야 한다. 현재 시점 기준 광역시의 소액 보증금은 8,500만 원 이하일 때 2,800만 원의 최우선변제를 받을 수 있다.

현재 임차인들의 보증금이 각각 갑 4,000만 원, 을 3,000만 원으로 소액 보증금

임차인	
갑: 4,000만 원 -전입: 2001. 1. 1. -확정: 2009. 1. 5.	-대항력 발생일: 2001. 1. 2. 0시 -우선변제권 발생일: 2009. 1. 5. 오전 9시
을: 3,000만 원 -전입: 2010. 1. 1. -확정: 2010. 1. 2.	-대항력 발생일: 2010. 1. 2. 0시 -우선변제권 발생일: 2010. 1. 2. 오전 9시
배당 순서	
가압류: 2,000만 원, 2010. 1. 2.	말소기준권리
압류 A: 3,000만 원, 2011. 2. 2.	
압류 B: 4,000만 원, 2011. 5. 6.	

한도를 만족한다. 하지만 최우선변제금은 낙찰가의 2분의 1을 넘을 수 없기 때문에 최대한도인 2,500만 원에서 각각 1,250만 원씩 배당받을 수 있다.

③ **배당 순서**: 낙찰가격 5,000만 원-최우선변제금 2,500만 원-임차인 갑 우선변제금 2,500만 원=0으로 남은 배당금 없이 종결된다. 이때 미배당 금액은 각각 가압류 2,000만 원, 압류 A 3,000만 원, 압류 B 4,000만 원, 임차인 갑 250만 원, 임차인 을 1,750만 원이다.

④ **권리 소멸 여부**: 임차인 갑과 을 모두 대항력 있는 임차인이었으므로 그들이 받지 못한 배당금 각각 250만 원과 1,750만 원이 낙찰자에게 인수된다. 또한 해당 사건의 말소기준권리는 2010년 1월 2일 최우선 순위로 설정된 가압류다. 따라서 말소기준권리를 포함한 등기부에 설정된 나머지 권리는 매각으로 소멸한다.

20 소멸되는 전세권과 인수되는 전세권

사례로 이해하는 전세권

임차인의 권리(대항력, 우선변제권, 최우선변제권)는 주택임대차보호법을 통해 임차인이 가질 수 있는 권리다. 보증금 2억 원의 전세 계약을 하고 입주한 임차인이 전입신고와 확정일자를 받으면 임차인으로서의 권리를 보호받을 수 있다. 하지만 이 권리와 별도로 전세권 설정을 해서 민법상 추가적인 담보권 설정을 하면 임차인의 권리와 전세권자로서의 권리를 각각 주장할 수 있다. 그래서 우리는 주택임대차보호법상 임차인의 권리도 공부해야 하지만, 민법상 전세권도 같이 공부해야 한다. 그 이유는 경매사건에서 임차인의 대항력과 동일한 전세권자의 선순위 전세권 인수 문제가 발생할 수 있기 때문이다.

민법상 전세권자(임차인)가 전세금을 지급하고 전세권 설정을 하여 해당 부동산에 입주하면 일상생활을 영위할 수 있고, 계약 기간이 만료되어 퇴거할 때는 전세권 설정자(임대인)에게 전세금 반환을 청구할 수 있다. 그래서 전세권은 민법상 용익물권(사용수익)과 담보물권(보증금 반환청구) 성격의 두 가지 권리를 각각 가지고 있다. 그리고 전세권은 설정일자에 맞춰 매각 시 순위배당이 가능한 권리로 임차인의 우선변제권(확정일자)과 동일한 효력(순위)을 가진다. 이런 전세권은 조건에 따라 낙찰자에게 인수될 수도 있고, 소멸될 수도 있다. 기준은 각각 다음과 같다.

① 인수되는 전세권

말소기준권리보다 먼저 설정된 선순위 전세권으로 임의경매 신청이나 배당요구를 하지 않은 경우 소멸하지 않고 낙찰자에게 인수된다.

• **임차인현황** (말소기준권리 : 2007.09.28 / 배당요구종기일 : 2013.04.30)

임차인	점유부분	전입/확정/배당	보증금/차임	대항력	배당예상금액	기타
양○○	주거용 1308호 전부	전입일자: 2008.02.01 확정일자: 미상 배당요구: 없음	보40,000,000원	없음	전액매수인인수	선순위전세권등기자
기타사항	☞본건 현장에 임하나 폐문되어 통지서를 두고와도 연락이 없어 임대차관계 알 수 없음,동사무소에서 전입세대열람 내역 확인한바 소유자와의 관계를 알수 없는 양○○(전입일자 2008.02.01)이 전입되어 있음. ☞양○○ : 전세권자로서 전세권설정등기일은 2007.07.06.임						

• **등기부현황** (채권액합계 : 11,771,625,123원)

No	접수	권리종류	권리자	채권금액	비고	소멸여부
1	2006.08.07	소유권보존	(주)○○건설			
2	2007.07.06	전세권(전부)	양○○	40,000,000원	존속기간: 2007.07.06~2009 07 0 5	인수
3	2007.09.28	가압류	○○○공업(주)	179,914,390원	말소기준등기	소멸
4	2007.10.08	가압류	신용보증기금	2,000,000,000원		소멸
5	2007.10.11	근저당	신용보증기금	3,500,000,000원		소멸
6	2007.10.18	가압류	대저농협	2,242,652,338원		소멸
7	2007.10.26	압류	부산광역시			소멸
8	2007.10.30	가압류	대한주택보증(주)	100,000,000원		소멸
9	2008.01.09	가압류	기술신용보증기금	2,942,984,817원		소멸
10	2008.04.30	압류	○○세무서			소멸
11	2009.07.24	가압류	○○상호저축은행	622,610,169원		소멸
12	2012.05.08	가압류	(주)○○엔씨	143,463,409원		소멸
13	2012.07.18	압류	국민건강보험공단(부산금정지사)			소멸
14	2013.02.18	강제경매	신용보증기금 (동래지점)	청구금액: 1,345,924,021원	2013타경○○○○,신용보증기금 가압류의 본 압류로의 이행	소멸
주의사항	▶ 매각허가에 의하여 소멸되지 아니하는 것: 을구 순위3번 전세권 등기(2007.07.06.)는 말소되지 않고 매수인에게 인수됨						

▲ 그림 2-14 인수되는 전세권의 사례

〈그림 2-14〉는 감정가 6,300만 원에서 최저가 1,300만 원까지 유찰된 부산의 오피스텔 경매물건 사례다. 3명의 입찰자가 입찰 후 낙찰자가 대금을 미납한 것을 보니 권리상 중대한 하자가 있어 보여 권리 사항을 확인해 보았다. 그러자 임차인으로서의 대항력은 없지만 선순위 전세권의 지위를 가지고 있는 임차인이 존재하는 것을 확인할 수 있었다.

선순위 전세권을 먼저 분석해 보면 선순위 전세권자는 전세권자의 배당요구나 경매 신청이 있을 때 인수권리가 아닌 말소되는 권리로 보아 낙찰자에게 인수되지 않고 매각으로 소멸한다. 그런데 등기부상 경매 신청권자는 전세권자가 아닌 근저당권자인 ○○신용보증기금이다. 또한 전세권자는 배당요구도 하지 않았다. 따라서 전세권자의 권리는 말소되지 않고 낙찰자에게 인수된다.

이 경매사건에서 전세권과 임차인의 지위를 동시에 가진 양○○ 씨는 낙찰자에게 임차인의 주민등록으로 대항력을 주장할 수 없지만, 인수되는 전세권으로 전세금 반환을 주장할 수 있다. 이런 기본적인 선순위 전세권을 확인하지 않고 입찰할 수 있는 용기가 대단하다고 느껴지는 물건이다.

② 소멸하는 전세권

말소기준권리보다 먼저 설정된 선순위 전세권일지라도 전세권자로서 배당요구를 했거나 전세권에 의한 임의경매 신청을 한 경우, 그리고 말소기준권리 이후에 설정된 후순위 전세권은 낙찰자에게 인수되지 않고 매각으로 소멸한다.

〈그림 2-15〉는 감정가 3,400만 원에서 최저가 2,100만 원까지 떨어진 경매물건이다. 이 물건에 설정된 3,600만 원의 선순위 전세권자가 있는데 임의경매 신청을 했기 때문에 해당 전세권은 인수되지 않고 소멸하는 말소기준권리로 전환되었다. 또한 2013년 4월 28일 배당요구도 하였으므로 낙찰자는 별도의 권리 인수 사항 없이 입찰에 참여할 수 있다.

전세권자는 만약 본인의 전세금 3,600만 원보다 낮은 금액으로 낙찰되더라도 낙찰자에게 전세금 반환을 요구할 수 없고, 낙찰 금액만큼의 비용만 배당받을 수 있다.

만약 이 물건에서 전세권자가 임의경매 신청을 하더라도 대항력을 가질 수 있는 방법을 찾는다면 전세권과 임차인의 지위를 동시에 갖는 것이다. 전세권 설정과 함께 전입을 유지한 채 경매개시를 요청했다면 전세권은 소멸하겠지만, 임차인의 대항

▲ 그림 2-15 소멸하는 전세권의 사례

력은 소멸하지 않아 낙찰자에게 대항력을 주장할 수 있다. 다만 이 사례에서 임차인은 주민등록상의 대항력(전입 안 됨)을 갖추지 못해 낙찰자에게 대항할 수 없다.

한편 배당요구나 경매 신청을 해도 인수되는 전세권이 있다. 모두 전세권자이자 임차인으로서의 지위를 동시에 가졌을 경우이다.

③ 임차인의 집행권원을 이용한 강제경매 신청

전세권자와 임차인의 지위를 동시에 가지고 있는 경우 전세권에 의한 임의경매 신청이 아닌 임차인의 집행권원(판결문)에 의한 강제경매 신청을 한다면 선순위 전세권은 소멸하지 않고 낙찰자에게 인수된다.

채권의 종류는 담보권과 일반채권이 있다. 담보권에 의한 경매 신청을 **임의경매 신청**이라고 한다. 일반적으로 부동산을 살 때 은행에서 받은 대출의 이자 변제나 원금 이행이 되지 않은 경우 근저당이라는 담보권으로 경매를 실행한다. 한편 일반채권은 공증이나 확정된 판결문을 통하여 경매를 신청하며 이를 **강제경매 신청**이라고 한다. 이 두 가지 경매 신청은 채권변제를 목적으로 하는 실질적 경매라는 부분에서는 같으나 경매를 신청하는 권원이 다르다는 차이점이 있다.

〈그림 2-16〉은 감정가격 7,600만 원에서 최저가 6,000만 원까지 유찰된 부산의 아파트 경매물건 사례다. 이 사건은 6,000만 원의 선순위 전세권을 가지고 있는 전세권자가 경매 신청을 한 사항이다.

선순위 전세권자가 경매 신청을 한 경우 그 전세권은 말소권리로 보아 매각으로 소멸한다. 하지만 이때 선순위 전세권자의 경매 신청은 전세권에 의한 임의경매 신청만 적용되며, 집행권원을 득한 임차인의 강제경매 신청은 적용되지 않는다.

경매물건의 전세권자인 이○○ 씨는 전세권 설정 후 전세 기간이 만료되었음에도 임대인에게 전세금을 변제받지 못한 상황이었다. 본인이 가지고 있는 전세권으로 임

임차인현황	(말소기준권리 : 2007.03.05 / 배당요구종기일 : 2014.05.29)						
임차인	점유부분	전입/확정/배당	보증금/차임	대항력	배당예상금액	기타	
이○○	주거용 전부	전입일자: 미상 확정일자: 2005.10.21 배당요구: 없음	보60,000,000원		전액매수인인수	선순위전세권등기자, 경매신청인	
기타사항	☞현장 폐문부재하여 점유자등을 만나지 못했고, 이건 취지를 알린 통지서를 두고 왔으나, 연락 없음. ☞주민센터의 전입세대 열람한 바, 전입되어 있는세대 없었음. ☞이○○ : 이 사건 경매신청 채권자이며 전세권에 대하여 배당요구를 한다는 의견서를 제출함						

• 등기부현황 (채권액합계 : 339,357,974원)

No	접수	권리종류	권리자	채권금액	비고	소멸여부
1(갑1)	2003.08.01	소유권보존	이○○			
2(을9)	2005.10.21	전세권(전부)	이○○	60,000,000원		인수
3(갑6)	2007.03.05	가압류	○○상호저축은행	279,357,974원	말소기준등기 2007카단○○○	소멸
4(갑7)	2008.01.28	압류	부산광역시 금정구			소멸
5(갑8)	2009.06.29	압류	부산광역시 금정구			소멸
6(갑10)	2010.06.22	압류	금정구			소멸
7(갑13)	2013.05.20	압류	부산광역시중구			소멸
8(갑14)	2014.03.13	강제경매	이○○	청구금액: 60,000,000원	2014타경○○○	소멸

| 관련정보 | [관련사건] 전세금반환 - 부산지법 2008가단○○○○○ |
| 주의사항 | ▶ 매각허가에 의하여 소멸되지 아니하는 것: 을구 순위9번 전세권설정등기(2005.10.21.제28745호 금 60,000,000원)는 말소되지 않고 매수인에게 인수됨 |

▲ 그림 2-16 강제경매로 인한 인수되는 전세권 사례

의경매 신청을 할 경우 전세권의 대항력이 없어지고 낙찰자에게 대항할 수 없으니 임차인의 지위를 활용하여 보증금 반환 청구 소송을 진행했다. 이에 판결(집행권원)을 얻어 강제경매 신청으로 선순위 전세권의 대항력을 유지하면서 경매를 진행할 수 있었다.

전세권자가 힘들게 강제경매를 통해 전세권을 지키려 한 이유는 임차인의 지위에서 주민등록, 즉 전입일자의 대항력이 없었기 때문이다. 만약 이 사건에서 전세권자가 전입일자의 대항력을 갖고 있었다면 간단히 전세권으로 임의경매 신청을 하여 선순위 전세권이 말소되더라도 주민등록상의 대항력이 유지되어 낙찰자에게 대항할 수 있었을 것이다. 어쨌든 전세권을 말소기준권리로 보아 경매에 입찰한 용감한 입찰자는 끝내 미납하며 보증금을 날리게 되었다.

④ 임차인으로서의 배당요구

전세권과 임차인의 지위를 동시에 가지고 있을 때 전세권자의 입장에서 하는 배당요구가 아닌 임차인의 입장에서 배당요구를 한 경우 선순위 전세권은 소멸하지 않고 낙찰자에게 인수된다.

• 임차인현황 (말소기준권리 : 2006.09.05 / 배당요구종기일 : 2007.07.25)

임차인	점유부분	전입/확정/배당	보증금/차임	대항력	배당예상금액	기타
정○○	주거용 전부	전입일자: 2006.07.07 확정일자: 2006.07.04 배당요구: 2007.07.20	보80,000,000원	있음	순위배당가능	선순위 전세권등기자

임차인분석
▶ 임차인 명의의 전세권등기를 경료하였다고 함.(임차인 진술)
▶ 대항력 있는 임차인 있으며, 보증금이 전액 변제되지 아니하면 잔액을 매수인이 인수함

• 등기부현황 (채권액합계 : 2,771,959,900원)

No	접수	권리종류	권리자	채권금액	비고	소멸여부
1	2005.04.12	소유권이전(매매)	(주)○○토건			
2	2006.07.04	전세권(건물 전부)	정○○	80,000,000원	존속기간: 2006.06.27~2007.07.03	소멸

2007.06.19	기타 ○○감정평가법인 업무협조요청 제출
2007.06.28	근저당권자 박○○ 배당요구신청 제출
2007.06.28	근저당권자 박○○ 배당요구신청 제출
2007.07.03	기타 ○○감정평가법인 감정평가서 제출
2007.07.13	근저당권자 주식회사 ○○은행 채권계산서 제출
2007.07.20	임차인 ○○○ 권리신고및배당요구신청 제출

▲ 그림 2-17 전세권자의 임차인으로서 배당요구

21 임차인의 최우선변제보다 우선하는 배당

배당에도 순위가 있다

낙찰자가 경매 배당 순위를 공부하는 이유는 대항력 있는 임차인이 존재할 때 배당받지 못하는 보증금을 정확히 분석하여 입찰 여부를 결정하고, 인수되는 보증 금액을 파악하여 적절한 입찰가를 산정하기 위해서다.

실무에서 대항력 있는 임차인이 존재할 때 가장 주의해야 할 부분은 세무서의 압류(법정기일 표기가 안 됨) 설정 여부와 근로자의 임금채권(최우선변제와 동일)이 신고된 경우다. 이런 경우는 대항력 있는 임차인이 정상적인 전입과 확정일자를 받고 배당요구를 하더라도 정확한 배당 내역을 계산할 수 없기 때문에 실무에서 이 두 가지 권리가 설정되었을 때는 입찰을 정말 조심할 필요가 있다.

민사집행법상 경매 배당 순위를 정리해 보면(배당순위 정리표 참고), 조세채권 법정기일 전에 설정된 저당권, 전세권 등이 있는 경우 경매물건이 낙찰되고 가장 첫 번째로 배당받는 순위는 **채권자가 예납한 경매 신청 비용**이다.

두 번째는 **해당 부동산에 지출된 필요비와 유익비**다. 필요비는 부동산을 사용하며 상태를 보존하고 유지하는 비용을 말하며, 건물의 균열·누수 비용, 수도·가스·전기 수리 비용 등이 있다. 그리고 유익비는 부동산을 사용하는 중 부동산의 객관적 가치를 증가시키기 위해 지출한 비용을 말한다. 대표적인 예로 엘리베이터 설치, 건물의 내부 인테리어 공사, 발코니 확장 등이 있다.

필요비와 유익비의 경우 배당요구종기까지 반드시 배당요구를 해야 하지만, 실무에서는 법원에서 이 비용들을 인정해 주는 경우가 드물다. 그 이유는 주거용이나 상업용의 임대차 계약 시 특약으로 임차인의 원상회복 조건과 함께 필요비, 유익비를 청구하지 않는다는 문구가 들어가기 때문이다. 그래서 필요비, 유익비를 배당 신청하는 경우 배당에서 제외된 채권자들이 해당 물건에 유치권 신고를 하는 경우가 종종 있다.

세 번째 배당 순위는 **소액 임차인의 최우선변제금과 근로자의 최종 3개월 임금채권**이다. 임차인의 최우선변제금은 낙찰가에서 집행비용을 제외한 금액의 2분의 1 한도가 있지만, 근로자의 임금채권은 한도가 없다. 따라서 근로복지공단이나 개인 임금채권자의 가압류가 설정되어 있으면 정확한 배당 금액을 특정하기 쉽지 않아 항상 조심해야 한다.

네 번째 배당 순위는 **당해세**다. 당해세란 매각 부동산 자체에 부과된 조세를 말하며, 당해 재산을 소유하고 있는 사실을 인정해 부과하는 국세, 지방세와 그 가산금이다. 국세에서 당해세는 상속세, 증여세, 종합부동산세 등이고, 지방세에서는 재산세, 주민세, 자동차세 등이다. 이때 취·등록세는 해당하지 않으며 주로 소유자의 주민등록상 주소지의 관할 세무서나 시·군·구청에서 압류한다. 임차인의 확정일자 또는 전세권 설정일자보다 당해세의 법정기일이 늦다면 임차인의 보증금을 우선 배당한다. 그러나 임차인을 제외한 나머지(근저당) 물권에 대해서는 우선적 효력을 가진다.

다섯 번째 배당 순위에서 주의해야 할 점은 근저당, 전세권, 확정일자 등은 설정일자의 순위에 따라 배당이 이뤄지지만, 압류(조세채권)는 법정기일을 기준으로 배당 순위가 지정된다는 것이다. 압류의 법정기일이 공개되는 공매와 달리 비공개로 진행되는 경매에서는 압류된 세금의 배당 순위와 금액을 정확히 판단할 수 없기 때문에 항상 신중히 처리해야 한다. 조세채권은 국세에서는 부가세, 법인세, 교육세가 있고, 지방세에서는 취득세, 지방소득세, 자동차세, 주민세 등이 있다. 주로 해당 부동산 소재지의 세무서나 시·군·구청에서 압류한다.

여섯 번째부터 아홉 번째까지의 배당 순위는 채권자가 아닌 이상 경매 실무에서 크게 중요하지 않은 부분이어서 배당 순위를 정리한 표를 참고해 공부하면 된다.

❖ 배당 순위 정리표

순위	내용
1	경매 진행비, 집행비용
2	부동산 필요비, 유익비
3	• 소액 임차인의 보증금 채권 • 최종 3개월 임금, 최종 3년간 퇴직금, 재해보상금
4	당해세
5	• 조세채권 • 국세, 지방세의 법정기일 전 설정된 저당권 • 전세권에 의한 담보채권 • 임차인 우선변제권 등
6	• 근로기준법 제37조2항 임금을 제외한 임금 • 근로관계로 인한 채권
7	• 국세, 지방세와 이에 관한 체납처분비 • 가산금 등의 징수권
8	• 공과금 • 산재보상 보험료, 국민건강보험료, 국민연금 보험료, 고용보험료, 의료보험료, 국민의료보험료
9	일반채권(우선변제가 아닌 경우)

임차인의 대항력 vs. 임금채권

〈그림 2-18〉의 경매물건은 임금채권과 선순위 전세권, 대항력 있는 임차인이 결합한 유명한 사건이다. 해당 물건을 1억 1,200만 원에 낙찰받은 낙찰자는 매각물건명세서상의 전세권 인수 여부를 두고 국가를 상대로 손해배상 청구 소송을 제기해 승소했지만, 일정 금액만 보상받을 수 있었다.

이미 오래전부터 각종 경매 블로그나 경매 책을 통해 여러 차례 소개된 사건인 만큼 해당 사례를 꼭 숙지하자.

• **임차인현황** (말소기준권리 : 2006.09.05 / 배당요구종기일 : 2007.07.25)

임차인	점유부분	전입/확정/배당	보증금/차임	대항력	배당예상금액	기타
정○○	주거용 전부	전입일자: 2006.07.07 확정일자: 2006.07.04 배당요구: 2007.07.20	보80,000,000원	있음	순위배당가능	선순위 전세권등기자
임차인분석	▶임차인 명의의 전세권등기를 경료하였다고 함.(임차인 진술) ▶대항력 있는 임차인 있으며, 보증금이 전액 변제되지 아니하면 잔액을 매수인이 인수함					

임금채권 최우선변제

• **등기부현황** (채권액합계 : 2,771,959,900원)

No	접수	권리종류	권리자	채권금액	비고	소멸여부
1	2005.04.12	소유권이전(매매)	(주)○○토건			
2	2006.07.04	전세권(건물 전부)	정○○	80,000,000원	존속기간: 2006.06.27~2007.07.03	소멸
3	2006.09.05	근저당	신용보증기금 (남대문지점)	210,000,000원	말소기준등기	소멸
4	2006.09.13	가압류	국민은행	1,255,537,086원		소멸
5	2006.09.18	가압류	하나은행	265,000,000원		소멸
6	2006.09.20	가압류	한국스탠다드차타드제일은행	50,000,000원		소멸
7	2006.09.28	가압류	박○○	311,961,400원		소멸
8	2006.12.22	가압류	(주)○○입업	129,093,555원		소멸
9	2007.02.12	가압류	근로복지공단	127,087,999원		소멸
10	2007.02.26	가압류	선○○	343,279,860원		소멸
11	2007.05.22	강제경매	근로복지공단	청구금액: 124,774,800원	2007타경[illegible]	소멸

▲그림 2-18 임금채권 사례

해당 물건의 권리 사항을 보면 선순위 전세권자와 임차인의 지위를 동시에 지닌 정○○이 있다. 임차인 지위로는 2006년 7월 7일 전입되어 말소기준권리인 신용보증기금의 근저당 설정일 2006년 9월 5일보다 앞서 대항력이 있어 보인다. 하지만 실제로는 임차인의 실수로 다른 지번에 전입하여 임차인의 대항력이 없는 사건이었다.

또한 선순위 전세권의 경우 근로복지공단의 경매 신청으로 인수권리가 될 뻔했지만, 법원에서는 정○○ 씨의 배당요구를 임차인이 아닌 전세권자의 배당요구로 보았다. 원래는 임차인이 배당요구를 할 때 법원에서 임차인의 권리인지, 전세권자의 권리인지를 특정하게 된다. 하지만 이 경우 법원이 임의로 전세권자의 배당요구로 처리해 버린 사건이다. 이에 선순위 전세권이 말소되는 권리로 정리되면서 매각이 진행되었다.

등기 내역을 보면 근로복지공단의 1억 2,700만 원의 가압류가 설정되어 있다. 배당 순위를 정리해 봤을 때 전세권 설정일자보다 순위가 높은 근로복지공단의 임금채권이 먼저 배당된다. 따라서 1억 1,120만 원의 낙찰가격 안에서 근로복지공단에 전액 배당이 완료되면 그다음 배당 순위인 전세권자인 정○○ 씨가 받을 배당금은 전혀 없을 것으로 판단된다.

이런 상황에서 입찰에 참여한 입찰자 4명의 의중을 살펴보면 대항력 있는 임차인의 실수로 타 지번에 전입되어 대항 요건이 소멸하였고, 선순위 전세권마저 배당요구로 매각 후 말소될 것으로 예상해 해당 물건을 낙찰받아도 인수되는 권리가 없을 것으로 판단했을 것이다.

그러나 전세권자이자 임차인이었던 정○○ 씨가 자신의 배당요구는 전세권자가 아닌 임차인의 지위에서 한 것이므로 이 경매 절차에서 자신의 전세권을 말소시키는 것은 부당하다며 회복을 구하는 소송을 제기했다. 그리고 승소하여 정○○ 씨의 전세권이 회복되었다.

이에 인수하지 않아도 될 8,000만 원의 전세권을 인수받은 낙찰자는 국가를 상대로 손해배상 청구 소송을 제기하여 승소했다. 하지만 8,000만 원 전액이 아닌 20%만 인정되어 나머지 6,400만 원의 손해가 발생했던 경매사건이다.

우리가 이 경매사건에서 배울 수 있는 부분을 정리하면 다음과 같다.

> ◆사례로 배우는 경매
> ① 임차인의 실수로 전입신고를 잘못한 경우 임차인은 대항력을 가지지 못한다.
> ② 전세권의 배당요구는 임차인의 배당요구와 각각 별개의 권리를 지니고 있다. 따라서 전세권의 지위가 아닌 임차인의 지위로 신고한 배당요구는 전세권의 배당요구로 볼 수 없어 인수되는 전세권으로 보아야 한다.
> ③ 임금채권은 소액 임차인의 최우선변제금과 동급으로 보아 물권보다 앞서 최우선 순위로 배당된다. 하지만 임차인의 최우선변제처럼 낙찰가격의 2분의 1이라는 한도가 없어 매각 후 배당 시 전체 낙찰가격에서 한도 없이 배당받을 수 있다.
> ④ 경매물건에서 매각물건명세서의 하자가 발생하더라도 조사를 소홀히 한 입찰자의 책임소재가 항상 따를 수 있다.

필자가 이 경매사건을 정말 재미있게 공부했던 10여 년 전의 열정만큼 독자들도 작은 내용이라도 깊이 공부해서 경매 이론을 완벽하게 정립할 수 있길 바란다.

임차인의 대항력 vs. 압류

2024년 7월 경매물건 검색을 하다 충남 논산에 있는 준신축 아파트 5건이 동시에 진행 중인 경매사건이 눈에 띄었다(그림 2-18). 감정가는 2억 4,000만 원에 최저가격은 1억 6,900만 원이었다. 해당 물건의 네이버 시세는 2억 6,000만 원이었고, 여기에 2억 3,000만 원이면 빠르게 매도할 수 있다는 부동산중개사무소 소장님의 의견을 들었다. 논산의 경우 입주 물량도 크게 없었기 때문에 경험상 이런 깨끗한 아파트 물건이라면 빠르면 일주일, 늦어도 한 달 안에 매도할 수 있을 것 같았다.

그러나 이 물건을 자세히 검토하니 풀지 못하는 권리상의 하자가 있었는데, 바로 대항력 있는 임차인의 배당요구와 등기부상 지자체의 후순위 압류 설정이었다. 권리분석을 하다 보면 대항력 있는 임차인이 배당요구를 하였을 때 등기상의 순위와 관계없이 임차인보다 먼저 배당받아 갈 수 있는 권리가 근로자의 임금채권과 압류의

• 임차인현황 (말소기준권리 : 2022.05.27 / 배당요구종기일 : 2023.12.04)

임차인	점유부분	전입/확정/배당	보증금/차임	대항력	배당예상금액	기타
김	주거용 101동 406호	전입일자: 2020.03.12 확정일자: 미상 배당요구: 없음	미상		배당금 없음	
유	주거용 101동406호전부	전입일자: 2020.03.12 확정일자: 2020.03.13 배당요구: 2023.10.20	보168,000,000원	있음	배당순위있음 미배당보증금 매수인 인수	확:2020.3.13.(160,000,000원)/2022.3 .4.(168,000,000원)
	임차인수: 2명 , 임차보증금합계: 168,000,000원					
임차인분석	☛현황 조사당시 폐문부재 여서 전입세대 열람한바 김 (2020.03.12)전입세대 있음. ☛김○○:유 의 배우자 ☛유 :매수인에게 대항할 수 있는 임차인(임차보증금 168,000,000원, 전입일 : 2020.3.12. 확정일자 : 2020.3.13.)이 배당에서 보증금이 전액 변제되지 아니하면 잔액을 매수인이 인수함(증액된 8,000,000원에 대하여 2022.3.4. 확정일자) ▶매수인에게 대항할 수 있는 임차인 있으며, 보증금이 전액 변제되지 아니하면 잔액을 매수인이 인수함					

• 등기부현황 (채권액합계 : 3,145,759,493원)

No	접수	권리종류	권리자	채권금액	비고	소멸여부
1(갑6)	2018.07.30	소유권이전(매매)	(주)○○홀딩스			
2(갑10)	2022.05.27	가압류	흥국저축은행	1,945,759,493원	말소기준등기 2022카단	소멸
3(갑11)	2022.09.08	압류	국(○○○세무서장)			소멸
4(갑15)	2023.03.08	가압류	○○○○캐피탈(주)	1,200,000,000원	2023카합	소멸
5(갑16)	2023.04.10	압류	○○○○보험공단			소멸
6(갑17)	2023.08.23	강제경매	엄○○	청구금액: 300,000,000원	2023타경	소멸

▲그림 2-19 압류 사례

법정기일이 빠른 세금이다. 그런데 해당 물건에는 ○○○세무서와 ○○○○보험공단의 압류가 설정되어 있어 정확한 체납 금액과 법정기일을 알지 못하면 입찰이 어려울 것이었다.

보통 초보자들이 쉽게 지나칠 수 있는 부분이 압류의 법정기일이다. 세금 체납으로 설정된 압류는 등기부상 기재된 설정일자로 배당받는 것이 아니라, 법정기일(고지서 발송일이나 세금 신고일)을 기준으로 배당한다. 그런데 대부분의 법정기일이 압류 설정일보다 빠르다. 따라서 압류나 임차인의 대항력 등 낙찰자에게 인수되는 권리가 있는 물건의 경우 압류의 체납 금액과 법정기일을 정확히 확인해야 하다.

대항력 있는 임차인의 보증금은 1억 6,800만 원인데 최저가격이 1억 6,900만 원이므로 체납 세금의 법정기일과 금액에 따라 배당 후 남은 임차인의 보증금을 낙찰자가 인수할 수 있다. 따라서 체납 금액과 법정기일을 반드시 확인해야 했다.

보통 개인 체납 금액은 당사자가 아니라면 알려주지 않는다. 하지만 ○○○○보험공단과의 전화통화에서 운 좋게 대략적인 체납 금액을 알 수 있었다. 그러나 ○○○세무서는 대략적인 금액도 절대 알려줄 수 없다고 하여 다른 방법을 찾아볼 수밖에 없었다.

이 경매물건에서 세무서를 제외하고 압류에 관한 내용을 물어볼 수 있는 곳을 나열해 보면 먼저 해당 법원경매 계장, 해당 호실의 임차인, 선순위 가압류권자, 후순위 가압류권자, 강제경매 신청권자, 소유자가 있다. 말 그대로 이 경매사건의 이해관계인 모두에게 물어봐야 그중 한 곳에서라도 단서가 될 만한 내용을 얻을 수 있을 것이었다. 그래서 순서대로 전화를 걸기 시작했다.

그중 법원경매 계장만이 '압류 금액은 원칙상 알려줄 수 없다. 그러나 압류 금액이 얼마 안 되는 것으로 알고 있다'라는 모호한 답변이라도 해주었다. 나머지 이해관계인은 연락이 되지 않거나 압류에 대해 알지 못하고 있었다. 결국 경매 계장의 모호한 단서만 가지고 입찰하기에는 리스크가 너무 크다고 느껴 입찰을 포기했다.

대항력 있는 임차인에 압류까지 설정된 경매물건을 조심해야 하는 이유는 입찰 전 정확한 체납 금액과 법정기일을 알 수 없기 때문이다. 게다가 임차인의 확정일자보다 빠른 법정기일의 체납 세금으로 낙찰자가 인수하는 금액이 있더라도 법원에서 불허가나 매각허가결정 취소를 받아내기가 쉽지 않다. 따라서 필자는 본인의 투자원칙에 1%라도 적합하지 않은 부분이 있을 때는 입찰을 포기하는 것이 맞다고 생각한다.

6장

낙찰자 지키는 매각불허가와 매각허가결정 취소

22

매각불허가, 매각허가결정 취소 신청 간단하게 접수하기

경매 근거법은 민사집행법

경매 경험이 늘면서 다양한 물건에 도전하고 복잡한 여러 권리를 해결하다 보면 항상 부딪히는 부분이 있다. 바로 문제 있는 구매 물건의 반품, 즉 낙찰받은 물건을 법원에 다시 환불할 수 있는지이다.

법원은 경매를 진행하면서 물건에 문제가 될 수 있는 하자가 발생했을 때 낙찰자를 보호하기 위한 안전장치를 마련해 놓고 있다. 낙찰 후 매각허가에 대한 이의신청, 매각허가결정 취소 등이 그것이다. 이를 통해 낙찰자는 낙찰을 무효로 하거나 보증금을 환불받을 수 있다.

〈그림 2-20〉은 대항력 있는 임차인(인수되는 보증금)을 간과한 채 입찰에 참여해 한 명은 매각불허가 신청을 하여 매각을 취소시켜 보증금을 돌려받았지만, 다른 한 명은 피 같은 보증금 1,790만 원을 허공에 날리며 미납한 경매물건이다. 매각불허가 신청을 한 낙찰자는 어떤 사유로 보증금을 환급받았고, 아무것도 하지 못한 낙찰자는 어떤 이유로 보증금을 날리게 되었을까?

해당 물건은 감정가 3억 5,000만 원에서 최저가 2억 2,400만 원까지 유찰되었으며 2명이 입찰에 참여하여 2억 6,300만 원에 낙찰되었다. 해당 물건의 권리관계를 분석해 보면 먼저 임차인 한○○ 씨의 보증금 1억 3,500만 원이 임차인의 경매 신청이나 배당요구가 없어 낙찰자에게 인수된다. 따라서 해당 물건의 낙찰자는 낙찰 금액 2억 6,300만 원에 임차인의 보증금 1억 3,500만 원을 더한 총 3억 9,800만 원에 이 물건을 취득한 셈이다. 무려 시세보다 5,000만 원이나 더 주고 아파트를 매입한 상황이다.

• **임차인현황** (말소기준권리 : 2010.07.07 / 배당요구종기일 : 2012.03.20)

임차인	점유부분	전입/확정/배당	보증금/차임	대항력	배당예상금액	기타
한○○	주거용 전부	전입일자: 미상 확정일자: 미상 배당요구: 없음	보135,000,000원		전액매수인인수	전세권등기자
기타사항	☞1.본건 부동산 방문시마다 폐문되어 문틈에 경매진행됨을 알리는 통지서를 꽂아두었으나 아무런 연락이 없었음. 2. 관할 동사무소에 전입세대 열람한 바, 소유자와의 관계를 알 수 없는 한■세대(2009년11월18일)가 전입되어 있었음.					

• **등기부현황** (채권액합계 : 13,198,982,393원)

No	접수	권리종류	권리자	채권금액	비고	소멸여부
1	2007.09.03	소유권보존	(주)○○건설			
2	2008.04.30	소유권이전	○○○부동산신탁(주)			
3	2009.11.19	소유권이전(매매)	(주)○○건설			
4	2009.11.26	전세권(전부)	한○○	135,000,000원	존속기간: 2009.11.18~2011.11.17	인수
5	2010.06.23	한■전세권근저당	○○신협	52,000,000원		인수
6	2010.07.07	근저당	○○저축은행	175,010,000원	말소기준등기 변경전 부산상호저축은행	소멸
7	2010.12.23	한■전세권근저당	○○신협	13,000,000원		인수
8	2011.04.06	가압류	○○상호저축은행	2,709,320,547원		소멸
9	2011.08.11	가처분	○○건설(주)		대물변제약정에 기한 소유권이전등기청구권 또는근저당권설정등기청구권 부산지법 2011카단■ 사건검색	소멸
10	2011.11.24	가압류	○○저축은행	4,800,000,000원		소멸
11	2012.01.09	임의경매	○○저축은행	청구금액: 175,010,000원	2012타경■	소멸
12	2012.02.02	가압류	○○○○저축은행	2,611,462,846원		소멸
13	2012.02.13	가압류	○○건설(주)	2,703,189,000원		소멸
주의사항	☞주식회사 ○○○○인테리어로부터 공사비와 관련하여 금 52,000,000원의 유치권신고(2012.10.8.자 접수)가 있으나, 본 건물은 임차인 한○○이 2009.11.18.부터 현재까지 점유하고 있으므로 이 사건과는 무관하다는 채권자의 보정서 및 권리신고재제신청서가 각 제출되어 있음. (2012.10.30. 경정 후.) ☞매각허가에 의하여 소멸되지 아니하는 것 - 2009.11.26.접수 제54388호 전세권설정(금135.000.000원).					

▲ 그림 2-20 해당 경매물건 등기부 현황

참고로 이 낙찰자는 인수되는 임차인에 대한 조사를 간과했지만 경매상 하자를 이유로 매각불허가 신청을 해 매각불허가결정을 받았다. 그 비밀은 주의사항에 적힌 인테리어 업체의 유치권 신고에 있다.

우리가 앞으로 공부하게 될 민사집행법 121조6호에 따르면 낙찰자가 책임질 수 없는 사유로 인한 부동산의 중대한 권리관계가 변동되어 목적물의 부담이 현저하게 커질 때는 법원에서 매각결정을 취소하고 낙찰자의 보증금을 환급해 준 뒤 다시 매각을 진행해야 한다.

이 경매사건에서 낙찰자는 2012년 10월 4일 물건을 낙찰받은 후 매각결정이 되기 전인 10월 8일에 매각기일까지 나타나지 않았던 유치권 공사채권을 만들어 민사집행법 121조6호에 의한 중대한 권리관계 변동을 이유로 매각을 취소할 수 있었다.

12년 전 경매시장은 이런 편법적인 유치권 신고가 난무하던 시기여서 운 좋게 보증금을 환급받을 수 있었다. 그러나 매각불허가결정 후 다시 경매가 진행되어 1억 9,100만 원에 뒤늦게 낙찰받은 낙찰자는 더 이상 경매물건의 하자를 만들어 낼 수 없어 아무것도 하지 못한 채 보증금을 포기할 수밖에 없었다.

물론 이런 편법적인 행위들을 사용하며 보증금을 환급받는 게 옳은 일은 아니지만 본인의 돈을 지키기 위해서는 경매 근거 법인 민사집행법의 내용을 숙지할 필요가 있다. 민사집행법 안의 많은 법률과 조문이 향후 경매투자를 하며 겪을 여러 가지 변수에서 실수를 만회할 수 있는 큰 자산이 될 수 있기 때문이다.

매각불허가 신청

입찰자가 낙찰을 받고 최고가 매수신고인으로 정해지면 일주일 내에 매각결정기일이 정해진다. 그리고 매각결정기일에는 매각허가에 대한 이의신청이나 특별한 사

❖ **경매 진행 절차**

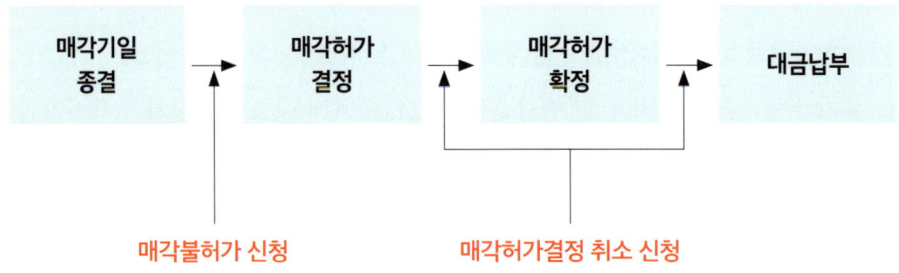

정이 없는 한 법원에서 매각허가결정을 한다. 그로부터 일주일 이내 매각허가결정에 대한 취소 신청 등의 이의신청이 없으면 매각허가를 확정한 후 대금납부기일을 정해 최고가 매수인에게 통지한다.

낙찰자 외 이해관계인은 매각허가결정 이전(낙찰 후 7일 전)에는 매각불허가 신청을, 매각허가결정 이후부터 잔금 전까지는 매각허가결정 취소 신청을 할 수 있다.

민사집행법에 따라 '매각허가에 대한 이의신청'으로 표현하는 게 맞지만 실무에서는 매각불허가 신청으로 많이 쓰고 있다. 매각불허가 신청은 매각허가결정 전 7일 안에 해야 하기에 낙찰 후 권리상의 하자나 물건에 대한 문제가 발견되었다면 빠르게 매각불허가 신청서를 작성하여 법원에 제출해야 한다. 민사집행법 121조에 의하면 다음 7가지에 해당할 경우 매각불허가를 신청할 수 있다.

① 강제집행을 허가할 수 없거나 집행을 계속 진행할 수 없을 때

집행을 허가할 수 없을 때란 집행의 정지 또는 취소 사유(민사집행법 49조, 50조), 개인회생 절차 개시 결정, 법인파산의 선고, 경매 신청이 취하된 것을 간과하고 매각기일을 진행한 경우, 매각기일이나 매각결정기일을 이해관계인에게 통지하지 아니한 경우, 경매개시결정이 채무자에게 송달되지 아니한 경우, 공유자에게 경매개시결정의 통지를 누락한 때, 남을 가망이 없는 경우 등이다.

② 최고가 매수신고인이 부동산을 매수할 능력이나 자격이 없는 때

부동산을 매수할 능력이란 미성년자(만 19세 미만일 때 부모 양쪽 동의 필요), 금치산자, 한정치산자(재산 낭비로 가족생활을 궁박하는 자)와 같이 독립하여 법률 행위를 할 수 없는 능력을 말하며, 경제적 능력을 의미하는 것이 아니다. 그 외 농취증 미발급자와 부동산 취득 시 관청의 허가를 받아야 하는 경우 등이 있다.

그리고 경매목적물의 채무자 재매각에 있어 전 낙찰자, 그 외 매각 절차에 참여한 집행관과 감정평가사 등을 의미한다.

③ 매수할 자격이 없는 사람이 최고가 매수신고인을 내세워 매수신고를 한 때

②를 회피하기 위한 탈법 행위로 다른 사람의 명의를 빌려 입찰하는 것이다.

④ 매수 신청을 방해, 담합하거나 매각 실시를 방해한 사람 등에 해당하는 때

다른 사람의 매수 신청, 매각 실시를 방해하거나 매각에 관하여 공무집행 방해로 유죄판결을 받은 자 등이 해당한다.

⑤ 최저매각가격, 일괄매각의 결정, 매각물건명세서에 중대한 흠이 있는 때

예를 들어 감정평가사의 부동산 가격이 현 시세와 상당한 차이가 나는 경우, 일부 경매 대상 물건이 감정평가에서 누락된 경우, 적법하게 결정된 최저매각가격을 아무런 이유 없이 저감하는 경우 그리고 매각물건명세서에 기재할 사항에 누락이나 중대한 오류가 있는 경우 등이 해당한다.

⑥ 천재지변으로 인한 현저한 훼손, 중대한 권리관계가 변동된 사실 밝혀진 때

매수신고 전이라도 부동산의 훼손이 상당하며 이를 간과한 것이 낙찰자가 책임질 수 없는 사유(건물 누수, 천재지변으로 인한 파손)로 인한 것이어야 한다.

그리고 중대한 권리관계 변동이란 선순위 근저당의 소멸로 말소권리가 인수권리로 바뀌거나, 대위변제로 인해 대항력 없는 임차인이 대항력 있는 임차인으로 변경되는 등 후순위 권리가 선순위로 바뀌어 낙찰자가 손해를 볼 수 있는 경우, 또는 매각 전에 나타나지 않았던 유치권 신고가 매각 후에 발생해 매각 부동산의 부담이 현저히 증가하는 등 매수인이 인수할 권리가 중대하게 변동되는 경우를 말한다.

⑦ 경매 절차에 그 밖의 중대한 잘못이 있는 때

그 밖의 중대한 잘못이란 최저 입찰가격을 누락하거나 착오로 잘못 기재한 경우, 최고가 매수인의 성명과 가격을 호창하지 않고 경매의 종결을 고지한 경우, 입찰표 제출을 최고한 후 1시간 전 입찰을 마감한 경우, 부동산에 대한 점유권원으로서의 임대차나 전세권 또는 지상권의 공고가 누락된 경우, 최저매각가격의 10분의 1에 미달하는 보증금을 받거나 보증금을 받지 않고 매각을 허가한 경우 등이 있다.

매각허가결정 취소

매각불허가 신청은 낙찰 후 매각허가결정 전까지 민사집행법 121조1~7호까지의 내용 중 적법한 사유를 찾아서 신청할 수 있다. 반면 매각허가결정 취소 신청은 민사집행법 127조1항(121조6호 천재지변, 그 밖에 자기가 책임질 수 없는 사유로 부동산이 현저하게 훼손된 사실 또는 부동산에 관한 중대한 권리관계가 변동된 사실이 경매 절차의 진행 중에 밝혀진 때)이 매각허가결정 확정 후 밝혀진 경우 매수인은 잔금납부 전까지 매각허가결정의 취소를 할 수 있다.

즉 낙찰 후 일주일 전이면 매각 불허가 신청, 일주일이 지나면 매각허가결정 취소 신청을 할 수 있는데, 매각불허가 신청은 민사집행법 121조1~7호까지 상당히 넓은 폭의 사유를 찾아 신청할 수 있다. 하지만 매각허가결정 취소의 사유는 민사집행법 121조6호 하나의 사유로만 신청이 가능하여 상대적으로 사용할 수 있는 폭이 작다. 그래서 낙찰받은 물건에 하자가 있을 때는 최대한 빠른 시점에 컴플레인을 신청하는 게 낙찰자에게 유리하다.

낙찰자가 신청을 취소하는 3가지 이유

보통 입찰자가 경매낙찰을 받고 취소 신청을 하는 경우는 크게 3가지 정도로 나눌 수 있다.

첫째, 본인의 실수(입찰가 오기, 권리분석 오류, 물건분석 오류, 단순 변심) 등

하지만 이렇게 경매 절차의 하자나 물건의 하자가 아닌 본인의 실수로 인한 경우 매각불허가나 매각허가결정 취소로 매각을 취소시키기는 굉장히 어렵다. 따라서 입찰 전 모든 사항을 꼼꼼히 확인해야 한다. 예외적인 방법으로는 권리의 하자를 만들거나 채권이 얼마 안 되는 경우 채무자를 설득하여 경매를 취하하게 하거나, 채무자의 경매목적물을 매입하여 경매를 취하할 수 있다.

둘째, 권리상의 하자

가장 임차인이나 선순위 권리 그리고 유치권의 경우 쉽게 판단하고 입찰했다가 소멸하지 않고 인수하는 것으로 밝혀지는 경우들이 많다. 이때도 매각결정의 취소가 쉽지 않다. 보통 이런 인수권리가 존재할 때는 매각물건명세서의 하자가 존재해야 한다. 법원 입장에서는 낙찰자에게 인수되는 모든 권리의 검토는 법원의 책임이 아닌 입찰자의 책임으로 보기 때문이다. 따라서 이런 경우는 매각물건명세서의 하자를 찾기보다 민사집행법 121조1~7호까지의 사유를 하나씩 모두 대입하여 경매 자체의 흠결을 찾는 것이 더 빠를 수 있다.

셋째, 경매물건 자체의 하자

주거용 경매물건에서 대표적인 하자가 바로 내부 누수로 인한 목적물의 훼손이다. 법원의 현황 조사와 감정평가의 특성상 외부 조사(목적물과 일치)를 진행한다. 따라서 내부에서 일어난 하자의 경우 집행관과 감정평가사가 직접 확인하지 못한 과실로 보아 인정하는 경우(매각불허가결정, 매각허가결정 취소 인용)가 많다. 그러나 누수라고 해서 대충 낙찰자의 주장이 담긴 문서를 제출하는 것이 아니라, 목적물에 거주 중인 이해관계인의 의견서와 전문 업체의 소견서가 같이 첨부된 문서를 접수하는 게 훨씬 더 좋은 결과를 얻을 수 있다.

▲ 그림 2-21 매각불허가를 받은 사례

23

누수로 인한 매각허가결정 취소 사례

예상할 수 없었던 옥상 누수 물건

구축 아파트와 나홀로 아파트, 빌라의 경우 꼭대기 층에 누수가 발생했을 때 90% 이상이 옥상 바닥 면에서 발생한 누수일 가능성이 크다. 이런 건물들은 입주민도 적고 관리 주체도 부실하다 보니 공용부분 하자에 대한 대처가 다소 소홀할 수 있다. 그중 세대수가 제일 적은 빌라의 경우 별도의 관리주체 없이 한 호실의 입주민이 총무 겸 관리를 하는 경우가 많은데, 이때 옥상 누수가 발생했다 하더라도 직접적인 피해가 없는 1, 2층 입주민들의 협조를 얻기는 쉽지 않다.

〈그림 2-22〉는 나홀로 아파트 사례인데 문서상으로는 14층 중 13층이라고 나와 있지만 현황상으로는 13층 중 13층으로 꼭대기 층 호실이었다. 나홀로 아파트이긴 하지만 입지가 좋고 지하철역이 가까워 인근 주민들의 선호도가 높았다. 감정가 2억 6,600만 원에서 최저가 1억 7,000만 원까지 유찰되었고, 최종 2억 1,600만 원에 낙찰받은 물건이다.

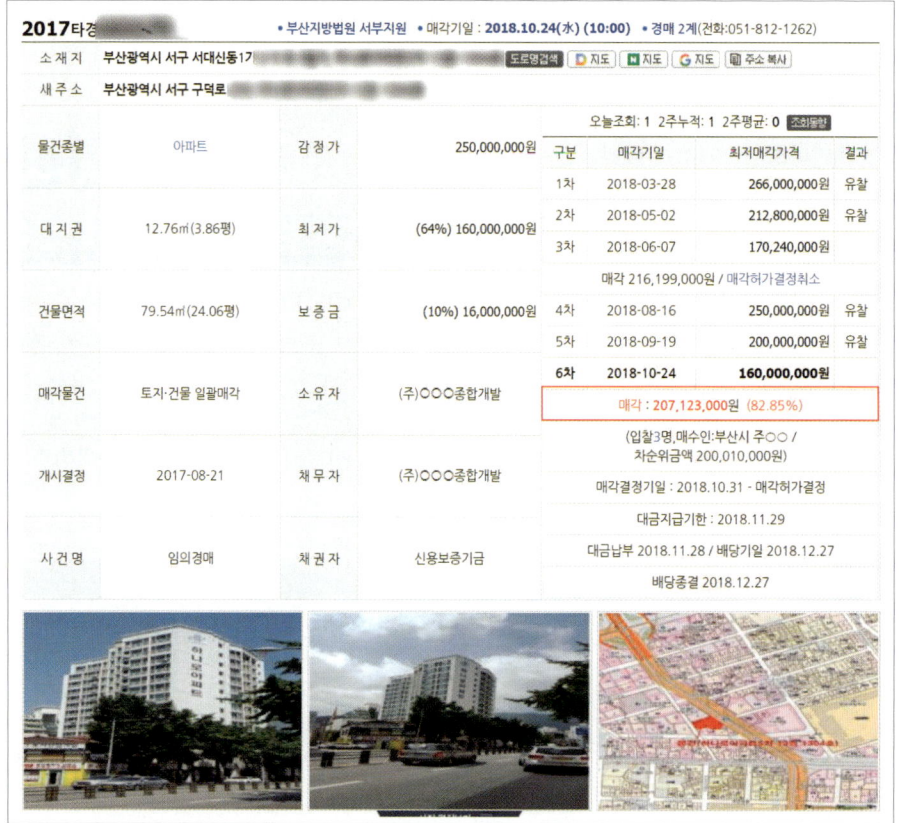

▲ 그림 2-22 해당 나홀로 아파트 경매 정보

    2018년 6월 7일 낙찰받은 후 당일 해당 물건을 찾아가 안내문을 부착하였다. 항상 입찰 전 명도의 난이도를 어느 정도 파악한 후 입찰을 진행하는데, 이번에 낙찰받은 물건은 점유자가 전액 배당받는 임차인으로 크게 손해 보는 게 없어서 낙찰자와의 협조가 원활해 보였다.

    안내문 부착 후 임차인과 연락이 되었으나 가정사로 인해 2주 뒤쯤 집을 보여줄 수 있다는 전달을 받았다. 그리고 2주 뒤 해당 호실 내부를 확인하던 담당 팀장님의 다급한 전화가 걸려 왔다.

> 김 팀장: 대표님, 김 팀장입니다. 지금 경매 낙찰받은 호실에 방문했는데 내부가 장난이 아닙니다!
> 필자: 내부에 어떤 문제가 있나요?
> 김 팀장: 이 집 옥상에서 물이 새서 거실이고 방이고 다 물바다입니다.
> 필자: 일단 내부 사진부터 촬영하시고 누수가 언제부터 일어났는지, 그리고 원인이 무엇인지 등 인근 누수 업체를 불러서 상황 정리부터 해봅시다.

내부를 확인하니 안방, 중간 방, 거실에 누수가 심각하여 임차인이 세숫대야를 바닥에 놓고 거주해 온 상황이었다. 안방 누수는 전선을 타고 물이 흘러들어와 감전의 위험이 있어 1년 동안 불을 켜지 않고 지내왔다는 기막힌 이야기를 들을 수 있었다. 그리고 해당 관리실에서는 누수 문제로 대대적인 보수 공사를 했지만, 공사 후 다시 재발하는 등 수년간 원인을 찾지 못하고 공사비용만 고스란히 날렸다고 푸념 아닌 푸념을 했다.

▲ 그림 2-23 내부와 옥상의 누수 촬영 사진

일반적인 세대별 전용부분 누수는 보통 윗집에서 물이 새는 아랫집 누수공사를 진행하고, 누수로 인한 피해 부분까지 다 보상해 주는 게 관례여서 윗집만 아니면 큰 문제가 되지 않는다. 하지만 이렇게 공용부분(옥상, 외벽) 누수의 경우 그 책임을 입주민 전체가 같이 해결해 줘야 하는 상황이어서 전용부분보다 해결이 쉽지 않다. 특히 옥상의 경우 바닥이 문제일 수도 있지만 난간 기둥, 외부 벽면의 크랙 부분에서 물을 먹고 들어오는 경우가 많아 원인을 잡아내기도 쉽지 않다.

매각허가결정 취소 신청 사유

▲ 그림 2-24 법원에서 매각허가결정 취소가 인용된 화면

해당 물건은 낙찰자의 자력으로 수선 자체가 불가능하며 누수로 인한 비용의 부담이 상당할 것으로 판단하여 매각허가결정 취소 신청을 진행했다. 매각허가결정 취소의 사유는 민사집행법 127조1항 낙찰받은 물건에 천재지변, 그 밖에 자기가 책임질 수 없는 사유로 부동산이 현저하게 훼손된 사실을 근거로 작성하였다.

또한 이를 입증해 줄 입주민의 의견서와 관리소장님의 진술서 그리고 해당 물건에 누수 탐침을 진행한 누수 업체의 소견서를 증거자료로 같이 제출했다.

해당 물건은 6월 7일 낙찰 후 2주 뒤 내부 현황을 파악하고 입증자료와 이해관계인의 동의서를 준비하여 7월 9일 신청서를 접수했다. 그리고 하루 만인 7월 10일 취소 결정이 내려지고 보증금을 환급받을 수 있었다.

이처럼 낙찰받은 물건에 누수 외 해결할 수 없는 하자가 발생하면 매각불허가 기간이 지났더라도 민사집행법 127조1항의 매각허가결정 취소 사유를 만들어 취소 신청을 할 수 있다. 하지만 잔금을 납부하면 매각 취소가 어려우니 잔금 전 꼭 해당 호실을 방문하여 내부 현황을 체크하자.

진성 유치권자가 있는 아파트 매각허가결정 취소

일반 임차인이 아니라 진성 유치권자

여느 때와 다름없이 경매물건을 검색하던 중 경북 경주시에 신축 나홀로 아파트가 눈에 들어왔다. 인구 25만 명의 도시인 경주는 관광지로 유명한 지역으로 2018년 과공급 이후 계속되는 입주 물량의 부족으로 2020년에는 서서히 부동산 매매 거래가 원활해지며 대장 아파트의 분양권 가격도 상승하기 시작한 때였다.

〈그림 2-25〉의 해당 물건은 감정가격 2억 1,000만 원에서 최저가격은 1억 원까지 유찰되어 있었다. 부동산 가격 조사 결과 1억 5,000만 원 이상의 가격으로 충분히 매도할 수 있다는 답변을 듣고 1억 677만 원에 낙찰받았던 물건이다.

그리고 입찰 전 경매물건의 권리관계를 분석해 보니 2020년 6월 18일 약 매각기일 열흘 전 유치권 신고가 있었고, 전기공사 업체에서 공사를 한 후 비용을 받지 못해 점유 중이란 내역이 확인되었다. 현장을 가기 전 해당 호수의 현황 조사와 감정평가서를 참고해 보니 유치권자의 점유가 아닌 일반점유자의 점유 및 미상으로 표시되어 있었다. 그러나 경매개시 전 유치권 신고의 표식도 없어 대수롭지 않게 생각했다. 현장 방문 시에도 유치권의 내용은 전혀 찾아볼 수 없어 낙찰 후 일반점유자를 상대로

임차인현황	(말소기준권리 : 2015.10.30 / 배당요구종기일 : 2019.04.03)					
임차인	점유부분	전입/확정/배당	보증금/차임	대항력	배당예상금액	기타
최○○	주거용 전부	전입일자: 2016.05.12 확정일자: 미상 배당요구: 없음	미상	없음	배당금 없음	
기타사항	■ 최○○:유치권 신고한 주식회사 ○○○의 대표이사임.					

• 등기부현황 (채권액합계 : 228,800,000원)

No	접수	권리종류	권리자	채권금액	비고	소멸여부
1(갑1)	2015.10.30	소유권보존	강○○			
2(을1)	2015.10.30	근저당	○○○신협	228,800,000원	말소기준등기	소멸
3(갑2)	2019.01.17	임의경매	○○○신협	청구금액: 179,605,849원	2019타경○○○	소멸

관련정보 [관련사건] 경주지원 2020타기○○○ 기타 사건검색

1) 임대관계 : 미상임.
2) 기 타 : 본건은 시건장치 및 거주인 부재(수회 방문)로 내부구조 및 내부마감재 등은 집합건축물대장등본상의 도면과 동단지내 동유형 아파트의 일반적인 사항을 기준으로 기재하였는 바, 참고하시기 바람.

▲ 그림 2-25 해당 호실의 점유자 최○○씨

명도를 진행한다는 전략하에 입찰을 진행했다.

낙찰 당일 단독으로 낙찰받고 명도를 위해 현장을 방문한 직원의 다급한 전화가 걸려왔다. 우리가 낙찰받은 해당 호실 방화문에 유치권자가 대문짝만 하게 유치권 현수막을 부착해 놓았다는 것이다.

다시 이 사건을 시간순으로 천천히 정리해 보자. 일단 해당 경매사건에 유치권 신고는 경매개시 열흘 전 신고되었고, 점유 여부 특정은 안 된 상황이었다. 그리고 현황조사 시에도 유치권자의 점유가 아닌 대항력 없는 일반인의 점유로 표시되어 있어 점유 관계를 미상으로 표시하였다.

그러나 유치권자는 물건 유치권의 표식 없이 해당 호실에 경매개시 전부터 적법한 점유를 하며 유치권 행사를 하고 있었다. 유치권자와 통화해 보니 유치권 소송에서 일부 원고 승소하여 적법한 권리의 유치권을 행사하는 진성 유치권자였다.

▲ 그림 2-26 유치권 현수막 촬영 사진

매각허가결정 취소 신청 사유

이번 사건은 뭔가 확실한 취소 사유가 없다 보니 유치권 신고에 대한 집행관과 법원의 접수 과정에서 놓친 부분을 찾아 그 부분을 강력히 어필하는 방법으로 진행해야 했다. 법원에 이미 유치권 신고가 접수된 상황이어서 유치권 신고로 인한 중대한 권리관계의 변동으로 취소 사유가 되려면 매각기일 전에 유치권 접수 자체가 없어야 했는데, 그 부분이 불가능해 보였기 때문이다. 그래서 일반 유치권 신고로 인한 매각불허가나 매각허가결정 취소 신청을 할 경우 기각될 가능성이 커 보였기에 최대한 빈틈을 찾기로 했다.

필자가 매각허가결정 취소를 신청한 원문의 내용의 핵심은 다음과 같다.

① 매각명세서상의 비고란에 '임차인 있음'과 '유치권 신고 있음'이 구분되어 적혀 있어 입찰자 입장에서는 유치권 신고가 되어 있는 물건에 임차인이 거주하는 것으로 판단할 수 있다.

② 입찰을 위해 유치권에 관련된 내용을 꼼꼼히 숙지하였고, 해당 물건지 현장도 재차 방문하였으나 유치권을 주장하는 표식이나 해당 호수 점유에 대한 부분을 확인할 수 없었다.

③ 해당 물건의 유치권자는 2016년 목적물을 인도하고 공사대금을 수취하라는 내용의 판결을 받은 바 있다. 이에 물건명세서상의 표기가 임차인 점유가 아닌 유치권자 점유로 표기되었다면 해당 물건의 입찰을 고려했을 것이다.

④ 이런 일반임차인과 유치권 신고를 별개로 기재한 것의 가장 큰 문제는 유치권의 성립 요건 중 민사집행법 328조의 '유치권은 점유의 상실로 소멸한다'이다. 임차인의 점유로 인해 유치권의 점유는 소멸한 것으로 해석할 수 있다는 내용으로, 처음부터 임차인의 표기가 유치권자로 되어 있었으면 입찰하지 않았을 것이다.

• 임차인현황 (말소기준권리 : 2015.10.30 / 배당요구종기일 : 2019.04.03)

임차인	점유부분	전입/확정/배당	보증금/차임	대항력	배당예상금액	기타
최○○	주거용 전부	전입일자: 2016.05.12 확정일자: 미상 배당요구: 없음	미상	없음	배당금 없음	
기타사항	☞ 최○○:유치권 신고한 주식회사 ○○전력의 대표이사임.					

• 등기부현황 (채권액합계 : 228,800,000원)

No	접수	권리종류	권리자	채권금액	비고	소멸여부
1(갑1)	2015.10.30	소유권보존	강○○			
2(을1)	2015.10.30	근저당	○○○○신협	228,800,000원	말소기준등기	소멸
3(갑2)	2019.01.17	임의경매	○○○○신협	청구금액: 179,605,849원	2019타경[illegible]	소멸
관련정보	[관련사건] 경주지원 2020타기[illegible] 기타 사건검색					
주의사항	☞유치권여지 있음-2020. 6. 18.자 주식회사 ○○전력으로부터 건물전체 공사대금 229.000.000원의 유치권신고가 있으며(대구지방법원 경주지원 2016가합[illegible] 일부 승소 후 항소심 진행중임) 대표이사 최○○가 이 부동산을 점유하고 있다고 함. ☞유치권배제 신청-2020. 12. 17.자 채권자 ○○○신용협동조합으로부터 주식회사 ○○전력이 유치권 신고한 금액 중 금157,971,900원에 대한 유치권 배제신청서 제출됨. [2020.12.17. 재작성]					

▲ 그림 2-27 매각허가결정 취소 후 유치권에 대해 추가로 표기된 부분

해당 사건의 매각허가결정 취소는 접수일로부터 약 5일이 지난 뒤 마침내 인용으로 결정되었다. 그리고 매각허가결정 취소 신청이 결정된 후 점유자 하단에 최○○은 유치권 신고법인의 대표이사이며 공사대금 소송의 항소심이 진행되고 있음을 알리는 문항이 매각물건명세서에 추가로 표기되었다.

경매를 하다 보면 예상치 못한 많은 사건이 발생한다. 그럴 때일수록 쉽게 포기하지 말고 침착하게 민사집행법 121조의 내용을 확인해 보자. 그러나 법원 인근의 가장 오래된 법무사를 찾아가는 것이 가장 빠른 방법일 수도 있다.

25 법원의 매각불허가결정을 활용한 단독 낙찰

법원의 절차상 하자

2022년 8월 창원시 의창구에 위치한 구축 빌라 경매물건이 감정가 1억 4,900만 원에서 최저가 7,600만 원까지 유찰되었다. 부동산중개사무소에 시세와 거래 가능 여부를 조사해 보니 위치가 좋아 내부 수리 후 싸게 물건을 내놓는다면 매매나 전세 거래가 가능할 것 같다는 답변을 들었다. 그리고 8,377만 원에 입찰하여 단독 낙찰 받았다.

빌라 연식이 오래되고 이름이 없는 빌라여서 아무도 입찰하지 않았나 보다 하고 다음 단계를 준비하고 있던 그때, 법원 경매계에서 전화가 걸려 왔다. 내용인즉 낙찰 받은 물건에 절차상의 하자가 있어 매각불허가결정을 하고 다시 매각해야 한다는 것이었다. 절차상의 하자는 채무자 송달이 제대로 이뤄지지 않았다는 것이었다.

보증금 환급 신청을 하며 곰곰이 생각해 보니 한편으로는 아쉽기는 하지만 매각불허가결정으로 다시 경매가 진행된다면 그전 입찰처럼 다음 입찰기일에도 아무도 입찰하지 않을 가능성이 99%였다.

보통 입찰자들이 경매물건을 볼 때 미납이나 불허가라는 문구가 있으면 물건에 하자가 있을 것으로 생각하고 입찰을 꺼리는 경향이 있다. 미납 건이야 90% 이상이 가격을 올려 썼거나 하자가 있는 물건이라는 게 예측되지만, 매각불허가결정의 경우 어떤 내용으로 매각을 취소했는지 알 수 없기 때문이다.

그렇게 이 물건은 다시 진행된 경매 입찰에서 최저가격인 7,600만 원에 단독 낙찰받아 기본 수리 후 2배 가격인 1억 4,000만 원에 전세 세팅을 했다. 법원의 매각불허가결정 신청으로 인해 기존 낙찰가격보다 약 700만 원이나 아끼게 되면서 수리비 일부를 충당할 수 있었다.

물건번호	감정평가액	기일	기일종류	기일장소	최저매각가격	기일결과
1	149,000,000원	2022.03.29(10:00)	매각기일	별관 제103호 입찰(배당)법정	149,000,000원	유찰
		2022.05.09(10:00)	매각기일	별관 제103호 입찰(배당)법정	119,200,000원	유찰
		2022.06.09(10:00)	매각기일	별관 제103호 입찰(배당)법정	95,360,000원	유찰
		2022.07.12(10:00)	매각기일	별관 제103호 입찰(배당)법정	76,288,000원	변경
		2022.08.25(10:00)	매각기일	별관 제103호 입찰(배당)법정	76,288,000원	매각
		2022.09.01(14:00)	매각결정기일	별관 제103호 입찰(배당)법정		최고가매각불허가결정
		2022.09.29(10:00)	매각기일	별관 제103호 입찰(배당)법정	76,288,000원	매각 (76,880,000원)
		2022.10.06(14:00)	매각결정기일	별관 제103호 입찰(배당)법정		최고가매각허가결정
		2022.11.02(18:00)	대금지급기한	경매8계		기한후납부
		2022.12.15(14:00)	배당기일	별관 제103호 입찰(배당)법정		진행

본 문서는 2022년 12월 15일 11시 기준으로 현재시점과 차이가 있을 수 있으므로 입찰전 반드시 확인후 입찰하시기 바랍니다.

▲ 그림 2-28 8월 25일 매각 완료 후 매각결정기일 전 매각불허가결정 완료

매각불허가결정이 된 물건을 입찰하는 경우 경매사건(매각물건명세서, 문건송달 내역)을 통해 내용을 알 수 없을 때는 해당 경매계에 전화해서 문의해 보자. 거의 대부분은 이해관계인이 아니면 알려줄 수 없다고 하겠지만, 일부 담당자는 알려주기도 한다.

또한 매각불허가결정의 이유가 낙찰자의 포기인지, 법원 절차상의 하자인지는 알려줄 의무가 있다. 이때 낙찰자의 포기라면 권리나 물건의 하자를 조사하고, 법원 절차상의 하자이면 매각불허가결정 후 하자가 정리돼서 나오는 것이 대부분이므로 문제없이 입찰할 수 있는 경우가 많다. 앞으로 매각불허가결정 신청이 되어 있는 경매물건이 나오면 필자가 알려준 방법으로 문의해 보길 바란다.

천재지변으로 인한 물건의 하자

경남 사천에 위치한 신축 빌라가 1억 4,800만 원에서 6,000만 원까지 유찰되었다. 인근은 농사짓는 전답이었지만 거래 사례와 부동산 가격을 참고해 보니 최저가격에 낙찰받는다면 수익이 보장된 물건이었다. 그래서 6,600만 원에 낙찰받았다.

해당 물건은 꼭대기 층이었는데 낙찰 당일 현장 방문으로 공실임을 확인한 후 내부를 보니 방 천장에 생각지도 못한 누수가 있었다. 누수 업체 조사 결과, 옥상 바닥면이 아닌 옥상 난간 기둥 면에 생긴 크랙이 문제라는 걸 확인할 수 있었다. 그래도 다행히 낙찰 후 2일 만에 누수 지점 확인부터 원인까지 파악했기 때문에 일단은 매각불허가결정 신청서를 작성하기로 했다.

누수로 인한 매각불허가결정은 쉽게 받아들여지는 편이지만, 깐깐한 사법보좌관의 경우 내용이 부실하면 바로 기각될 수 있다. 따라서 누수 전문 업체의 소견서와 해당 빌라에 거주 중인 입주민들의 의견서를 첨부해 제출했다.

낙찰 후 일주일이란 짧은 기간 안에 누수 탐지, 소견서, 매각불허가결정 신청서 작성 및 제출 그리고 결정을 받기까지 긴장의 연속이었다. 하지만 좋은 결과로 이어져서 다행이라고 생각한 찰나, 예상치 못한 채권자의 항고가 접수되었다.

2020.05.08	최고가매수신고인 부동산 훼손에 의한 불허가신청 제출	
2020.05.13	채권자 승○○○○○○○ 열람및복사신청 제출	
2020.05.18	채권자 승○○○○○○○ 매각불허가결정에 대한 즉시항고장 제출	
2020.05.18	채권자 승○○○○○○○ 매각불허가결정에 대한 즉시항고장 제출	
2020.06.01	채권자 승○○○○○○○ 보정서 제출	
2021.03.15	법원 창○○○○○ 소송기록송부서 제출	
2021.03.24	최고가매수신고인 매수신청보증금환급신청서 제출	

▲ 그림 2-29 채권자의 매각불허가결정에 대한 항고 접수

　　매각불허가결정으로 매각결정이 취소되어 새 매각이 이뤄지면 가장 큰 손해를 보는 측은 채권자일 것이다. 그도 그럴 것이 해당 물건에 대출을 진행해 준 은행의 채권 최고액은 1억 2,600만 원으로 이번 회차에 낙찰된 6,637만 원에 비해 원금 회수가 턱없이 모자란 수준이었다. 그런데 누수로 인한 매각불허가결정까지 내려지면 낙찰 가격이 더 낮아질 것이어서 채권원금 보호를 위해서라도 어떻게든 매각불허가결정을 취소시켜야 했을 것이다.

　　채권자의 항고 신청 후 약 10개월간의 기나긴 기다림 끝에 결국 항고는 기각되고 매각불허가결정은 그대로 진행되는 것으로 마무리되었다. 자칫 잘못했으면 원심의 매각불허가결정이 뒤집힐 수도 있는 상황이었지만, 누수 전문가의 소견서와 해당 빌라 입주자들의 동의서가 민사집행법 121조6항의 내용을 단단히 뒷받침해 줬다는 생각이 든다.

26

입찰가 잘못 적은 물건 경매 취하 후 매도 수익 완성

입찰가 500만 원이 5,000만 원이 되다

2023년 가을, 회사 실장님에게서 다급한 전화가 왔다. 부산에서 순천까지 직접 입찰을 간 회원님이 오늘 낙찰받았는데 입찰가를 잘못 썼다는 것이다. 순간 여러 가지 생각(입찰표 전날 작성, 입찰표 작성 후 사진 확인, 대리 입찰위임)이 머릿속을 스쳤으나, 일단 사건의 문제를 해결하기 위해 해당 물건부터 살펴보았다.

〈그림 2-30〉의 물건은 순천에 위치한 아파트로 감정가격은 1억 7,500만 원, 최저가격은 9,800만 원이었다. 예상 매도가격은 1억 3,500만 원이어서 회원님께 전달한 입찰가격은 1억 577만 원이었다. 그런데 577만 원을 5,770만 원으로 잘못 적은 것이었다.

놀란 회원님을 진정시키고 우선 매각불허가결정 신청을 위해 필요한 해당 경매물건 사건을 열람해 복사해 오라고 전달했다. 사건 내용은 법원 특성상 점심시간이 끝난 오후 2시쯤부터 열람할 수 있다. 그리고 사건 내용과 함께 해당 등기부를 검토해 보았다.

낙찰가격이 1억 5,700만 원인데 등기부 채권액이 1억 5,600만 원이었다. 등기부

▲ 그림 2-30 입찰가 표기를 실수해 낙찰된 매물

내역만으로는 가망이 없는 물건이었다. 보통 경매가 진행 중인 사건을 취하하고 매입하는 작업을 할 때는 현재 시세 대비 채권액이 적어야 가능한데, 현 시세(1억 3,000만 원)보다 2,600만 원이나 더 많은 채권이 기재되어 있어 매각불허가결정 외엔 방법이 없어 보였다.

그래서 다음 단계로 소유자와 채무자에게 정상적인 방법으로 송달이 되었는지를 확인해 볼 필요가 있었다. 만약 송달이 제대로 안 됐다면 법원의 절차상 하자로 매각불허가결정 신청을 하기 위해서였다. 하지만 송달 과정에 하자가 없어 그다음 단계로 채권자 접촉을 시도했다.

그 외 근저당권자들의 채권최고액(보통 근저당의 채권최고액은 원금의 120~130%)이 아닌 현재 원금액을 알아볼 필요가 있었다. 그리고 대출이 있는 상태에서 소유권 이

전이 이뤄진 정황과 경매 신청 채권자에게 접촉하여 경매사건의 내용과 채무자에 대한 조사부터 하나씩 진행하기로 했다.

회원님이 순천법원에서 계속 사건열람을 하면서 보내준 자료를 검토하던 중 운 좋게 해당 경매사건 신청을 위임하여 진행한 법무사 사무실의 연락처를 알게 되었다. 담당자와 통화하니 1순위 대출금액이 얼마 안 된다는 귀한 정보를 입수할 수 있었다. 그 후 담당 은행에 전화해서 채무자의 대출 원금을 알아보려 했으나 개인정보의 이유로 알아내지 못하고 있었는데, 마침 채무자의 송달 내역에 적힌 핸드폰 번호가 눈에 들어왔다.

오랜만에 정신을 집중했다. 단 한 번의 통화로 보증금을 날릴 수도, 반대로 지킬 수도 있는 상황이어서 최대한 채무자에게 호의적으로 접근해서 1순위 대출 원금을 알아내야 했다.

- **임차인현황** (말소기준권리 : 2013.09.25 / 배당요구종기일 : 2023.05.15)

===== 조사된 임차내역 없음 =====

| 기타사항 | ☞본 건 부동산에 임하였으나 채무자 및 점유자를 만나지 못하여 현관문에 안내문을 남겨 두었으나 연락이 없음. 전입세대확인서를 확인한바 소유자 신○○ 세대가 전입이 되어 있어 전입세대확인서 및 주민등록표등본을 보고함 |

- **등기부현황** (채권액합계 : 156,000,000원)

No	접수	권리종류	권리자	채권금액	비고	소멸여부
1(갑4)	2013.09.25	소유권이전(매매)	양○○		거래가액 금135,000,000원	
2(을9)	2013.09.25	근저당	○○은행	96,000,000원	말소기준등기	소멸
3(을11)	2014.03.11	근저당	신○○	40,000,000원		소멸
4(을12)	2017.11.20	근저당	변○○	20,000,000원		소멸
5(갑5)	2018.10.01	소유권이전(매매)	신○○		거래가액:145,000,000	
6(갑8)	2023.02.16	임의경매	신○○	청구금액: 32,335,616원	2023타경■■■	소멸

| 주의사항 | ▶관리사무소에 문의한 바 미납된 관리비는 없다고 진술하였음. |

▲ 그림 2-31 해당 건물의 등기부 현황

고민 끝에 경매 전문 부동산중개사무소 대표로 나의 신분을 설정한 후 채무자에게 전화를 걸었다. 경매로 나와 있는 집을 좋은 가격에 살 사람이 있다고 하니 아직 낙찰된 사실을 모르는지 어느 정도 가격에 살 수 있는지 물었다. 다행이었다. 바로 준비된 대사를 읊었다. "요즘은 경기가 좋지 않아 경매가격이 많이 떨어지는데 경매가격보다는 비싸게 매입할 수 있습니다. 채권 금액만 적으면 등기부에 있는 권리를 우리가 다 인수하고 최소 300만~500만 원 정도는 챙겨드릴 수 있을 것 같아요"라고 하니 그렇게 진행해 보자는 답변이 왔다.

이제 가장 중요한 대출 원금이다. "제가 법무사를 통해 들어보니 1순위 ○○은행에 설정된 채권최고액의 대출 원금이 얼마 되지 않는다고 들었는데, 지금 남아 있는 원금이 얼마나 될까요?"라고 물어보니 5,000만 원이 안 된다는 답변이 들려왔다.

순간 빠르게 등기상의 금액을 계산했다. 5,000만 원, 4,000만 원, 2,000만 원으로 총 1억 1,000만 원이었다. 이 금액이라면 경매를 취하하고 해당 물건을 매입한 후 다시 일반 매매로 진행하면 충분히 보증금을 지킬 수 있을 것이란 확신이 들었다. 그래도 혹시 모르니 채무자에게 매달 이자를 납부한 내역과 원금이 기재된 자료를 요청했고, 흔쾌히 입출금 내역을 보내주었다.

경매 취하 후 일반 매매로

이제 1순위 대출 원금을 알아냈으니 본격적으로 해당 물건의 전체 채권 금액을 정리하여 채권 매입부터 매도까지의 실익을 계산할 필요가 있다. 우선 등기부에 기재되어 있는 근저당은 1순위 ○○은행 4,600만 원(원금), 2순위 신○○ 3,700만 원(원금), 3순위 변○○ 500만 원(원금)으로 총 8,800만 원이다(그림 2-31). 여기에 경매 비용과 근저당 매입비용 2건, 경매 취하 비용(법무비) 등을 합치니 9,700만 원 정도가 예상되었다.

2순위 채권자이면서 경매 신청 채권자와는 3,700만 원에 근저당을 매입하기로

매매 실거래가		2024.10. 국토교통부 기준
계약월	매매가	
2024.08.	1억 7,300(7일,10층)	
2024.04.	1억 4,000(17일,15층)	
2024.03.	1억 3,800(23일,5층) ← 1억 880(5일,5층)	
2024.02.	1억 4,700(14일,13층)	

▲ 그림 2-32 최종 매입 금액

결정했고, 해당 법무사를 통해 채권 매입 및 경매 취하 작업을 같이 진행하기로 했다. 그리고 3순위 채권자의 근저당 2,000만 원을 500만 원에 가져오게 되었다.

이제 채무자를 설득하여 매매계약만 하면 되는 상황에서 갑자기 생각지 못한 변수가 일어났다. 바로 해당 경매물건에 부과된 지자체의 세금이었다. 채권 금액을 계산할 때 등기부만 참고하고 채권계산서를 살피지 않은 것이 화근이었다. 경매사건을 다시 열람해서 지자체의 채권계산서를 확인해 보니 총 3건의 세금이 부과되어 있었다. 다행히 총금액은 1,000만 원 선이어서 경비 포함 총 1억 800만 원에 해당 경매물건의 소유권을 이전해 올 수 있었다. 그리고 부동산에 내놓은지 한 달이 채 되지 않아 1억 3,800만 원에 매도해 약 3,000만 원의 추가 수익까지 남길 수 있었다.

이 사례는 입찰가의 오기로 보증금을 날릴 뻔한 사례다. 하지만 현실의 경매시장에서는 매도가격 조사의 부족이나 수익성 분석이 미진하여 생긴 실패 사례가 훨씬 많다. 경매를 잘한다고 투자를 잘하는 것이 아니다. 경매 기본기를 튼튼히 채운 뒤 투자 공부에 집념해야 실수하지 않고 경매 수익을 달성할 수 있다.

/ 7장

명도의 신이 알려주는
마음 편한 명도 노하우

27

3,000건 명도 후 알게 된 초단기 명도 협상의 비밀

경매와 공매의 명도 차이

경매투자는 '물건 조사-낙찰-대출-잔금-명도-인테리어-매도-절세'를 거쳐 '수익'으로 마무리된다. 이 중 가장 중요한 부분은 저가 낙찰과 안전한 매도 수익이다. 이 과정에서 명도가 얼마나 힘들었든, 인테리어가 얼마나 잘됐든 결국 매도 후 수익 발생 여부에 따라 투자의 결과가 달라지기 때문이다.

명도를 잘한다는 것은 최소한의 비용으로 얼마나 빠른 기간 안에 점유자를 이사시킬 수 있느냐에 달려 있다. 경매는 민사집행법 136조에 인도명령이라는 제도를 두어 낙찰자에게 집행할 수 있는 권원을 신청만 하면 바로 받을 수 있도록 하였다. 이는 신속한 집행 제도의 우선권을 주어 낙찰자가 빠르게 목적물을 이전받을 수 있게 한 것이다.

반면, 공매(압류재산 공매)의 경우 낙찰자가 직접 명도 소송을 진행하여 승소 판결을 받은 후 집행을 시작해야 하는 번거로움이 있다. 이렇게 명도 소송을 진행하게 되면 평균 4~8개월 정도가 소요되며, 명도 상대방이 답변서를 제출해 소송을 길게 끌기 시작하면 몇 개월이 훌쩍 지나가 버리기도 한다.

그러나 경매의 인도명령을 활용하면 낙찰 후 잔금을 납부한 뒤 채무자의 경우는 인도명령 신청 후 당일이나 익일, 그리고 임차인의 경우는 배당기일 익일에 웬만하면 인도명령 신청에 대한 결정이 난다. 따라서 공매의 명도 소송보다 굉장히 빠른 기간 안에 상대방에 대한 집행 신청이나 그 외 절차들을 진행할 수 있다.

명도의 핵심은 송달이다

많은 경매 투자자가 명도 상대방과 서로 기분 좋고 깔끔하게 명도하는 것을 꿈꾼다. 하지만 개인적으로 경매에서 아름답고 기분 좋은 명도는 없다고 생각한다. 경매의 목적이 수익이라면 빠른 기간 안에 상대방의 점유를 이전시켜야 그다음 단계를 진행할 수 있다. 그래서 명도는 잔금 전 점유자를 만나는 것이 아닌, 잔금 납부 후 인도명령을 신청하고 송달을 보내는 시점부터 시작된다고 할 수 있다.

실제 점유자에게 인도명령결정문이 송달되고 낙찰자에게 집행권원이 생기면 낙찰자는 그전에 가지지 못했던 가장 큰 무기를 가질 수 있다. 권원으로 집행 계고를 하고 강제 개문을 할 수 있게 되면 90%의 확률로 점유자와 명도 협의가 가능하다. 그래서 명도에서 가장 중요한 핵심은 인도명령결정문의 송달이라고 볼 수 있다.

낙찰자가 아닌 대리인이 되자

낙찰자 입장에서 명도를 진행하면 일정이나 금액을 빨리 결정할 수 있다는 장점이 있다. 하지만 점유자와 낙찰자 간에는 어쩔 수 없이 악감정이 조금씩은 있기 마련이어서 명도를 진행하는 내내 불편한 상황에서 연락을 주고받아야 한다.

반대로 내가 낙찰받았지만 대리인의 입장이 되어 명도를 진행하면 대화로 점유자의 편에서 명도를 진행해 줄 수 있는 입장이 되기에 조금 더 가벼운 마음으로 의사소통을 할 수 있다.

점유자: 낙찰자와 이사비용은 어떻게 협의가 되었습니까?
대리인(낙찰자): 네, 저녁에 통화된다고 하니 통화 후 결과 알려드릴게요.
점유자: 네, 잘 말해주세요.
대리인(낙찰자): 150만 원까지 절충했습니다.
점유자: 네, 알겠습니다.

이사비용을 조정하는 과정에서 점유자는 대리인, 즉 낙찰자에게 이사비용을 많이 받을 수 있게 말을 잘 해달라는 부탁을 했다. 그러자 대리인은 150만 원까지 절충했다고 전달하면서 명도를 마무리했다.

만약 같은 상황에서 낙찰자와 점유자가 직접 대화한다면 어떻게 될까? 낙찰자가 이사비용으로 150만 원을 제시한 상황에서 점유자가 다시 200만 원을 요구한다면 낙찰자는 거절로 대화를 시작할 수밖에 없다. 같은 150만 원이라도 대리인의 역할이었을 경우 낙찰자를 설득해 얻어낸 비용이므로 점유자인 대리인에게 오히려 고마움을 느낄 것이다.

명도에는 삼자화법이 필요하다. 점유자와 낙찰자가 아닌 점유자와 대리인으로 진행하는 명도가 훨씬 더 깔끔하게 마무리되는 경우가 많다. 그러니 명도를 시작한다면 그날부터 새로운 경매 전문가의 명함을 만들도록 하자.

낙찰자는 점유자의 소유권자가 아니다

약 15년간 낙찰과 명도를 진행하면서 정말 많은 점유자를 만나왔다. 그때마다 상대방이 강하게 나오면 똑같이 강하게, 그렇지 않으면 최대한 해줄 수 있는 만큼의 편의를 봐 드리며 명도를 진행했다.

7년 전 낙찰받은 구축 아파트 채무자의 아들분이 아버지의 마지막 남은 기간까지만 이 집에서 모시고 싶다는 간곡한 부탁을 거절하지 못해 아직 임대를 주고 있는 집이 있다. 그때 얘기로는 임종까지 1~2년 정도였는데 지금도 건강하게 잘 사시니, 필자의 수익보다 어르신의 행복이 우선이라고 생각하여 큰 미련은 없다.

물론 낙찰받은 집마다 점유자 편에서 처신한다면 경매투자 사업은 파산할 것이다. 이 사례를 통해 말하고 싶은 것은 명도할 때 서로 동등한 입장에서 최대한 예의 있게 진행할 필요가 있다는 것이다.

2019년 울산에서 아파트를 낙찰받은 낙찰자가 저녁 식사 시간에 해당 호실을 방문하여 명도를 재촉하다 점유자의 흉기에 찔려 사망한, 무척 안타까운 사건이 있었다. 물론 그 안의 진실은 사건 당사자만 알 수 있겠지만, 저녁 시간에 현장을 찾아가서 이사를 재촉해 상대방의 감정을 건드릴 필요가 있었을까 하는 아쉬움이 든다.

명도는 법원의 절차를 활용해 최대한 예의 있게 진행해야 한다. 혹여라도 상대방이 감정에 휩쓸려서 좋지 않은 언행이나 행동을 하더라도 거기에 대응하기보다 집행권원의 문서와 법원 집행관을 통해 명도를 진행하는 편이 훨씬 더 안전하고 빠를 수 있다. 언제나 안전이 우선이다.

28 잔금납부 전 명도 진행 절차: 현장 방문, 내용증명 발송

명도 절차와 주의점

낙찰 후 배당기일까지의 소요기간은 낙찰 후 60일 정도이며, 배당이 완료되면 민사집행법상 경매 절차는 끝난 것으로 본다. 하지만 경매물건의 점유자는 잔금납부나 배당기일이 완료된다고 하더라도 낙찰자 측에서 별도의 명도를 진행하지 않는다면 계속해서 점유할 수 있다. 따라서 낙찰 후 명도의 시작을 언제부터 해야 할지, 그리고 잔금납부 전과 잔금납부 후 각각 어떤 절차로 진행해야 하는지에 대해 알아보자.

경매물건 점유자(임차인, 채무자, 불법점유자)에 대한 명도 진행은 빠르면 빠를수록 좋다. 그래서 보통 낙찰 당일에 안내문을 첨부하여 현장을 방문하는 경우가 많은데, 항상 채무자의 취하 가능성을 미리 검토한 뒤 현장을 방문해야 경매 취하로 이어지지 않을 수 있다.

예를 들어 시세가 2억 원이고 낙찰가가 1억 5,000만 원인 아파트가 있다. 이 물건의 등기상 채무가 8,000만 원밖에 되지 않는다면 채무자 입장에서는 굳이 경매로 처분하기보다는 부동산중개사무소에 일반 매매로 내는 편이 훨씬 더 유리하다. 그럼에

❖ **명도 실무 절차**

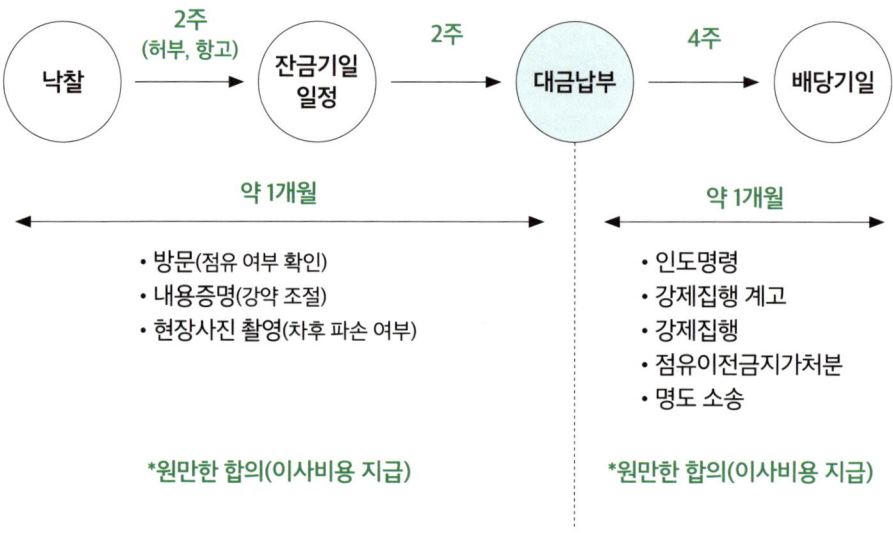

 도 경매를 진행시킨 이유는 당장 채무변제를 위한 자금이 없고, 매도가 쉽지 않았기 때문일 것이다. 그런데 막상 낙찰되고 나니 시세보다 낮게 팔려서 금전적인 손해와 당장 집을 구해야 하는 현실적인 문제들을 만나게 된다. 이런 상황에서 낙찰 후 바로 경매물건 현장을 방문하면 잔금납부가 불가능한 2주간의 매각결정 및 매각결정허가 기간 안에 채무자의 경매 취하가 진행되기도 하니 참고하기 바란다.

 낙찰 당일부터 잔금 전까지는 경매물건의 소유자가 아닌 아직 낙찰자의 신분이어서 소유권을 필요로 하는 각종 서류 발송(소송) 등의 행위는 제한된다. 하지만 낙찰자의 신분으로 가능한 현장 방문, 대화(협상), 안내문(내용증명) 발송 등은 할 수 있다.

 그럼 낙찰 당일부터 잔금납부 전까지 어떤 단계로 명도를 진행해야 하는지 순서대로 알아보자.

♦잔금 전 명도 진행 절차
① 점유자 연락처 확보 → ② 방문 → ③ 미거주 시 안내장 및 내용증명 발송 → ④ 현장사진 촬영(차후 파손 및 중요 물품 도난 방지) → ⑤ 원만한 합의(이사비용과 명도확인서 지급)

1. 점유자 연락처 확보

점유자의 유형은 3가지로 나눌 수 있다. 첫째는 채무자(소유자) 외 가족, 둘째는 임차인, 셋째는 신원을 알 수 없는 불법점유자다.

① 소유자

소유자 명도는 상대방의 연락처를 알아내는 작업부터 시작한다. 우선 소유자의 경우 법원에 방문하여 경매사건 열람을 해보면 연락처가 기재되어 있는 경우가 드물다. 따라서 현장을 방문해 연락처를 알아내는 방법을 주로 활용한다. 그중 가장 빠른 방법은 해당 호실(방화문)에 낙찰 안내문을 부착하는 것이다. 안내문에는 경매물건 낙찰 후 현장 방문하였으나 부재중이라 메모를 남긴다는 내용을 전달하면 50% 이상이 연락을 한다.

② 임차인

정상적으로 임대차 계약을 진행한 임차인이라면 명도 시 법원에 보증금에 대한 배당요구 신청을 할 것이다. 배당요구 신청서 접수 시 임대차 계약서 사본을 같이 첨부해야 하는데, 해당 법원 경매계에 사건열람을 신청하면 계약서상의 임차인과 임대인의 연락처를 알아낼 수 있다. 그러나 만약 배당을 받지 못하거나 대항력이 있어 배당요구를 하지 않은 임차인이라면 현장을 방문하여 안내문을 부착하거나 직접 만나보는 방법을 활용할 수 있다.

③ 불법점유자

명도를 진행하다 보면 채무자도 아니고 임차인도 아닌 신원을 알 수 없는 점유자들이 있는데 명도 과정에서 볼 때 가장 난이도가 높다고 할 수 있다. 명도의 핵심은 상대방에게 인도명령결정문을 송달하는 것인데 신원을 특정할 수 없으니 인도명령 시작부터 어렵다. 인도명령 신청과 부당이득 반환청구, 부가적인 소송을 위해서라도 점유자를 특정해야 한다. 안내문 부착을 기본으로 하고 택배나 우편물에 있는 연락처, 쓰레기봉투(영수증 외 연락처 있을 수 있음), 관리실을 통해 본인의 연락처를 점유자에게 전달해야 한다.

▲ 그림 2-33 안내문에는 경매사건번호와 낙찰 내용, 연락처를 남긴다.

2. 내용증명 발송

경매 낙찰 후 상대방에게 발송하는 내용증명은 법적인 효력이 없다. 그래서 보통 절차의 진행을 알리거나 법적인 행위를 실행할 수 있다는 경고성으로 내용증명을 작성하여 발송하는 게 관례이다. 내용증명을 보낼 필요가 없는 상대방에게는 구두로 의사를 전달하면 된다.

특히 전액 배당이나 일부 배당을 받는 임차인처럼 명도확인서 교부 절차만 진행해도 명도가 가능한 상대방의 경우 굳이 경고성의 내용증명을 보내기보다 간단한 통화만으로 명도를 진행할 수 있다. 반면 채무자(소유자)와 배당받지 못하는 임차인, 불법 점유자의 경우에는 빠른 협의와 명도 진행의 시작을 고지하기 위해 내용증명을 발송하는 것이 시간을 아끼는 방법이다.

내용증명은 특별한 양식이 없다. 사실관계를 중심으로 시간순으로 낙찰부터 집행까지의 절차를 정리하고 소유권 이전(잔금납부)일 이후부터 발생하는 부당이득 금액과 강제집행 시 발생하는 비용들을 명시하면 상대방의 빠른 이사를 종용할 수 있다. 내용증명 작성이 완료되면 2부를 더 복사해 총 3부를 우체국에 접수한다. 1부는 상대방, 1부는 신청자 그리고 마지막 1부는 우체국에서 보관하는데 3년간 보관된다.

내용증명의 경우 상대방에 따라 내용을 강하게 보내야 할 때가 있고, 간단한 안내 문구로만 보낼 때가 있다. 강한 어조의 내용증명인 경우에는 낙찰자가 할 수 있는 사항들을 강조하면 명도 소송 전 빠르게 협의를 끌어낼 수 있는 카드가 될 수 있다.

29 잔금납부 후 채무자 명도 진행 절차: 인도명령 신청, 집행 계고

빠른 명도가 수익률을 결정한다

평균 10건의 물건을 낙찰받아 명도를 진행하면 그중 7건 정도는 수월하게 진행되지만, 2~3건 정도는 정말 어렵게 수많은 사건 사고를 거쳐야 명도가 완료되는 경우가 많았다. 그래서 입찰 전 경매사건을 참고해도 채무자의 경우 직접 부딪히기 전까지는 명도의 난이도를 판단할 수 없다.

앞서 말했듯 명도가 늦어지면 나머지 공정들도 다 밀리게 되어 수익률이 낮아질 수밖에 없다. 그래서 잔금 전까지 이사 협의가 되지 않았다면 잔금 납부 후에는 빠르게 집행권원을 만들어 상대방을 압박한 후 협의를 끌어낼 필요가 있다.

명도의 핵심은 결국 인도명령결정문을 상대방에게 송달하는 것이라고 강조했는데, 보통 90% 이상의 명도 협의가 강제집행 계고 후 이뤄지기 때문이다. 집행 계고 시 상대방이 압박을 느끼는 이유는 낙찰자가 강제로 우리 집 문을 열고 들어올 수 있다는 것과 2주 후 강제집행을 당할 수 있다는 불안감 때문이다. 이 방법이 대화를 단절하고 일방적으로 명도를 진행한다는 점에서 인간미가 없긴 하지만, 빠른 기간 안에 큰 감정 소모 없이 명도를 완료할 수 있다는 장점이 있다.

♦경매와 공매의 잔금 후 명도 진행 절차
1. 경매 : ① 인도명령 발송 → ② 강제집행 계고 → ③ 강제집행 실시 또는 원만한 합의(이사비용 지급)
2. 공매 : ① 점유이전금지 가처분(주민등록×, 전입×, 명도 소송 시) → ② 명도 소송(인도명령×, 공매) → ③ 강제집행 계고 → ④ 강제집행 실시 또는 원만한 합의(이사비용 지급)

자, 그럼 인도명령 신청 방법부터 송달 절차 그리고 집행문과 송달증명을 발급받은 후 강제집행 신청까지의 과정을 하나씩 알아보자.

1. 인도명령

① 인도명령 발송

민사집행법 136조 인도명령에 대한 내용을 보면 매수인은 낙찰 후 잔금납부일부터 6개월 이내에 인도명령 신청을 해야 한다. 이 6개월이 지나면 신청이 불가능해 명도 소송을 제기해야 한다. 일반적으로 인도명령 신청은 잔금납부 당일에 대출은행 법무사에게 위임하여 진행하기 때문에 인도명령 기한을 놓치는 경우는 거의 없다. 하지만 6개월 이내라는 점을 꼭 체크해야 한다.

다만 점유자가 대항력 있는 임차인이나 유치권자일 경우 인도명령 신청을 해도 결정을 바로 내릴 수 없다. 이때에는 법원에서 심문기일을 잡아 신청인과 상대방을 법원에 출석시켜 진위를 가린 후 인도명령 결정을 진행한다.

반면 채무자 외의 점유자(대항력 없는 임차인, 불법점유자)는 인도명령 신청을 했어도 법원에서 바로 결정하지 않는다. 심문 결정을 통해 배당기일이 지난 이후에 인도명령 결정이 진행된다. 이 조항이 생기기 전에는 경매 낙찰자의 잔금납부와 동시에 인도명령 신청이 결정되어 임차인이 보증금을 배당받기도 전에 명도가 진행되는 경우가 많았다. 이에 대한 임차인의 항고가 굉장히 많았기에 법원에서는 채무자 외의 점

부동산인도명령신청서

수입인지
1,000원

사건번호 : 20 타경 부동산강제(임의)경매

신 청 인 : ○ ○ ○

(주소)

피신청인 : ○ ○ ○

(주소)

신 청 취 지

피신청인은 신청인에게 별지 목록 기재 부동산을 인도하라는 재판을 구합니다.

신 청 이 유

위 사건에 관하여 신청인(매수인)은 20 . . . 매각대금을 낸 후 피신청인(□채무자, □소유자, □부동산 점유자)에게 별지 기재 부동산의 인도를 청구하였으나 피신청인이 이에 불응하고 있으므로, 민사집행법 제136조 제1항의 규정에 따른 인도명령을 신청합니다.

20 . . .

신청인(매수인) (서명 또는 날인)

(전화번호 :)

○○지방법원 (○○지원) 귀중

▲ 그림 2-34 인도명령 신청서 서식

유자에 대해서는 심문 절차를 진행하여(명도가 불가능함) 배당기일이 지난 후에 결정을 진행한다는 조항으로 바꾸었다.

인도명령 신청은 법원 사이트에 있는 경매서식을 활용하여 작성할 수 있다. 사건번호, 신청인과 상대방 그리고 채무자와 점유자를 특정한 후 잔금납부와 동시에 신청하면 된다.

② 인도명령 성립 요건

인도명령의 성립 요건은 인도명령 상대방에게 송달이 완료되는 것이다. 어떤 방식으로든 상대방에게 송달하지 않으면 법원을 통한 집행 절차는 절대 진행할 수 없다. 그래서 인도명령을 신청하여 결정받는 일은 특별한 사정이 없는 한 신청만 하면 자동으로 접수되고 인용된다. 하지만 그 결정문을 상대방에게 도달시키는 과정은 본인의 재량이다.

③ 일반송달

법원에서는 인도명령 신청서가 접수되면 인도명령에 대한 사건번호를 부여한다. '나의 사건검색'에 이 사건번호를 입력하면 인도명령 결정 여부와 송달 진행 내용을 확인할 수 있다. 나의 사건검색은 인터넷 창에 이 문구 그대로 검색하면 대법원 사이트로 연결된다.

필자의 사건 진행 내용을 검색해 보았다(그림 2-35). 경매12계에서 진행 중인 부동산 인도명령 사건은 2024년 7월 10일 접수되어 7월 12일에 인용되었다. 7월 12일이 금요일이니 다음 주 월요일인 7월 15일부터 송달을 진행할 것으로 예상할 수 있다. 이렇게 법원에서 첫 번째로 보내는 송달을 '일반송달'이라 하며 송달의 주체는 우체국이다.

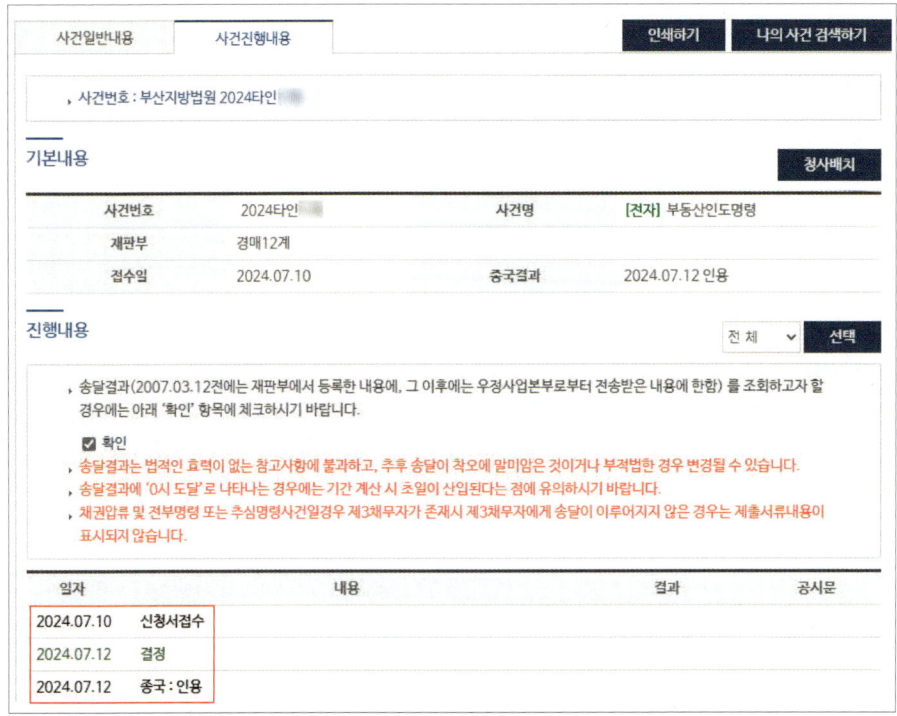

▲ 그림 2-35 인도명령 사건 진행 내용

④ 특별송달

일반송달이 한 번에 마무리되는 경우도 있지만 우체국에서 방문하는 시간대(오후 2~5시)에는 부재중일 때가 많아 폐문부재(문이 잠겨 있고 사람이 없음)로 진행되는 경우가 대부분이다. 계속 폐문부재일 경우 낙찰자는 재송달(일반송달)을 신청하거나 법원의 집행관이 진행하는 '특별송달'을 신청할 수 있다.

특별송달의 경우 같은 방법으로 송달을 보내는 재송달 신청이 있고, 다른 주소지에 거주하고 있다면 주소를 수정하여 실거주지로 송달할 수 있다. 또 오전과 오후로 나누어 주간 송달, 야간 송달을 진행할 수 있고 주말에 보내는 휴일 송달을 진행할 수 있다.

⑤ 공시송달과 발송송달

인도명령 신청 후 진행 상황을 체크하여 상대방이 송달받았다면 빠르게 집행 신청을 한다. 반면 송달을 받지 않는다면 일반송달에서 특별송달을 거쳐 공시송달이나 발송송달을 통해 송달 절차를 완료해야 한다. 이때 담당 계장에게 정상적인 방법으로 송달이 불가하다는 것을 계속 어필해야 빠르게 공시송달 단계로 진행할 수 있다.

일자	내용		결과	공시문
2018.03.19	신청서접수			
2018.03.20	결정			
2018.03.20	신청인1	에게 결정정본 송달	2018.03.23 도달	
2018.03.20	피신청인1	에게 결정정본 송달	2018.03.27 폐문부재	
2018.03.20	종국 : 인용			
2018.03.29	신청인	집행문및송달증명		
2018.03.29	피신청인1	에게 결정정본 송달	2018.04.06 폐문부재	
2018.04.06	피신청인	에게 결정정본 발송 (공시송달)	2018.04.21 0시 도달	📄

▲ 그림 2-36 공시송달

공시송달은 송달받을 자의 주소나 거소를 알 수 없거나, 일반적인 방법으로 송달할 수 없는 경우에 절차의 계속과 낙찰자의 권리보호를 위해 법원사무관이 송달서류를 보관하고 그 사유를 게시함으로써 송달에 갈음하는 방법이다. 공시송달은 국내의 경우 접수일로부터 2주 후, 외국의 경우 접수일로부터 2개월 후 송달의 효력이 발생한다.

필자 또한 처음 경매를 접할 때 불거주확인서와 말소자 주민등록표초본을 구비해야만 공시송달이 가능한 줄 알았다. 막상 실무를 접해 보니 이 두 가지 서류를 제출하라는 법원은 한 군데도 없었다. 일반적인 법원의 경우 보통 일반송달 불능 후 특별송달 2~3회 정도를 거쳐 공시송달을 진행해 주기도 한다. 하지만 송달을 받을 수 없는 확실한 사유가 있으면 특별송달 진행 후 바로 공시송달로 진행해 주는 사례도 있으니 송달 과정을 잘 이해하고 어필하는 과정을 직접 진행해 보길 바란다.

2. 강제집행

강제집행은 상대방에게 인도명령이 송달되었음을 근거로 진행되며, 집행의 단계는 크게 '집행 신청-집행 계고-2주 뒤 강제집행'으로 나눌 수 있다.

상대방에게 인도명령 송달이 완료되었다면 낙찰자는 인도명령결정 정본을 지참하여 해당 법원에서 집행문과 송달증명원을 발급받는다. 그리고 집행관 사무실에 비치된 강제집행 신청서를 작성하여 집행문, 송달증명원과 같이 접수하면 접수계에서 강제집행 신청서를 동봉하여 상대방의 주민등록표초본을 발급받아 오라고 한다.

법원 인근 또는 법원 내 주민센터에서 상대방의 주민등록표등·초본 교부 신청서를 작성한다. 용도를 강제집행 신청으로 하고 증명자료를 강제집행 신청서와 집행권원으로 하면 상대방의 주민등록표초본을 교부받을 수 있다. 그리고 주민등록표초본을 동봉한 강제집행 신청서와 서류들을 접수계에 제출하면 강제집행 신청이 완료된다.

❖ **강제 집행 절차**

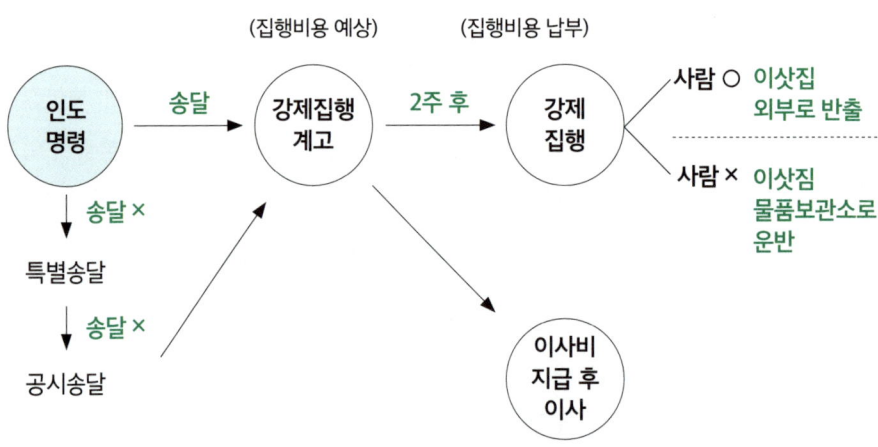

인근 은행에 비용까지 납부하면 집행관 사무실에서 집행 일정 연락이 온다. 이때 열쇠공을 부를 건지, 열쇠공 없이 진행할 것인지 결정해야 한다. 필자는 상대방이 거주 중이라 해도 문을 안 열어주는 경우가 있어 열쇠공은 필수로 부르는 편이다. 그리고 낙찰자 외 성인 2명이 동행해야 계고를 진행할 수 있는데, 열쇠공에게 증인을 부탁하거나 20분 정도 증인 역할을 해줄 아르바이트생을 구한다.

인도명령결정문이 일반송달로 한 번에 완료되었을 때와 특별송달과 공시송달을 통해 완료되었을 때의 차이는 실무상 약 3~4개월 정도가 소요된다. 따라서 웬만하면 일반송달 절차로 점유자에게 한 번에 송달이 완료될 수 있도록 신경 쓸 필요가 있다.

뭐니 뭐니 해도 점유자와 잘 협의해 웃으며 이사 보내는 게 가장 이상적이다. 하지만 그렇지 못할 경우 내가 사용할 수 있는 최대한의 방법을 동원하여 길어지는 명도 기간을 줄일 필요가 있다.

3차례 계고 끝에 명도를 완료하다

필자의 많은 명도 사례 중에 기억에 남는 몇 가지 사례가 있다. 해당 물건은 2014년 7월 낙찰받은 평범한 아파트였다. 해당 물건에는 채무자와 임차인이 각각 방 하나씩을 사용하며 같이 점유 중이었는데 임차인은 설득 끝에 명도되었으나, 채무자의 저항이 매우 심했다. 집행 신청을 했지만 개문 자체가 불가능해 어떻게 진행해야 할지 많이 고민했다.

당시 열쇠공은 개문하기 위해 방화문 하단의 우유 통을 통해 내부에서 도어락을 열거나, 드릴로 작은 구멍을 내고 그 안으로 철사를 집어넣어 개문하는 방법을 사용했다. 그러나 해당 채무자의 집 방화문 손잡이는 독일제 돔이라는 특수키로 제작되어 있어 특수키 개문 경험이 없던 열쇠공이 개문을 포기하면서 집행이 불가능한 상황에 이르렀다.

세 번째 계고일이 되던 날 더 이상 허탕을 칠 수 없어 부산에서 문을 제일 잘 딴다는 나이 지긋하신 열쇠공 사장님을 섭외하여 개문을 진행했다. 또 혹시 모를 일에 대비하여 집행 증인도 10명 정도 같이 참여했다. 이번에도 개문에 실패하면 법원에서 집행불능으로 처리할 수도 있기 때문에 혹시 문을 못 열게 되면 현관문을 파손해서라도 내부에 들어가야겠다는 전략이었다.

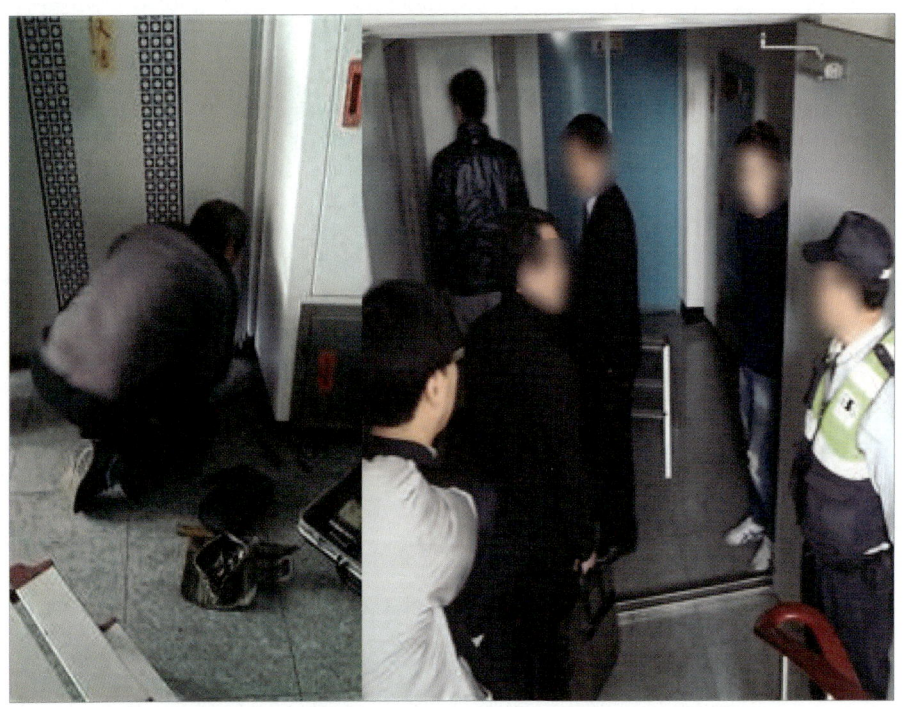

▲그림 2-37 강제 개문을 위해 부른 열쇠공과 점유자의 신고로 출동한 경찰

그렇게 집행관과 열쇠공이 도착하여 10분 정도 개문을 진행했지만 역시나 실패였다. 보다 못해 집행관에게 "제가 다 변상할 테니 방화문을 떼겠습니다"라고 얘기하고 집행관의 동의하에 성인 6명이 현관문을 떼어내기 시작했다. 20%쯤 떼어냈을 때 갑

자기 집 안에서 우릴 향해 물세례를 퍼부었고, 내부에 거주하지 않을 거라고 생각했던 점유자가 모습을 드러냈다.

물세례를 맞아가며 현관문 해체 작업을 이어가던 중 갑자기 경찰이 신고를 받고 찾아왔다. 하지만 집행관이 경찰에게 신분증을 보여주면서 집행권원을 득한 집행 계고 중임을 알려 큰 제지 없이 현관문을 떼어낼 수 있었다. 5개월간의 이 지독한 특수키와의 싸움이 끝나는 순간이었다.

30 잔금납부 후 임차인 명도 진행 절차: 명도확인서, 부당이득 반환청구

배당에 따른 임차인 명도의 차이

경매 낙찰 후 명도 주체는 크게 채무자와 임차인으로 나뉜다. 채무자의 명도 절차는 앞서 보았던 것처럼 협의 후 이사비용 지급 또는 강제집행으로 진행된다. 반면 임차인의 명도 절차는 보증금을 배당받는 부분에 따라 달라진다.

보통 임차인 명도는 보증금을 배당받는 경우가 많아 채무자보다 난이도가 낮은 편이다. 배당받는 임차인의 경우 낙찰자의 명도확인서 교부로 명도가 완료된다. 하지만 배당받지 못하는 임차인의 경우 인도명령 결정이 잔금 납부 후 바로 되는 것이 아니라, 배당기일이 지난 후에 가능하다는 차이가 있다.

◆ 배당받는 임차인의 명도 진행 절차
① 입찰 전 임차인의 보증금 배당 여부 확인 → ② 경매 낙찰 → ③ 사건열람(법원) → ④ 임차인 연락 → ⑤ 명도확인서 교부 → ⑥ 명도 완료

◆배당받지 못하는 임차인의 명도 진행 절차
① 입찰 전 임차인의 보증금 배당 여부 확인 → ② 경매 낙찰 → ③ 인도명령 신청 → ④ 심문 → ⑤ 배당기일 확정 → ⑥ 인도명령 결정 → ⑦ 결정문 송달 → ⑧ 강제집행 신청 → ⑨ 집행 계고 → ⑩ 협의 또는 집행

보증금을 일부라도 배당받는 임차인은 전세권 설정이나 임차권 등기 후 퇴거 등의 경우가 아니라면 낙찰자의 명도확인서를 받아야 배당기일에 법원에 출석하여 안전하게 보증금을 수령할 수 있다.

이때 명도확인서를 교부받기 위해서는 점유 중인 부동산을 인도해야 하지만, 현실적으로 보증금을 받기 전에는 계약이나 이사가 힘든 임차인들이 많다. 그래서 명도확인서를 먼저 교부받아 보증금을 배당받고 난 후 이사하겠다는 임차인들이 있을 수 있다. 이때 임차인이 배당금만 받고 이사를 안 할 수도 있다는 불안감에 원칙을 고수하기도 하는데, 이런 경우 이사는 이사대로 늦어지고 감정은 감정대로 상할 수 있으니 적절한 타협점을 찾아야 한다.

임차인은 본인의 의지로 경매가 진행 중인 것이 아니다. 오히려 신용이 깨끗하고 채무가 없는 임차인이 대다수이다. 따라서 낙찰자의 잔금 지급일부터 발생하는 불법점유에 대한 부당이득 반환청구에서 자유롭지 못하다는 점이 추후 불법점유 상황에서 낙찰자에게 유리할 수 있다.

대항력 있는 임차인과 부당이득 반환청구 소송 사례

만약 전액 배당받는 임차인인데도 협의가 되지 않아 명도확인서를 교부받지 않고

배당금도 받지 않은 상황에서 계속 점유를 하는 경우, 낙찰자는 부당이득 반환청구 소송을 통해 점유 기간 동안의 월세를 지급받을 수 있을까?

> ♦ **민법 제741조 부당이득 반환청구**
> 법률상 원인 없이 타인의 재산 또는 노무로 인하여 이익을 얻고 이로 인하여 타인에게 손해를 가한 자는 그 이익을 반환하여야 한다.

　2011년 11월 7일 압류재산 공매를 통해 낙찰받은 아파트가 있었다. 이 물건의 임차인은 대항력 있는 임차인으로 9,000만 원의 보증금에 대해 배분요구를 하였다. 이후 배분기일이 진행되어 보증금을 받을 수 있는데 임차인에게 전화가 왔다. 임차인으로 보증금에 대한 배분요구는 했으나 보증금을 배당받지 않고 그대로 거주하면서 6개월 뒤에 이사를 가겠다는 것이었다.

　이해되지 않는 황당한 답변이어서 그 이유를 물어보니 자녀의 학교와 명절이 끼어 있는 것, 그리고 무엇보다 철학원에서 운세를 봤는데 지금은 이사 시기가 아니니 9~10개월 뒤에 이사 가라고 했다는 것이었다. 그러면 임대나 처분하지 못해 발생하는 낙찰자의 이자비용이나 손해에 대해서는 어떻게 할 것이냐는 질문에 아는 지인이 법무사인데 그런 거 상관없이 거주해도 된다고 했다는 시크한 답변이 돌아왔다.

　전화를 끊고 곰곰이 사건을 정리해 보았다. 임차인은 배분요구를 하였지만 사정상 이사는 나갈 수 없다. 낙찰자는 임차인이 이사하지 않아 명도확인서를 전달하지 못하고, 임차인의 이사 때까지 금융비용 등의 손해를 감수해야 한다.

　결과적으로 명도 소송보다 부당이득 반환청구 소송을 진행하여 임차인의 불법점유에 대한 월세 금액을 먼저 확정 짓고, 임차인의 보증금에 가압류를 걸어 압박하는 전략으로 진행하는 게 빠르겠다고 판단했다.

보통 부당이득 반환청구 소송을 진행하는 법원의 경우 주장하는 자의 가격을 신뢰하지 못해 감정평가를 하는 경우가 많은데, 이렇게 하면 추가 비용이 발생할 수 있다. 이때 인근 부동산중개사무소의 시세와 의견서를 첨부하여 임대가를 실제 시세보다 더 낮게 책정하면 감정평가 없이도 판결받을 수 있다.

따라서 시장에서 거래되는 전세가 1억 2,500만 원보다 약 30% 낮은 임차인의 전세가인 9,000만 원에 대한 1%, 즉 90만 원을 매달 청구할 수 있게 해달라는 내용의 소를 진행했다. 그리고 법원에서 이 금액을 인정하여 임차인은 낙찰자에게 명도가 완료되는 날까지 매달 90만 원의 월세를 청구하며 명도를 마무리할 수 있었다.

시기에 맞춰 필요한 법적 부분들을 진행하지 않으면 결국 피해는 낙찰자의 몫이다. 이런 법적 조치들을 남발할 필요는 없지만, 꼭 필요할 때는 사용해야 나의 권리를 찾을 수 있다.

31

형사고소를 피하는 공실 명도 요령

공실이 확실하지 않으면 개문하지 마라

점유자가 있는 집과 없는 집 중 명도가 더 쉬울 것 같은 집을 고르라면 열에 아홉은 점유자가 없는 공실 명도를 고른다. 하지만 경험에 의하면 공실 물건을 낙찰받아 법원을 통하지 않고 낙찰자가 강제 개문을 진행하는 경우가 가장 위험하다.

법원을 통한 집행관의 강제집행 절차를 거치지 않고 본인이 직접 개문을 진행하는 행위를 민법에서는 '자력구제'라고 하고, 이를 강력히 금지하고 있다. 그리고 명도를 당하는 상대방이 이 사실을 알게 되면 단순한 민사 문제가 아닌 형사 소송으로 낙찰자를 고소할 수 있다. 이 경우 형법의 주거침입죄와 건조물 침입 및 기물파손죄에 해당해 최소 벌금 30만 원부터 최대 징역형의 형사 처벌을 받을 수 있다.

부산 진구에 위치한 주거용 오피스텔을 낙찰받은 적이 있다. 관리실을 통해 미납 관리비 금액과 점유자가 6개월째 집을 비웠다는 정보를 들었다. 현장에 가서 살펴보니 전기나 수도를 사용한 날짜가 최근 6개월 동안 발견되지 않았다.

권리 사항을 다시 보니 배당받지 못하는 대항력 없는 임차인이 보증금 1,000만 원에 월세 100만 원을 내며 살고 있었다. 관리비가 약 1년 전부터 미납된 것으로 보아 경매가 진행된 후 월세와 관리비를 납부하지 않고 집을 비운 것 같았다.

해당 경매물건을 낙찰받은 지 3일째 되는 날 열쇠공을 불러 낙찰영수증을 보여주고 개문을 부탁했다. 5분 만에 개문하여 내부로 들어가는 순간, 예상했던 모습이 아닌 일반 가정집처럼 가전과 가구, 생활용품이 그대로 비치되어 있는 것이 아닌가! 순간 뭔가 잘못됐음을 인지하고 집 안에 앉아 이 문제를 어떻게 해결해야 할지 고민하기 시작했다.

가장 먼저 해야 할 일은 점유자의 연락처를 알아내는 것이었다. 보통 임차인의 경우 법원을 통한 사건열람으로 임대차 계약서에 기재된 연락처를 알아낼 수 있다. 하지만 해당 사건은 배당요구 없는 임차인으로 사건열람을 해도 임차인에 대한 정보가 나오지 않아 연락처를 알 수 없는 상황이었다. 그러다 집 내부에서 발견된 부가세 납부 고지서를 발견했고, 임차인의 이름과 연락처를 확인하여 겨우 연락을 취할 수 있었다.

임차인의 이야기를 들어보니 경매가 진행되고 나서 이사 갔는데 어떻게 될지 몰라 일부 짐을 남겨둔 상태라고 했다. 앞으로의 진행 절차를 문의하기에 이사 전 밀린 관리비만 납부한다면 일부 이사비용을 지급할 용의가 있다고 말했다. 다행히 임차인은 경매 진행에 큰 관심이 없고 빠른 시일 내에 마무리하고 싶어 한다는 걸 알 수 있었고, 이사비용 120만 원에 협의 후 별 탈 없이 이사를 마쳤다.

많은 낙찰자가 경매나 공매물건을 낙찰받고 빠른 시일 안에 명도를 넘겨받고 싶은 마음에 송달 과정 없이 개문을 진행하는 경우가 있다. 하지만 그 기간을 줄이면서 얻는 수익보다 강제 개문 시 상대방의 형사 고소의 리스크가 훨씬 더 클 수 있다. 따라서 점유자와 연락해 내부에 있는 짐은 폐기하고 개문해도 관계없다는 답변을 입수하거나, 법원을 통해 개문하는 과정이 안전하게 경매투자를 할 수 있는 방법이다.

32

점유자별 명도 전략 총정리: 채무자, 임차인, 점유자, 공실

1. 임차인

❖ 임차인 유형별 명도 전략

구분		임차인	
		대항력 있음	대항력 없음
배당금	전액	명도확인서 필요	명도확인서 필요
	일부	명도확인서 필요 없음	명도확인서 필요
	없음	임대차 기간 만료 시까지 대기	배당기일 후 인도명령 결정

① 대항력 있는 전액 배당받는 임차인

대항력 있는 임차인이 전액 배당을 받는 경우 낙찰자의 명도확인서가 있어야 배당받을 수 있다. 이런 경우 낙찰자 입장에서는 명도확인서 교부와 함께 순조롭게 명도를 진행할 수 있다.

② 대항력 있는 일부 배당받는 임차인

대항력 있는 임차인이 일부 배당(예: 보증금 1억 원, 배당 5,000만 원, 낙찰자 인수 5,000만 원)을 받는 경우 낙찰자의 명도확인서가 없어도 바로 배당받을 수 있다. 배당 후 낙찰자가 임차인에게 낙찰자 인수 금액을 지급하면 명도를 진행할 수 있다.

이때 임차인이 일부를 배당받은 후 이사기일을 미루거나 협조를 안 해준다면 이미 배당받은 금액에 대해서는 부당이득이 성립된다. 하지만 배당받지 못하는 부분에 대해서는 부당이득이 성립되지 않는다. 이 부분을 유의해서 명도를 진행해야 한다.

③ 대항력 있는 배당 불가 임차인

대항력 있는 임차인이 배당요구를 하지 않아 임차인의 보증금 전액을 낙찰자가 인수하는 경우다. 명도 소송이나 부당이득 반환청구 소송이 불가하므로 낙찰자는 임차인의 임대차 기간 만료까지 기다리는 방법 외에는 특별히 할 수 있는 것이 없다. 만약 기간의 여유가 없다면 소정의 이사비용을 지급하더라도 빠르게 명도를 마무리하는 게 좋은 방법일 수 있다.

④ 대항력 없는 전액 배당받는 임차인

대항력 없고 전액 배당받는 임차인은 계약 기간을 채우지 못하고 이사 가는 것 외에는 손해 보는 부분이 없다. 낙찰자는 임차인과 일정을 조율한 후 명도확인서를 교부해 배당기일로부터 30일 이내에 임차인의 이사를 완료할 수 있다. 이런 경우는 이사비용이 거의 발생하지 않는다.

⑤ 대항력 없는 일부 배당받는 임차인

대항력 없는 일부 배당받는 임차인의 경우 낙찰자의 명도확인서가 있어야만 보증금을 수령할 수 있기 때문에 배당기일이 다가올수록 낙찰자에게 협조할 수밖에 없다. 그러나 원칙을 떠나서 임차인의 보증금 손실이 큰 만큼 소정의 이사비용을 지급하여 최대한 좋은 감정으로 이사를 마무리하는 게 좋다. 그러나 과한 이사비용을 요구하거나, 명도가 오래 지체될 때는 원칙대로 진행하는 게 해답일 수 있다.

⑥ 대항력 없는 배당 불가 임차인

경매 낙찰을 받으면서 가장 마음이 좋지 않은 상황이다. 임대차 계약 전 미리 알아보지 못한 임차인의 과실도 있지만, 채무자가 보증금을 안 주려고 작정하고 선순위 대출이 있는데도 불구하고 후순위로 임대차 계약을 진행해 결국 보증금을 단 한 푼도 받지 못하는 임차인이 있을 수 있다. 이 경우 명도에 앞서 그 심정을 같이 공감하며 마음을 헤아려 줄 필요가 있다.

이런 물건은 수익이 날 만큼 최대한 싸게 받아서 다른 경우보다 이사비용을 최대한 많이 지급해 명도를 진행하는 편이다. 하지만 역시 과한 이사비용을 요구하거나 기일이 지연된다면 원칙대로 집행하는 수밖에 없다.

이런 경우 임차인에 대한 인도명령 인용 결정은 배당기일까지 심문기일을 정한 후 배당기일이 지나야 한다. 정상적인 인도명령결정문의 송달은 배당기일 후부터 시작할 수 있다.

2. 채무자

잔금 납부 전 이사비용을 협상한 후 점유를 이전하는 것이 가장 좋은 방법이다. 하지만 이사 협의를 하지 못한 채 잔금납부가 이뤄진 상황에서는 소유권자로서 행사할 수 있는 인도명령 신청과 인도명령결정문 송달을 빠르게 완료한다. 그 후 집행문과 송달증명원을 가지고 강제집행 신청 후 강제 개문하는 방향으로 진행한다.

❖ 협의 여부별 명도 전략

구분	채무자
협의 완료	이사비용 지급
협의 불가	① 인도명령결정문 송달 ⇨ ② 강제집행 신청 ⇨ ③ 집행 계고 ⇨ ④ 협의 완료 또는 협의 불가 시 강제집행

이런 법적 절차를 진행하면서도 꾸준히 상대방과 이사에 대한 부분을 협상해야 한다. 만약 강제 개문이 완료된 후에도 상대방과 협의가 어려울 때는 강제집행을 진행하는 것이 명도 지연 비용 대비 더 효율적인 선택이라고 본다.

3. 불법점유자

신원을 알 수 없는 제삼자가 거주 중인 경우 법적인 절차를 진행하기 위해 최대한 빨리 점유자의 인적 사항을 알아내야 한다.

이 경우 3가지 방향으로 진행할 수 있다.

첫째, 점유자의 인적 사항을 특정한 후 해당 점유자를 상대로 인도명령결정문을 교부받아 집행할 수 있다.

둘째, 먼저 해당 물건의 소유자를 상대로 인도명령결정문을 발급받고, 송달 과정에서 소유자가 아닌 제삼자가 거주한다는 내용을 집행관에게 전달한다. 그리고 집행관에게 혹시나 제삼자가 송달받는다면 신상을 확인해 달라고 부탁할 수 있다.

셋째, 이렇게 해도 점유자의 신상이 특정되지 않는다면 낙찰자는 소유자를 상대로 송달을 완료한 후(불거주 공시송달) 집행 단계에서 소유자가 아닌 제삼자가 거주하여 집행 불능 상황이 되었을 때 집행관이 작성한 집행 불능 조서에서 점유자의 신상을 파악할 수 있다.

그러나 집행 불능이 되었는데도 점유자의 신원이 특정되지 않는다면 법원에 점유자의 사실 조회를 신청하여 점유자를 특정한 후 인도명령을 다시 진행할 수 있다. 이 경우 최대한 대화를 유도해서 상대방이 원하는 금액에 맞춰주고 이사를 진행하는 편이 기간적으로나 비용적으로 훨씬 더 유리할 수 있다.

❖ **점유자 특정 여부별 명도 전략**

구분	채무자
점유자 특정 완료	① 인도명령 및 송달 ⇨ ② 집행 계고
점유자 특정 불가	① 채무자 인도명령 및 송달 ⇨ ② 집행 계고 ⇨ ③ 불법점유자 특정 ⇨ ④ 인도명령 및 송달 ⇨ ⑤ 집행 계고

4. 공실

공실인 경우 명도를 진행하는 가장 빠른 방법은 경매사건의 소유자(채무자)에게 소정의 비용을 지불한 후 내부에 남아 있는 짐은 포기하고 점유를 이전한다는 내용의 통화나 문자메시지를 받는 것이다. 그러나 연락이 되지 않는 경우 소유자(채무자)를 상대로 인도명령을 신청하고 결정받은 다음 송달을 완료한다.

이후 집행 계고 시 내부에 짐이 없다면 집행관에게 점유를 이전할 수 있도록 부동산 인도집행 조서를 요구하여 계고 단계에서 집행을 완료할 수 있다. 그러나 내부에 짐이 남아 있는 경우 강제집행을 진행하여 목적물의 점유를 이전한 뒤 내부 짐을 창고에 보관한다. 짐을 찾아가는 사람이 없다면 동산집행을 진행하여 폐기 처분한다.

❖ 공실 명도 전략

구분	채무자
점유자 협의	점유자를 통한 개문 또는 점유자 동의 하에 강제 개문
점유자 협의 불가	① 채무자 인도명령 및 공시송달 ⇨ ② 집행 계고 ⇨ ③ 인도집행 조서 작성

입찰 전 명도 난이도와 기간을 미리 계획하라

경매물건을 검색할 때 해당 물건의 기본 조사와 수익률 조사를 완료한 후 입찰가격을 결정해야 한다. 이때 명도의 난이도가 수익을 산정하는 데 많은 영향을 미치므로 물건 분석 시 점유자의 명도 기간과 이사비용을 케이스별로 정리할 필요가 있다. 특히 경매 단기투자에서는 명도가 빠른 물건은 수익률을 좀 더 높게 산정할 수 있고, 반대로 명도 지연이 예상되는 물건은 수익률을 하향 조정하고 입찰가를 낮출 필요가 있다.

지피지기면 백전백승이다. 명도 상대방을 정확히 파악하고 내가 할 수 있는 부분들을 놓치지 않는다면 어떤 종류의 명도라도 흔들림 없이 여유 있게 잘 진행할 수 있을 것이다. 마지막으로 경매의 목적은 명도가 아닌 수익이라는 걸 잊지 말고, 매도에 더 집중하는 경매투자를 하기 바란다.

PART III

최대 수익률로 빨리 파는
매도 노하우!

8장

내놓자마자 팔리는 갓성비 인테리어

33

인테리어는
빠른 매도의 핵심

인테리어 빨리 배우는 법

경매투자를 하면서 인테리어 공사를 직접 해야겠다고 결심한 시점이 2018년쯤이었다. 낙찰받는 물건 개수가 많아지기도 했고, 입주 물량이 늘어나며 매수세가 줄자 매도가격이 저렴해도 수리된 집이 아니면 쉽게 팔리지 않는 시기였기 때문이다. 그래서 물건들의 원활한 매도를 위해 여러 인테리어 업체에 공사를 의뢰했고, 무조건 싸게 해주는 업체를 골라 인테리어를 진행했다.

저렴한 업체에 공사를 맡기니 투자금은 줄었지만 매도 후 하자가 너무 많다는 컴플레인이 계속 들어왔다. 또 수리만 하면 팔릴 거라고 예상했던 집들도 여러 가지 이유로 계약까지 이어지지 않았고, 가격을 더 낮춰서야 겨우 매도할 수 있었다.

그때 필자의 카페 회원 중 10년 넘게 인테리어를 생업으로 하는 분이 있었다. 그분께 인테리어를 부탁하니 매수자가 내부를 보자마자 바로 계약금을 이체하는 것이 아닌가! 비슷한 경험이 몇 번 더 이어지자 인테리어도 경매투자에서 굉장히 중요한 부분이라는 것을 깨닫게 되었다.

그때부터 인테리어 공부를 시작했다. 어디서부터 어떻게 시작해야 할지 몰라 일단 인터넷에서 아파트 인테리어 사진들을 매일매일 검색했다. 실거주를 위한 인테리어라 그런지 이때까지 필자가 공사했던 집들과는 차원이 다르게 디자인이나 실용성이 모두 뛰어났다. 그리고 소비자들이 좋아할 만한 디자인과 유행하는 자재가 어떤 것인지 감을 잡을 수 있었다. 그때부터 직접 인테리어를 배워 보자고 결심하고, 그 시기에 제일 빨리 낙찰받은 집을 샘플로 삼아 공사를 진행했다. 지금 생각해 보면 참 무모한 일이었다.

첫 번째로 공사했던 집은 44평의 아파트였다. 집 내부를 보니 다른 곳은 수리가 되어 깨끗했지만 욕실, 주방, 현관의 타일들이 마음에 들지 않았다. 직접 타일 가게를 방문하여 자재들을 구입하고 인터넷 카페에서 업자를 섭외했다.

그렇게 타일 작업은 업자를 시키고 기물들은 직접 설치하기 시작했다. 그런데 웬걸! 세면대 수전 하나 설치하는 것도 쉬운 일이 아니었다. 전동 드라이버로 나사를 풀었다가 조였다가, 다 된 것 같았는데 이번에는 홈이 안 맞았다. 게다가 섭외한 타일 업자들이 알고 보니 실제로 타일 작업을 해보지 않은 초보 업자들이어서 후에 타일 본드가 흘러내리고 물이 새는 일이 생겼다. 예상치 못한 돌발 상황들을 경험하며 셀프 인테리어가 결코 쉬운 일이 아니란 걸 다시 한번 깨닫게 되었다.

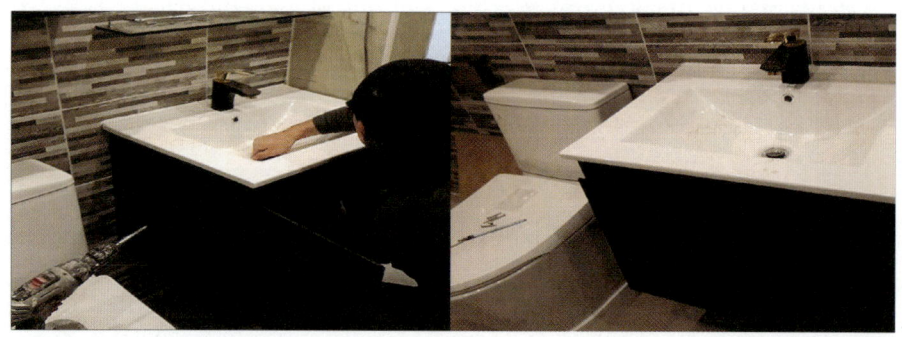

▲ 그림 3-1 3시간에 걸친 수전 설치

경매투자의 마무리는 인테리어

그렇게 한바탕 첫 번째 인테리어를 마무리한 뒤 두 번째 인테리어 물건이 나왔다. 이 물건은 연식이 오래되어 내부를 전부 철거하고 새로 공사해야 했다. 내부 철거부터 마감까지 모든 공정을 한 번에 다 배울 수 있다고 생각하니 갑자기 열정에 불타 물건지부터 집까지 편도 3시간이 넘는 거리를 한 달 동안 신나게 다녔다.

이전 경험을 통해 인테리어에서 가장 중요한 것이 전문가 구하기라는 걸 깨달았다. 그래서 이번에는 물건지 인근에 위치한 여러 자재상에서 자재를 구입하고, 그곳에 소속된 검증된 업자들을 섭외해 공사를 진행했다.

32평형 아파트의 첫 인테리어 공사를 진행해 보니 인테리어는 '철거-설비-전기-목공-타일-도장-필름-마루-도배-가구-전기마감-입주 청소' 순으로 이루어졌다. 그중 필자가 할 수 있는 철거와 입주 청소를 제외한 나머지는 전문가들에게 맡겼다.

철거 후 다음 공정을 위해 업자를 부르고 공사 마감을 체크하는 과정을 반복하다 보니 인테리어 공사의 큰 틀만 머릿속에 넣고 확인과 마무리 작업은 사람을 쓰는 것이 낫겠다는 판단이 들었다. 그래서 인테리어 감리를 봐줄 신규 직원 2명을 뽑았다.

그렇게 공사를 진행한 지 어느덧 7년 차가 되어 이제는 회사 내에 인테리어 부서가 생겼다. 그전까지는 직접 낙찰받은 물건들만 공사했지만 이제는 인테리어 컨설팅 사업도 함께 진행하고 있다. 그리고 이것이 필자가 2020년부터 2022년까지 약 350개 이상의 경매물건을 낙찰받고 빠르게 매도할 수 있었던 가장 큰 비밀이다.

필자는 인테리어를 전업으로 하는 전문가는 아니지만 수익을 낼 수 있는 인테리어가 무엇이며, 비용은 어느 정도 되는지 집 내부만 봐도 바로 알 수 있을 정도로 충분한 경험이 쌓였다고 생각한다. 경매투자의 목표인 고가 매도를 가능하게 해줄 수 있는 가장 중요한 부분인 만큼 필자의 경험들을 잘 활용하여 독자들의 경매투자에도 많은 도움이 될 수 있길 바란다.

34 순서대로 배우는 공정별 인테리어

인테리어 공정별 이해

주거용 인테리어를 배우는 첫 번째 단계는 인테리어 사진을 많이 보는 것이다. 이렇게 내부 전체 사진을 보면서 시작한 후 점차 공정별로 세분화된 사진을 보며 디테일하게 공부한다.

① 문, 문틀, 몰딩, 걸레받이, 아트월

인테리어의 시작이다. 목공 작업 시 체크해야 할 부분들로 천장 몰딩과 걸레받이 시공 여부, 방문과 문틀, 각종 수납공간 마감 부위와 거실 아트월 포인트 인테리어 등을 체크해야 한다.

② 현관, 거실, 방, 욕실, 주방의 포인트 조명

단순히 전등만 교체한다면 전기 작업이 필요없다. 하지만 추가로 조명을 설치하는 경우에는 목수와 타공, 전기선 작업에 대해 상의해야 한다. 보통 거실 조명과 사이드 매립 조명, 주방 매입 등, 식탁 포인트 내림 조명, 방 등 그리고 욕실 조명 거울 작업,

▲ 그림 3-2 목공 작업 시 체크해야 할 부분들

▲ 그림 3-3 포인트 조명의 예시

돔 천장 매립 조명 등의 설치가 필요하다.

③ 현관, 욕실, 주방, 베란다, 아트월의 타일과 기물

타일 공정의 경우 먼저 시공할 부분을 체크하고 실측 후 타일 자재상에서 타일들을 구매한다. 그 후 욕실에 시공할 각종 기물들을 구입하고 시공 사장님께 작업 내용을 전달한다. 보통 목수 공정이 끝나고 타일 시공을 한다.

▲ 그림 3-4 타일과 기물의 예시

④ 가구(싱크대, 신발장, 붙박이장, 파우더 룸)

네 번째는 가구 공정이다. 가구의 경우 먼저 주방 싱크대와 연결되는 수납장(키 큰 장)의 배치와 디자인을 선택한다. 그리고 신발장(디자인, 옵션)과 붙박이장, 파우더 룸 등 남은 공간에 비치할 가구를 고르고 실측한다. 업체나 자재상을 통해 주문하고 시공한다.

▲ 그림 3-5 가구의 예시

▲ 그림 3-6 인테리어의 마지막 공정

8장 내놓자마자 팔리는 갓성비 인테리어

⑤ 도배, 장판, 필름, 마루

이제 마무리 단계다. 도배의 경우 보통 실크보다는 합지로 작업하고, 바닥은 아파트 가격대나 콘셉트에 따라 장판이나 마루로 작업한다. 만약 자재는 멀쩡한데 디자인이 안 맞는 경우 자재 위에 새로운 필름을 입혀 재활용할 수 있다. 도배 작업이 끝나고 조명팀에서 조명 설치를 끝내면 인테리어 공정은 거의 마무리된다.

이렇게 철거부터 마감(입주 청소)까지의 과정을 몇 번 반복해 보면 혼자서 공정을 컨트롤할 수 있게 된다. 이때부터 언제 현장 감리(소장)를 쓰고, 언제 직접 진행할지를 판단할 수 있다. 본인의 시간당 가치를 계산해서 결정하면 된다.

35

25평 구축 아파트 단돈 890만 원으로 새집으로 변신

공사비 아끼는 법

요즘 아파트 내부 인테리어 비용은 평당 100만 원부터 수도권의 경우 평당 200만 원에 육박하기도 한다. 수도권 내 25평 아파트를 전체 수리한다면 최소 2,000만~5,000만 원이 필요한 것이다. 물론 코로나 이후 원자재 가격이 급등한 영향도 있지만, 직접 인테리어를 진행해보니 공사비용 중 가장 큰 부담이 되는 부분은 바로 인건비였다.

본인이 거주할 주택이라면 정성껏 본인 취향에 맞춰 인테리어를 하면 되지만, 경매 투자자 입장에서는 인테리어 비용이 커질수록 수익률이 낮아진다. 따라서 경매 인테리어는 최대한 효율적으로 접근할 필요가 있다.

경매로 낙찰받은 25평 아파트의 사례를 보자. 이 물건은 방 3개, 욕실 1개로 구성되었으며 약 890만 원으로 모든 인테리어를 마쳤다. 이 아파트의 공사 목적은 임대를 맞추는 것이어서 가성비가 중요했다. 이에 내부 철거를 최소한으로 하고 기존 자재를 살려 리폼 방식으로 인테리어를 진행했다.

자재를 구입할 때 개인 구매자냐, 인테리어 사업자냐에 따라 비용 차이가 난다. 아무래도 자재상 입장에서는 꾸준히 매출을 보장해 줄 수 있는 손님에게 가격 메리트를 줄 수 밖에 없기 때문이다. 그래서 상황이 된다면 인테리어 사업자를 내는 것도 비용을 절감할 수 있는 방법이다.

이렇게 도매가로 자재를 사고, 최소한의 인원으로 공사를 진행할 수 있다면 업체에 맡기는 것보다 20~30% 정도 절감된 비용으로 인테리어를 마칠 수 있다. 그래서 처음 인테리어를 시작할 때는 최대한 많은 자재상의 다양한 물건을 보러 다니면서 기술자를 소개받고 조언을 얻는 등 인맥을 형성하는 것이 중요하다. 이런 노력들이 소중한 자산이 되어 더 높은 수익을 만들어 줄 것이다.

① 현관

아파트 현관은 그 집의 얼굴이다. 손님이 집을 보러 올 때 가장 먼저 마주하는 공간이기 때문이다. 그래서 아파트의 크기나 가격에 따라 현관 인테리어가 달라져야 한다. 예를 들어 고급스러운 느낌의 콘셉트라면 타일의 크기도 크고 어두운 색상으로 마감해야 내부 디자인과 조화를 맞출 수 있다. 그래서 대형 평형, 32평형, 25평형, 원룸형의 내부 인테리어 콘셉트는 각각 다를 수밖에 없으며 투자 목적과 수요에 맞춰 디자인을 잡아야 한다.

해당 아파트는 25평형의 구축 소형 아파트였기 때문에 기존의 크고 밋밋한 현관 타일 대신 200각 사이즈의 작고 아담한 노란색 타일로 시공했다(그림 3-7). 그리고 체리 색의 신발장과 키 큰 장을 철거하는 대신 필름지로 덮어 더 밝고 따뜻한 느낌의 현관으로 바꾸었다.

이 아파트의 경우 들어오는 입구가 넓은 편이 아니어서 따로 중문은 설치하지 않고 오픈형 현관으로 마감한 모습이다.

▲ 그림 3-7 현관 인테리어 전과 후

② 주방

주방에서 가장 중요한 부분은 싱크대다. 상·하부 장의 상태에 따라 모두 교체할 수도 있고, 문만 교체하거나, 교체 없이 필름지로 디자인만 바꿀 수 있다. 다행히 이번 주방공사는 싱크대 사용감이 많지 않고 문 상태도 양호했다. 그래서 전체를 필름으로 덮어 인건비와 재료비만으로 공사를 완료할 수 있었다.

필름 색은 따뜻한 느낌의 아이보리 톤으로, 손잡이는 골드 그리고 주방 타일은 싱크 색상에 맞춰 블루라인으로 작업하여 주방공간을 좀 더 밝고 세련되게 바꾸었다. 주방 등은 기존의 두꺼운 등을 철거하고 얇은 사각 엣지 등을 설치했고, 오렌지 색의

▲ 그림 3-8 주방 인테리어 전과 후

포인트 식탁 등으로 마무리했다. 인건비 포함 약 40만~50만 원의 공사비용으로 새로운 주방공간을 탄생시켰다.

③ 욕실

이 물건의 경우 욕실이 한 개뿐이어서 욕실 인테리어에 신경을 많이 썼다. 최대한 고급스러운 분위기와 실용성을 살리기 위해 디자인부터 수납, 동선까지 고려하였다.

우선 PC 재질이었던 욕실 선반을 철거하고 타일로 교체했다. 또 밋밋했던 거울은 수납이 가능한 슬라이드 장으로 바꾸고 하부에 간접조명을 설치했다. 샤워기가 있는 벽면을 원목 색의 타일로 포인트 작업을 한 후 나머지 기물은 검정으로 시공하여 샤워공간을 좀 더 따뜻하고 세련된 느낌으로 바꿔 보았다.

수리 전과 후가 전혀 다른 욕실로 보일 만큼 큰 차이가 나지만, 실제로 욕실 공사 비용은 디자인에 크게 영향받지 않는다. 그 이유는 타일의 종류와 관계없이 인건비가 동일하며, 타일 가격도 같은 사이즈라면 고급 타일이 아닌 이상 디자인에 따라 2,000~3,000원 정도 차이이기 때문이다. 따라서 비용보다는 섬세한 디자인이 욕실의 완성도를 결정짓는다고 볼 수 있다.

▲ 그림 3-9 욕실 인테리어 전과 후

④ 거실

수리 전에는 천장 중앙에 위치한 정사각형 체리 색 몰딩이 거실 전체를 올드하게 보이게 하고, 짙은 체리 색 장판과 새시가 어두운 느낌을 주는 거실이었다. 거실은 최대한 높고 넓게 보이기 위해 체리 색 몰딩을 제거하고 화이트 톤으로 도배한 후 양옆에 사이드 매립 조명을 시공하였다. 천장 중앙에는 얇은 엣지 등을 사용했으며, 새시도 도배지 색상에 맞춰 화이트 필름으로, 장판은 연한 베이지 톤으로 마감했다.

구축 아파트는 아무래도 가성비 공사이기 때문에 지출 가능한 비용 안에서 최대한의 결과를 내기 위해 노력해야 한다.

▲ 그림 3-10 거실 인테리어 전과 후

⑤ 작은방

아파트가 구축이지만 단지 수가 꽤 있고 인근에 초등학교도 있어서 유아 자녀를 둔 가족 수요가 있을 것으로 판단했다. 그래서 작은방을 아이 방 콘셉트로 꾸며 보았다. 아이 방 콘셉트라고 특별히 다른 점은 없다. 우선 포인트 벽지로 약간의 산뜻함을 주고 방의 등을 유행하는 유아 등으로 교체해 주면 간단하게 완성할 수 있다.

아파트나 빌라 물건들을 낙찰받을 때 신혼부부나 자녀가 있는 부부의 수요가 많다면 아이 방을 만들어 주는 것이 빠른 매도나 임대 포인트가 될 수 있다.

▲ 그림 3-11 작은방 인테리어 전과 후

⑥ 베란다

아파트 베란다의 경우 벽과 천장을 도장(페인트)하고 바닥은 타일로 마감하는 것이 일반적인데, 이때 바닥 타일은 300각 사이즈의 그레이 톤을 가장 많이 쓴다. 베란다는 디자인보다는 기능성, 특히 곰팡이나 결로 현상에 더 신경 써야 한다. 일반적으로 누수나 결로로 도장이 벗겨지는 것을 방지하기 위해 일반 도장이 아닌 탄성 코트로 작업해야 한다. 거실과 단차가 없는 베란다의 경우 거실에서 확장된 느낌을 주기 위해 장판으로 시공하는 경우가 있다. 하지만 공간 특성상 습기가 자주 차다 보니 타일을 시공하는 편이 실용성 측면에서 훨씬 나을 수 있다.

▲ 그림 3-12 베란다 인테리어 전과 후

36

30년 된 낡은 빌라를 고급 빌라로 바꾸는 노하우

빌라는 인테리어가 필수

주거용 경매의 경우 보통 인기 많은 대단지 아파트부터 시작해서 구축 아파트, 지방 아파트, 나홀로 아파트 순서로 점점 경쟁 없는 물건을 찾게 된다. 그러다 좀 더 경쟁 없는 물건을 찾다가 빌라 경매로 넘어간다.

빌라 역시 신축급에서 시작하여 수도권, 지방, 구축 빌라 등의 순서로 이어지게 되는데, 지방 구축 빌라의 경우 초보자들의 진입이 쉽지 않아 정상가격보다 매우 낮은 가격에 낙찰받을 수 있다. 하지만 오래된 빌라는 아파트와 달리 수리 없이 집을 팔기가 정말 쉽지 않다. 따라서 인테리어 비용을 고려해 저가 낙찰, 저가 매도의 방법으로 투자해야 한다.

이번 물건은 경남 창원에 위치한 구축 빌라였는데 동네 자체가 오래된 원도심이라서 아파트보다 빌라가 월등히 많은 지역이었다. 신축보다는 구축 빌라들이 좋은 입지를 차지하고 있는 경우가 많아 내부 수리된 구축이 유리했다.

해당 빌라는 건축한 지 30년이 넘는 빌라로 건축 후 한 번도 수리하지 않아 예전 모습을 그대로 갖추고 있었다. 정말 천장 빼고 모든 공간을 다 철거해야 할 정도로 쓸 수 있는 게 하나도 없었다. 공사비용을 더욱 꼼꼼히 계산해야 했고, 같은 비용이라도 어떤 디자인으로 어떻게 수요자들을 만족시킬 수 있는지가 수익률을 결정지을 것이었다.

이런 빌라는 정말 뼈대만 남기고 다 분리해서 새로 그림을 그려야 하는데, 이때 열정이 넘쳐 수익률을 고려하지 않고 공사를 진행하면 오히려 손실이 나는 상황이 생길 수 있다. 이런 경우 예상 공사비용을 정해놓은 다음 그 비용 안에서 자재와 디자인, 옵션의 비중을 나누어 공사를 진행해야 한다.

① 거실

체리 색 몰딩과 낡은 방문, 왜 만들었는지 모를 수납공간 등 거실 등을 제외하고는 한 번도 인테리어를 하지 않은 내부의 모습이다. 성인 2~3명이 하루 만에 모든 것을 철거하고 단계별 공정 계획을 잡았다.

보통 이런 오래된 빌라는 거실이 좁고 층고가 낮은 경우가 많아 체리 색이 조금이

▲ 그림 3-13 거실 인테리어 전과 후

라도 들어가면 올드한 느낌이 날 수 있다. 또 천장에 노출 등을 쓰면 가뜩이나 낮은 천장이 더 낮아 보이면서 집 전체가 좁아 보일 수 있다. 따라서 최대한 집을 넓고 높게 보이도록 하기 위해 화이트 톤에 가구 색상으로 포인트를 주는 방법을 주로 쓴다.

천장 몰딩은 폭이 두꺼운 갈매기 몰딩보다는 얇은 마이너스 몰딩이나 무몰딩이 훨씬 더 집을 예쁘게 만들 수 있다. 바닥 문틀을 철거해 장판을 끊김 없이 깔아주는 것이 깔끔한 마감의 비결이다.

② 주방

주방 싱크대의 경우 브랜드에 따라 가격이 천차만별이다. 하지만 우리는 실거주용이 아닌 투자용 인테리어이기 때문에 싱크 가구 역시 가성비를 따질 필요가 있다.

수리 전 싱크대는 ㄱ자로 꺾인 구조였다. 싱크대도 구조에 따라 일자형과 ㄱ자형, ㄷ자형 등의 다양한 구조로 제작이 가능하다. 하지만 구조가 복잡할수록 제작 난이도가 오르고 자재비가 추가되기 때문에 일자형 대비 약 30% 이상 단가 차이가 날 수

▲ 그림 3-14 주방 인테리어 전과 후

있다. 그래서 일자형 싱크대를 설치하는 편이 가격적 측면에서 더 효율적이다.

기존의 ㄱ자 싱크대를 철거하고 아이보리 색상의 일자형 싱크대를 배치했다. 상부장 하단에 간접조명을 넣었으며 초록색의 줄무늬 타일을 시공하여 싱크가 더 돋보이도록 했다.

싱크대 시공에는 총 100만 원 초반대가 들었는데, 저렴한 가격에 합리적인 디자인이라고 생각한다.

③ 안방

구축 빌라에서 가장 큰 리스크를 꼽으라면 뭐니 뭐니 해도 누수가 아닐까 싶다. 특히 꼭대기 층의 누수는 옥상 바닥 면뿐 아니라 난간과 기둥 면 방수작업을 같이 해야 잡히는 경우가 많아서 입찰 시 주의해야 한다.

해당 빌라 역시 꼭대기 층 빌라였는데 명도 후 내부를 확인했을 때 오랜 기간 누수가 발생했던 흔적들이 발견되었다. 그래서 인테리어 시작 전 미리 옥상과 난간 그리

▲ 그림 3-15 안방 인테리어 전과 후

고 새시의 크랙을 꼼꼼히 마감하고 방수와 코킹 작업을 마친 후에 내부 마감을 실시했다.

특히 안방의 수리 전 사진(그림 3-15)을 보면 창문 새시 틈으로 스며든 물들이 방 내부 벽을 타고 흐른 흔적을 볼 수 있다. 이런 경우 누수의 원인을 해결하지 않고 내부 마감을 하면 다시 동일 부위에 누수가 발생하여 이미 공사한 것을 철거하고 한 번 더 작업해야 하는 불상사가 생길 수 있다.

안방의 외부 누수공사를 마친 뒤 붙박이장을 시공하고 천장에 매립형 조명을 설치하니 신축 아파트 안방의 모습으로 변신했다.

④ 욕실

이 빌라 인테리어의 하이라이트는 욕실이다. 30년 전 건축주가 어떤 생각으로 욕실을 설계했는지 궁금할 정도로 상태가 심각했다. 세면기와 변기가 욕실 입구에서 반대편 끝에 각각 설치되어 있어 거리가 너무 멀었고 샤워 시설도 없었다.

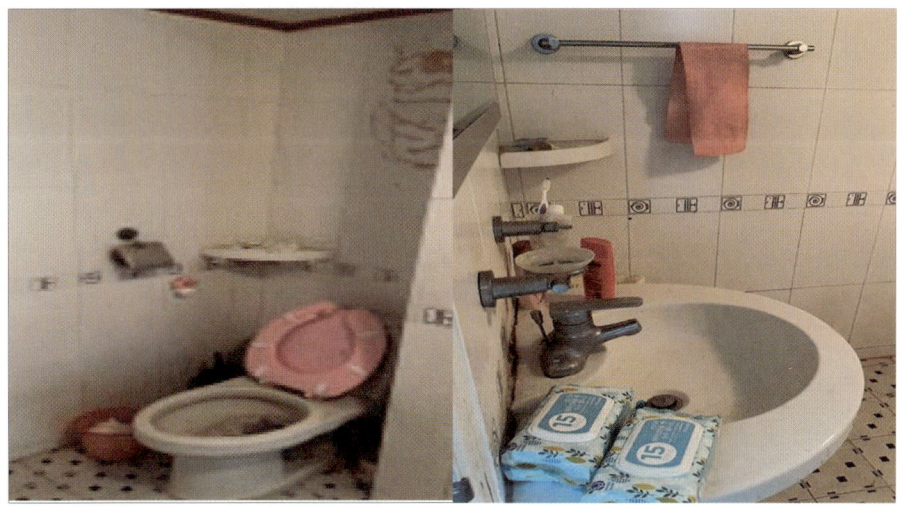

▲ 그림 3-16 욕실 인테리어 전

일단 변기 맞은편에 샤워 파티션을 설치해 샤워공간을 만들었다. 그리고 조명거울 (속칭 망고거울)을 설치하여 분리된 세면공간을 최대한 고급스럽게 살렸고, 변기 상단에 더블 수납장을 설치하여 모자란 수납공간을 보충했다. 일반적인 욕실공사보다 몇 배는 더 어려운 공사였지만 완성하고 나니 호텔 화장실 못지않은 럭셔리한 공간이 되었다.

인테리어는 몇 가지 포인트만 잘 살려도 이전과는 180도 달라진 집을 만들 수 있다. 모두가 똑같이 만들어 내는 공산품은 절대 경쟁에서 이길 수 없다. 남이 하기 싫어하는, 남이 하지 못하는 부분을 노리면 그 속에서 더 많은 기회를 발견할 수 있다.

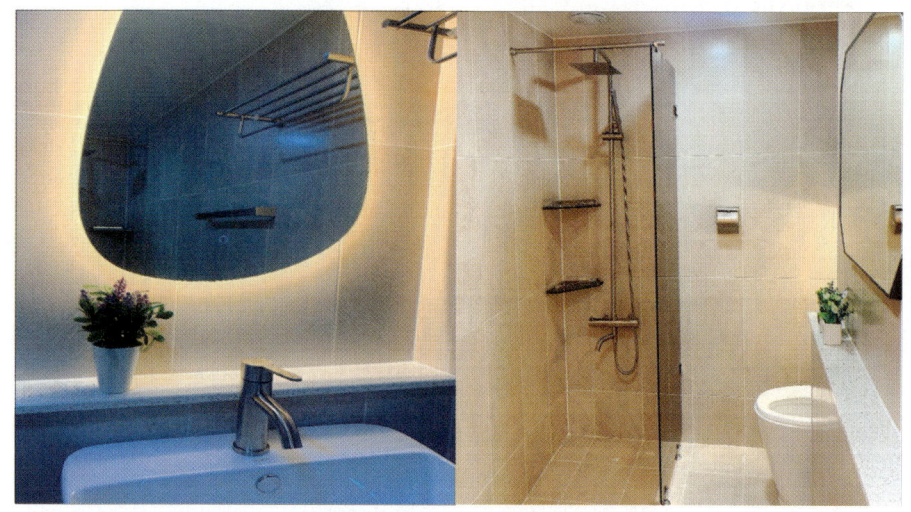

▲ 그림 3-17 욕실 인테리어 후

⑤ 현관

그동안 수많은 인테리어를 하면서 집마다 어울리는 인테리어 콘셉트가 있다는 걸 느꼈다. 어떤 집은 거실이 넓어 거실에 포인트를 줘야 하고, 어떤 집은 주방공간이 넓어 주방을 돋보이게 해야 한다. 그리고 또 어떤 집은 욕실에 힘을 줘야 하는 등 현장

마다 신경써야 하는 공간들이 있다. 모든 공간에 힘을 줄 순 없으므로 포인트가 되는 공간에 조금 더 비용을 써서 공사하는 것이 비법이다.

이 빌라의 경우 욕실, 안방 그리고 현관이 포인트 공간이었다. 기존의 낡은 현관을 철거하고 원목과 아이보리 느낌의 아담한 고급 현관 느낌을 주었다. 신발장 하단에는 간접조명을 설치했고, 현관 정면에서 보이는 벽에는 원목 색의 템바보드와 원형 조명거울을 설치했다.

▲ 그림 3-18 현관 인테리어와 안방 포인트 등 설치 후

37

10년 동안 안 팔리던 집이 이 공사 하나로 바로 계약

기회는 남들이 보지 않는 곳에 있다

만약 1억 원짜리 아파트를 7,000만 원에 낙찰받아 6개월 만에 1억 원에 매도하여 3,000만 원의 수익을 낼 수 있는 투자가 있다고 하면 대한민국의 누구라도 안 할 이유가 없을 것이다. 그러나 그런 물건들은 나뿐만 아니라 다른 사람들도 똑같은 생각을 가지고 입찰하기 때문에 내가 원하는 가격에 낙찰받을 수 있는 확률이 매우 낮다. 게다가 실거주할 목적으로 입찰에 참여하는 사람들은 시세보다 싸게 구입하는 것이 목적이기 때문에 입찰가격을 얼마든지 올릴 수 있어 투자자에겐 부담스러운 존재가 아닐 수 없다.

그러나 필자가 낙찰받은 물건들을 보면 감정가 대비 반값까지 유찰되었는데도 불구하고 아무도 입찰하지 않아 단독으로 낙찰받은 물건이 대부분이다. 경쟁 없이 싸게 낙찰받아 수익을 내기 위해서는 남들이 하기 싫어하는 투자, 즉 좋은 물건을 사는 게 아닌 상태가 좋지 않아도 돈을 벌 수 있는 물건을 싸게 사서 수익을 내는 게 목적이어야 한다. 이때 유의해야 할 점은 가격보다 해당 물건의 입지와 수요, 조망과 채광 등 실거주자가 정상적으로 거주할 수 있는 물건이어야 한다.

정리하면 투자자들이 선호하지 않는 구축 빌라나 아파트를 실거주자에게 매도할 수 있다는 전제하에 절반 가격에 낙찰받은 후 내부를 수리하여 원 가격에 매도하면 안전하게 수익을 만들 수 있다. 그리고 이 투자 기술을 사용하여 지역을 넓혀 다양한 물건들에 대입하다 보면 자신만의 투자법이 되어 남들과 다른 투자 수익을 맛볼 수 있다.

① **거실**

구축 아파트의 인테리어를 할 때는 철거 후 교체해야 할 부분과 재활용할 수 있는 부분을 판별하는 작업이 중요하다. 2023년 낙찰받은 이 물건은 답답한 체리 색 몰딩과 낡은 욕실문과 방문, 도배가 필요한 벽지가 문제였다. 그러나 이것을 제외한 새시와 싱크대, 문틀은 재활용할 수 있어 필름지를 활용하기로 했다.

해당 아파트는 거실이 매우 넓었으나 뭔가 어색한 부분이 있었는데, 다름이 아닌 거실에 뚫린 방문 3개의 위치였다. 각각 욕실, 중간 방, 작은방의 문으로 이 문들 때문

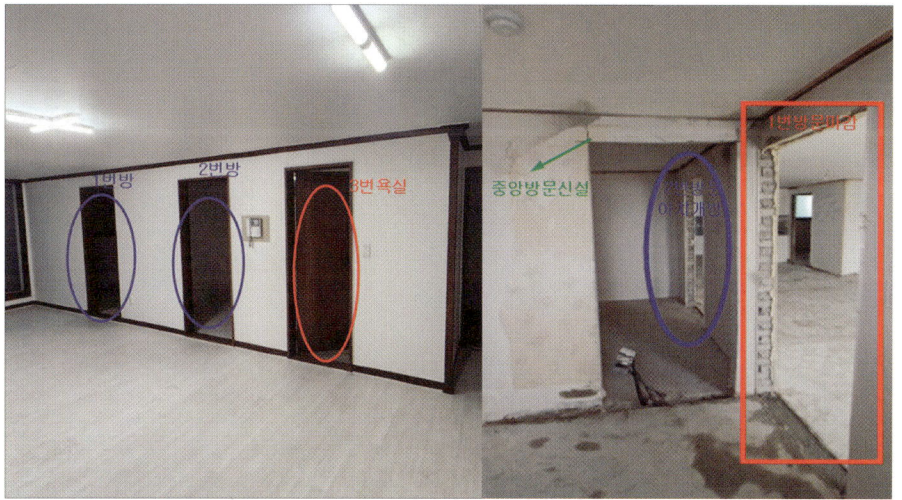

▲ 그림 3-19 인테리어 전의 거실 모습과 공사 중인 모습

에 소파를 놓을 공간이 전혀 나오지 않았다. 이 집이 오랜 기간 매매가 되지 않아 경매로 나왔다는 부동산중개사무소의 얘기를 들었는데, 넓은 공간 대비 효율성이 매우 떨어지는 구조와 낡은 인테리어가 원인일 수 있겠다는 생각이 들었다.

〈그림 3-19〉를 보면 거실의 구조상 3번 욕실 문은 절대 막을 수 없었다. 대신 1번 방문을 없애고 벽으로 막은 뒤 2번 방문을 살리고 2번 방에서 3번 방으로 통하는 새로운 중간 문을 만드는 것으로 설계했다. 대신 1번 방으로 갈 때 2번 방을 통해야 하는 번거로움이 있어 2번 방문을 개방형 아치문으로 작업했다.

3개의 방문이 하나의 개방형 문과 욕실 문으로 줄면서 거실 공간이 깔끔하게 정리되었다. 거실 천장은 전체 매립 등으로 작업하고 양 끝 면에 각각 라인 조명을 설치하여 심플함을 살렸다.

거실 왼편에는 그레이 톤의 템바보드로 작업해 포인트 공간으로 꾸몄고, 유행하는 연한 무늬 강마루로 거실과 주방 바닥 전체를 마감하여 실내공간을 더 넓어 보이게 구성했다.

▲ 그림 3-20 인테리어가 완료된 거실 모습

② **드레스룸과 현관**

방문을 없애고 개방형 아치문으로 바꾼 1번 공간에는 자유롭게 드나들 수 있는 드레스룸으로 구성했다. 그리고 고급스러운 느낌을 주기 위해 바닥에 블랙 유광타일을 깔았다. 참고로 이 집은 첫 번째 손님이 보자마자 바로 계약했고, 이 동네에서 가장 예쁘고 매력 있는 집이 되었다.

이 집의 현관은 3연동의 낡은 중문이었는데, 이를 철거하고 아치형의 스윙도어를 설치했다. 바닥 타일은 비앙코 600각으로, 신발장은 중앙에 원목 포인트를 넣은 후 바닥 공간에 간접조명으로 포인트를 넣었다.

▲ 그림 3-21 인테리어 완료된 드레스룸과 현관

③ **욕실**

욕실 문을 열면 변기만 구석에 뚝 떨어져 있고 변기 옆 기둥과 그 옆에는 비어 있는 공간이 시각적으로나 실용적으로 너무 좋지 않았다. 해당 욕실공사를 진행하면서 정말 많은 고민을 했다. 우선 기둥 선부터 비어 있는 벽면을 채웠다. 그리고 상단에는 상부 장을 매립해 수건 등의 수납공간을 만들고, 하단의 빈 공간에는 욕실용품들을 비치할 수 있게 했다. 욕실의 타일은 300각이 아닌 600각 사이즈의 큰 타일로 시공하여 비어 보일 수 있는 느낌을 최소화했다.

▲ 그림 3-22 욕실 인테리어 전과 후

④ 파우더룸

필자는 구축 나홀로 아파트나 빌라와 같이 주로 경쟁이 없는 물건들에 집중하다 보니 인테리어를 할 때마다 나름의 고충과 특성들이 있었다. 그래서 이런 오래된 아파트를 작업할 때면 전 거주자들이 방치했던 죽은 공간들까지 최대한 살리는 인테리어를 했다.

〈그림 3-23〉의 공간은 안방에 달려 있는 30년 전에나 볼 듯한 유리문으로 시공된 창고였다. 이 공간을 그대로 두자니 외관상 보기에도 안 좋고, 막아 없애자니 공간이 아깝다는 생각이 들었다. 그래서 문을 없애고 통로에 초록색 타일을 시공하여 파우더룸을 만들었다.

완성하고 나니 죽어 있던 공간이 새롭게 재탄생한 느낌이어서 완공 후 찍어 놓은 사진을 몇 번이고 보고 또 봤던 기억이 난다.

▲ 그림 3-23 창고를 파우더룸으로

9장

경매투자의 완성!
매도의 기술

38

[1단계] 팔릴 물건을 사서 예쁘게 포장하라: 청소, 인테리어

팔릴 물건을 싸게 사는 것이 기본

매도를 잘한다는 것은 내가 이 물건을 판매한다는 사실을 여러 매체(온라인, 오프라인)를 통해 최대한 많이 알리는 것이며, 어제 광고한 사실을 오늘 잊어버리고 또다시 새로운 광고를 진행하는 것이다. 많은 경매 투자자가 빠른 매도를 위해 노력하지만 경매물건을 얼마나 빨리 매도할 수 있는지는 낙찰 후 노력하는 것이 아니라 입찰 전에 미리 결정되어 있어야 한다.

즉 해당 물건의 적정수요와 현실적인 매도가격을 정확히 책정한 후에 경매 입찰을 해야 하는 것이다. 이 두 가지를 확실히 조사한 입찰자는 수익을 낼 수 있는 최소가격에 낙찰받아 적정가격에 물건을 쉽게 매도할 수 있다.

필자의 경험상 물건이 안 팔리는 경우는 거의 두 가지였다. 첫째는 입찰 전 물건에 대한 수요와 가격 조사가 세세하게 되지 않은 경우, 둘째는 매도 시점에 하락장이 와서 수요가 줄어들며 매도가격이 내려가는 경우였다.

다시 한번 말하지만 매도를 잘하기 위해 가장 기본이 되어야 할 것은 바로 수요가 있는 물건을 싸게 구입하는 것이다. 즉 경매투자의 안전마진을 최대화하여 입찰가를 산정해야 한다. 그런데 초보 투자자들은 경쟁을 피해 싸게 구입하는 것이 쉽지 않아 마진을 최소한으로 계산하여 안전마진 없이 입찰한다.

여러 종목(아파트, 빌라, 주택, 오피스텔)을 활용하고, 하자(유치권, 가장 임차인, 선순위 권리)를 치유하고, 루트(압류재산공매, 수탁자산공매, 신탁공매)를 활용하며 지역(전국)을 넓혀 입찰 횟수를 늘린다. 이렇게 함으로써 내가 원하는 수익률에 맞춘 입찰가로 낙찰받는 것이 안전한 경매투자의 기본이며, 매도를 잘하기 위한 최고의 방법이다.

투자금 대비 수익률 기간을 6개월 이내로 설정한다면 아파트의 경우 30%, 빌라는 50%, 주택은 70% 그리고 특수물건이 추가되면 +20%의 수익률 등 본인만의 투자수익률 원칙을 정한다. 그런 후 그 수익률에 맞게 입찰가를 정하는 습관을 들여야 한다. 그리고 반드시 팔 수 있는 종목(주거용의 경우 실거주 수요)에 투자하되 매도가 쉽지 않은 물건(상가, 토지, 공장, 펜션, 모텔) 등은 입찰 전 확실한 출구 전략을 만들어 입찰한다. 그리고 부동산중개사무소는 평균을 낼 수 있도록 최소 3곳 이상에 문의한다.

팔릴 만한 물건을 팔릴 수 있는 적정가격으로 싸게 구입하는 것이 매도의 시작점이라고 정의할 수 있다.

보기 좋은 집이 팔기에도 좋다

현재 서울을 제외한 전국 부동산시장 분위기는 여전히 하락장의 연속인데, 이런 시장에서는 철저히 실거주 수요를 대상으로 부동산을 낙찰받고 매도해야 한다. 그리고 입찰 전 부동산중개사무소를 통한 가격 조사를 할 때 해당 물건의 수리 전 수요와 가격, 수리 후 수요와 가격을 분리해서 조사해야 한다. 수리 후 수요가 더 많다면 미리 수리비용을 산정해 입찰가를 정해야 하고, 수리 전 수요가 많다면 수리 없이 바로 매매 가능한 매도가격을 산정한다.

실거주 수요의 특징은 부동산을 구입할 때 다른 집 대비 인테리어가 조금이라도 잘되어 있는 집을 싸게 사려고 한다는 것이다. 그래서 다른 집보다 빨리 매매하기 위해서 인테리어를 이용해 매도 경쟁력을 높여야 한다.

명도가 끝난 후 내부 상태를 확인하며 기본 수리(도배, 장판, 조명) 후 매매를 진행할지, 디자인 수리(기본 수리, 타일, 필름, 각종 기물 교체) 후 매매를 진행할지, 올 수리(기본, 디자인, 새시 외 모든 공정) 후 매매할지에 대한 범위와 비용을 결정한다. 그리고 수요자가 물건 내부를 볼 수 있어야 매도가 빨리 되므로 이 시기에는 내부공사에 대한 빠른 판단과 실행력이 중요하다.

부동산중개사무소에 내부 수리 중인 사진을 보내 공사 진행 여부를 알리면 매수자가 더 빨리 나타날 수 있다. 그러므로 부동산 매도 작업은 내부공사 시작과 함께 진행하는 것이 훨씬 더 좋은 결과를 얻을 수 있다. 필자의 경우 공사를 시작할 때부터 매수자가 나타나 내부 디자인을 매수자가 원하는 방향으로 바꾼 경우도 많다.

그리고 명도를 마친 후 입주 청소를 하고 간단한 소품들을 활용하여 내부를 꾸며 놓으면 집을 보러 오는 매수자들에게 훨씬 더 좋은 결과를 기대할 수 있다. 주거용 경매물건은 아무래도 신축보다 구축의 비중이 크다. 빠른 매도를 위해 물건의 가격을 낮추기보다는 내부를 더 예쁘게 꾸미는 것이 경쟁력을 높일 수 있다.

▲ 그림 3-24 소품을 활용하자

39

[2단계] 불특정 다수에게 최대한 많이 노출하라: 단체문자, 맘카페

타율 높은 부동산 단체문자

이제 본격적인 매도 광고를 진행할 차례다. 먼저 현장에 가지 않고도 광고할 수 있는 방법부터 알아보자. 매도할 때 인근 3~5곳 정도의 부동산중개사무소에 물건을 내놓고 마냥 기다리는 경우가 많다. 부동산 경기가 좋고 매수자가 많은 경우에는 소수의 부동산중개사무소에만 내놓아도 잘 팔리지만, 매수자가 없거나 하락장인 경우 빠르게 매도하기 위해서는 여러 부동산중개사무소에 매물을 의뢰하여 경쟁하며 매매하는 게 효과적이다.

첫 번째 방법은 인근 부동산중개사무소(카카오맵이나 네이버 지도에서 검색)나 '네이버 부동산'에서 매물 광고를 하는 부동산중개사무소에 매도를 의뢰하는 것이다. 이때 전달할 내용들은 물건의 동·호수, 평수, 가격 그리고 내부 상태(수리 여부)와 입주 가능 여부, 소유자 이름, 통신사 등이다. 통신사는 네이버부동산 매물 광고를 할 때 필요하다. 전화로 전달하기에는 복잡할 수 있으므로 통화상으로는 기본적인 매도 내용들만 전달하고 상세 내용은 문자메시지를 이용한다.

두 번째 방법은 인근 부동산중개사무소의 연락처들을 모두 수집해 매매 의뢰 단체문자를 보내는 것이다. 부동산중개사무소 입장에서는 사전 정보 없이 문자메시지부터 받는 게 당황스러울 수 있지만, 내부 사진(3장까지 가능)과 함께 물건 정보를 꼼꼼히 전달하면 10곳 중 2~3곳 정도는 관심을 보이며 연락해 온다. 연락이 오는 부동산중개사무소는 추가적으로 사진 촬영을 한다든지, 지금 매수 희망자가 있어 집을 보여준다든지 등의 빠른 피드백이 올 수 있다. 따라서 단체문자는 시간이 없는 직장인이 할 수 있는 광고 중 가장 효율이 좋은 방법이다.

단체문자를 전송할 때 '알리고 문자(smartsms.aligo.in)' 사이트를 활용하는데 보통 문자 1건당 장문 문자는 25원, 포토 문자는 60원이다. 부동산중개사무소 소장님들의 관심을 끌기 위해서 주로 포토 문자를 활용하는 편이다. 이때 물건이 아파트인 경우 해당 지역의 구 범위까지 광고하고, 투자 목적의 상가나 토지인 경우 해당 지역 내 또는 가까운 지역(예: 부산과 경남)까지 묶어서 문자메시지를 보낸다.

▲ 그림 3-25 네이버부동산과 단체문자

문자 광고 비용은 적지 않게 들어가는 편이지만, 매도가 쉽지 않은 물건이나 여러 물건을 동시에 매도해야 하는 경우 직접 현장을 돌아다니며 광고하는 것보다 문자 광고를 이용하는 편이 훨씬 저렴할 수 있다. 또 지금까지의 매도 확률을 분석했을 때 가장 효과적인 광고 방법이기도 했다.

블로그와 네이버 카페를 활용하자

많은 사람이 집을 구할 때 오프라인보다 온라인 검색을 활용한다. 이사하고 싶은 특정 아파트를 검색해 보는 경우도 있지만, 예를 들어 '사직동 아파트 매매'와 같이 지역과 종목으로 물건을 검색할 때도 있다. 이럴 때 노출되는 광고들이 네이버 블로그와 카페의 게시글들이다.

네이버 블로그에 부동산 물건 광고를 하는 경우는 부동산중개사들이 고객에게 의뢰받은 물건의 내부 사진과 세부 내역, 매도가격 등을 본인의 블로그에 올려 광고하는 방법이다. 네이버 카페에 물건을 광고하는 경우는 부동산중개사 광고도 있지만, 직거래를 원하는 수요(매도자)가 직접 카페에 글을 작성하여 물건을 광고하기도 한다.

본인의 네이버 블로그 지수가 높다면 키워드 검색을 통해 상위노출이 가능하지만, 지수가 낮다면 회원 수가 많은 네이버 카페를 활용하는 것을 추천한다. 예를 들어 부산 해운대에 있는 아파트를 네이버 카페를 통해 광고하고 싶다면 부산 지역의 맘카페 등에 글을 올려 노출할 수 있다. 그리고 부산의 부동산카페나 회원 수가 압도적으로 많은 중고나라, 피터팬 카페 등을 통해 광고할 수 있다.

네이버 카페를 통해 물건 광고를 할 때는 사진이 중요하다. 인테리어와 입주 청소를 끝낸 깔끔한 상태에서 촬영한 사진을 올리면 더 좋은 광고 효과를 낼 수 있다.

그리고 네이버 카페 게시글을 보고 관심 있는 부동산중개사들이 직접 광고를 진행해도 될지 문의해 오는 경우도 많다. 그러면 카페와 동시에 부동산중개사무소에서도 광고할 수 있으며, 회원 수가 많고 지수가 높은 카페일수록 상위노출이 가능하므로 해당 지역에서 집을 구하는 매수자들에게 더 큰 광고 효과를 기대할 수 있다.

확률로 따지자면 부동산중개사를 통하여 매도하는 경우가 대부분이지만 온라인 카페 광고를 통해 거래 의사를 확정한 후 부동산을 끼고(직거래이나 부동산을 통해 계약만 할 경우 수수료는 30~50% 할인) 매도하는 경우도 많다. 그래서 내 물건을 광고할 수 있는 모든 방법을 총동원한다면 미래의 매수 희망자에게 한 번이라도 더 노출될 수 있어 매도 확률을 좀 더 높일 수 있다.

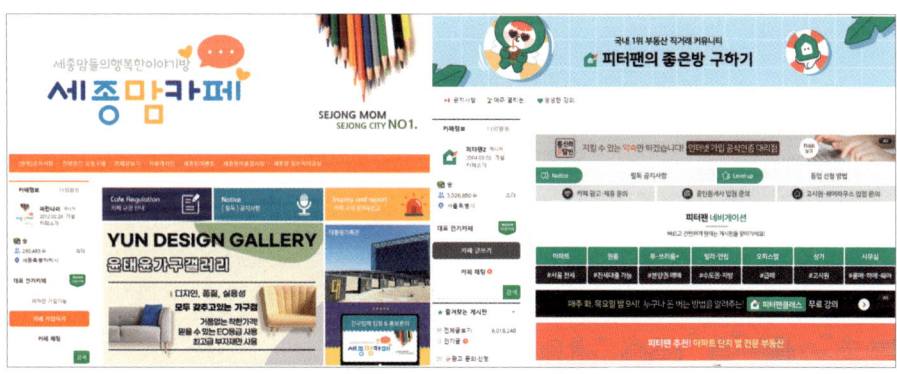

▲ 그림 3-26 맘카페와 부동산 카페를 활용하자

[3단계] 물건지 주변 사람들을 노려라: 전단지, 현수막

입주민에게 반응 좋은 전단지 광고

매도를 잘하기 위해서는 내가 판매하는 물건을 최대한 많은 사람에게 알려야 한다. 부동산을 판매하는 광고 방법을 크게 두 가지로 나눈다면 온라인을 통한 광고와 오프라인을 통한 광고가 있다. 아무래도 요즘 시대의 특성상 오프라인 광고보다는 온라인 광고가 수요도 많고, 효과도 훨씬 더 높기 때문에 오프라인 광고는 거의 하지 않는 추세이다.

그러나 부동산을 파는 것은 내 물건을 사줄 단 한 명의 매수자를 찾는 일이다. 따라서 할 수 있는 모든 광고 방법을 동시에 진행하는 것이 좋다.

오프라인 광고의 대표적인 방법으로 전단지와 현수막이 있다. 온라인 광고는 소비자가 검색해야만 노출되지만, 오프라인 광고는 본인의 의사와 관계없이 길을 걷다가도 무의식적으로 주변에 부착되어 있는 전단지와 현수막 광고를 언제든 접할 수 있다.

필자도 예전에 전단지 광고를 통해 아파트나 빌라를 매도한 적이 많았는데 대도시보다는 소도시(지방, 시골)에서 효과가 좋았다. 전단지 광고를 할 때는 해당 물건지 인근 라인에 먼저 부착하고, 물건 인근에 유동 인구가 가장 많은 라인을 찾아 지하철역이나 버스정류장, 전봇대에 부착한다.

전단지는 구청에서 청소하면서 제거하기 때문에 상권이 좋은 라인의 전단지들은 오랜 시간 붙어 있지 못하지만, 아파트 인근에 부착한 전단지는 수거율이 낮은 편이다. 그중 전단지 광고에 가장 많은 관심을 보이는 사람들은 해당 아파트에 거주하는 입주민이다. 소형 평수에서 대형 평수로 이사 가려는 수요층과 전세에서 매매로 갈아타려는 수요층이 많았으며, 이렇게 목적이 뚜렷한 수요층이 전단지 광고를 보고 본격적인 거래 의사를 표시했을 때 좋은 결과로 이어지는 경우가 상당히 많았다.

전단지 광고를 진행하면서 같이 해야 할 작업은 물건 인근의 부동산중개사무소 방문이다. 이미 부동산중개사무소 소장님과 문자 광고나 통화를 했다고 해도 얼굴을 직접 맞대고 이야기를 나눴던 사람에게 더 정이 가게 마련이다. 그래서 물건 인근의 부동산중개사무소에 음료수 한 박스를 사가지고 잘 부탁드린다는 인사를 한다면 추

▲ 그림 3-27 전단지와 부동산중개사무소 방문

후 다른 사람의 물건보다 내 물건에 더 애착을 갖고 브리핑해주며 더 좋은 결과를 만들어 줄 것이다.

모든 사업이 마찬가지겠지만 부동산 또한 사람이 재산이라고 생각한다. 많은 사람과 진심 어린 관계를 맺는다면 그 사람들로 인해 내 사업은 더 번창할 수 있을 것이다. 특히 매도가 쉽지 않은 물건일수록 아무것도 하지 않고 가만히 있는 것보다 하루에 하나씩이라도 내가 할 일을 한다면 결국엔 그 노력이 쌓여 원하는 결과를 얻게 될 것이다.

각인 효과가 확실한 현수막 광고

오프라인 광고의 두 번째 방법은 현수막 광고다. 주로 상가나 단독주택처럼 목적물 전면에 현수막 부착이 가능한 경우에 사용한다. 현수막은 전단지보다 크기 때문에 가시성이 좋아 사람들에게 확실하게 인지시킬 수 있다는 장점이 있다.

현수막 광고를 할 때 글은 최소한으로 핵심만 넣고, 크기를 최대한 키워 멀리서 보더라도 어떤 내용의 광고인지 한 번에 확인할 수 있게 만들어야 한다. 또 글자 색은 빨간색과 노란색, 파란색 등 눈에 잘 띄는 색상으로 제작하는 게 좋다.

필자가 주로 현수막을 통해 판매했던 물건들은 도로변에 있는 상가주택이나 입지 좋은 단독주택, 구분 상가(층이나 호 등 일정한 규모별로 구분 등기가 가능한 상가)들이 많았다. 인근 상인들과 주민들이 차량이나 도보로 이 물건 주변을 지나갈 때 광고 중인 현수막을 보고 문의하는 횟수가 다른 광고에 비해 훨씬 더 많았다. 그리고 이런 문의들이 임대나 매매 계약으로 이어지는 경우도 꽤 있었다.

정리하면 아파트나 빌라의 경우는 전단지 광고를, 주택이나 상가, 토지는 현수막 광고를 하는 것이 더 좋은 효과를 낼 수 있다.

그 외에 벼룩시장이나 교차로 등의 신문 광고를 활용할 수 있지만, 옛날 광고 방식인 만큼 젊은 수요층이 아닌 기성세대 수요층이 대상이다. 예전만큼은 아니지만 여전히 신문이나 지역 광고 게시판을 통해 부동산을 찾는 수요가 있다. 꼭 그렇지 않더라도 다른 목적으로 신문을 보다 우연히 광고 중인 물건을 보고 관심이 생겨 연락이 오는 경우도 있다.

다만 신문 광고만 진행하는 것은 효과가 없고, 작은 도시의 물건을 매도할 때 부가적으로 진행하는 것을 추천한다.

▲ 그림 3-28 현수막 광고는 핵심만 단순하게

PART IV

경매투자
당신도 할 수 있다!

10장

경매 투자자를 위한
절세 비법

개인, 매매사업자, 법인을 활용한 경매투자 요령

양도세 vs. 소득세 vs. 법인세

부동산 투자를 하며 가장 중요한 부분은 안전한 수익 실현이지만, 그보다 더 중요한 것은 수익에 대한 절세 방안이라고 할 수 있다. 아무리 많은 수익을 내더라도 수익보다 많은 세금을 납부하면 마이너스 투자가 된다. 그러므로 개인 명의 투자와 사업자 명의 투자 중 어떤 방법이 본인에게 이득일지를 꼼꼼히 체크한 후 거기에 맞는 투

❖ **투자 명의별 세금**

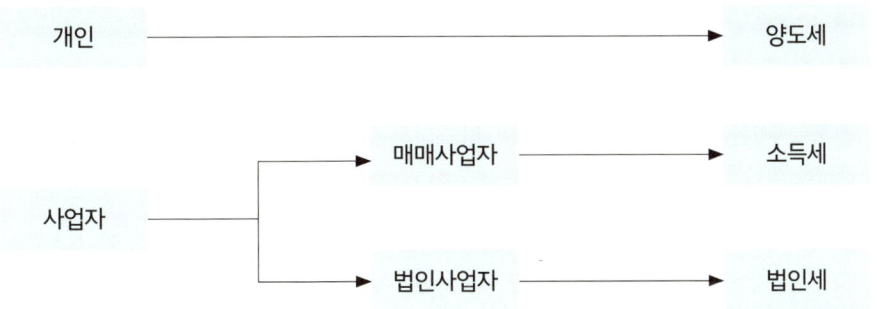

자를 실행해야 한다.

우선 투자 명의의 종류에 따른 투자 방법은 총 3가지로 구분할 수 있다. 개인 명의로 투자해 양도세를 납부하는 방법, 매매사업자로 투자해 소득세를 납부하는 방법, 법인사업자로 투자해서 법인세를 납부하는 방법이다. 이 3가지 방법의 특징을 알아보자.

① 개인 명의: 85m² 이상의 주거용(오피스텔 포함)

개인 명의로 낙찰받은 물건을 1년 이내에 매도하면 양도세의 범위가 양도차익의 최대 70%로 투자로서의 실익이 없다. 하지만 만약 매도해야 할 물건의 면적이 85m² 이상인 대형 평수라면 개인 명의가 유리할 수 있다. 매매사업자나 법인사업자 명의로 낙찰받고 매도할 경우 건물분 부가세 10%가 발생하기 때문이다. 단, 2~4년 이상 임대한 후 매도할 경우에는 건물분 부가세를 면세받을 수 있다.

또 이미 2주택을 소유하고 있어 취득세 중과로 인해 더 이상 개인 명의로 투자하기 부담되는 경우가 있다. 공시지가 1억 원 이상의 주거용 오피스텔은 몇 채를 소유해도 취득세가 4.6%로 동일하다. 따라서 개인 명의(다주택자)로 주거용 오피스텔을 싸게 낙찰받아 매도하는 방법을 사용할 수 있다.

② 매매사업자: 85m² 이하 주거용(오피스텔 포함)

앞서 매매사업자로 경매물건을 매도할 때 건물 면적이 85m² 이상이면 건물분 부가세가 발생한다고 했다. 하지만 85m² 이하의 주거용 경매물건을 매도하는 경우에는 건물분 부가세 납부 의무가 없고, 사업소득세(일반과세 6~45%)를 납부하며 경비 처리 범위가 넓은 매매사업자를 활용하여 투자하는 방법이 가장 유리하다.

하지만 건물 면적이 85m² 이하이더라도 공동주택가격이 1억 원 이상이라면 2주택 취득까지는 1%이지만, 3주택은 8%, 4주택 이상은 12%의 취득세 중과가 적용되니 입찰 전 미리 체크할 필요가 있다.

③ 법인사업자: 상가, 공장, 토지, 공시지가 1억 원 이상 주거용 오피스텔

2020년 7월 법인에 대한 세금 규제의 목적은 법인 명의로 주거용 부동산을 취득하면 발생하는 세금(취득세, 종부세 등) 규제이며, 상업용 부동산(상가, 공장, 숙박)에 대한 규제는 없다.

법인 명의로 상업용 건물을 매도할 때의 장점은 추가 과세(매도 차익의 20%)가 발생하지 않는다는 것이다. 건물분 부가세와 법인세가 발생하지만 건물분 부가세의 경우 매수자와 포괄양수(권리의 이전) 계약으로 매도자의 부가세 부담을 매수자에게 이전할 수 있다. 그리고 법인세의 경우 법인을 운영하며 발생한 비용으로 경비 처리를 할 수 있다. 따라서 법인사업자 명의를 활용한 상업용 부동산 경매투자가 틈새시장이 될 수 있다.

공시지가 1억 원 이상의 오피스텔에 투자할 때도 법인 명의를 활용하면 개인 주택 수에 포함되지 않아 개인 명의일 때 부과되는 취득세 중과를 피할 수 있다. 이때 주거용 오피스텔의 경우 6월 1일 기준으로 종부세가 부과될 수 있으니 6월 1일 이전에 매도할 수 있도록 계획을 세워 투자한다. 또는 종부세 부과 대상이 아닌 상업용 오피스텔에 투자하는 것이 현명한 방법일 수 있다.

경매 단타에는 매매사업자가 유리

우리나라에서 물건을 판매할 때 가장 많은 세금을 부과하는 종목을 꼽자면 뭐니 뭐니 해도 주거용 부동산일 것이다. 개인 명의로 부동산을 취득하고 2년 이내에 매도하면 양도세는 일반과세가 아닌 중과세율을 적용받는다. 특히 2주택 이상의 경우

1년 이내 매도 시 양도세가 70%, 2년 이내 매도 시 60%로 사실상 양도세를 내고 나면 남는 게 없다. 따라서 개인 명의로 단기투자는 불가능하다고 볼 수 있다.

이에 따라 많은 사람이 법인 명의를 활용하여 투자했지만, 문재인 정부 시절 치솟는 집값을 잡기 위해 2020년 7월 10일부터 다주택 보유 법인에 대한 세금 규제를 시작했다. 이에 따라 주거용 부동산을 취득하는 법인의 취득세를 기존의 1%에서 무려 12%(공동주택 가격 1억 원 미만은 1%)로 높였고, 마찬가지로 주거용 부동산 취득 시 발생하는 법인 추가 과세(양도 차익분)도 기존 10%에서 20%로 올랐다. 규제가 시행되면서 많은 투자자가 법인 투자를 중단한 후 폐업했다.

그로부터 4년 후 2024년 현재 서울과 수도권을 제외한 부동산시장은 상승장에서 하락장으로 전환되었지만, 아직도 법인에 대한 고강도 세금 규제는 풀리지 않았다. 개인 명의 단기 양도세 또한 최대 70%로 개인 명의와 법인을 통한 부동산 단기 매도 수익 실현이 불가능한 상태가 지속되고 있다. 이런 상황에서 유일하게 보유 기간에 관계없이 일반과세로 부동산을 매도할 수 있는 방법이 있는데, 바로 매매사업자를 활용한 부동산 단기투자이다.

현재 법인으로 할 수 있는 투자가 상업용밖에 없어서 90% 이상의 경매물건들은 매매사업자를 활용하여 투자하고 있다. 따라서 이번 장에서는 법인을 제외한 개인 명의로 투자하는 것과 매매사업자로 투자하는 것의 차이점과 장·단점을 비교해 보고, 어떤 방법이 본인에게 잘 맞을지를 판단해 보자.

42 실전투자자가 알려주는 양도세 절세 비법

양도세 절세의 핵심은 필요경비

개인 명의로 부동산을 매도할 때 부과되는 세금은 양도세다. 양도세를 계산할 때는 먼저 취득가액에서 필요경비를 제한 양도차익을 계산한다. 그런 후 양도차익에서 공제되는 기본공제, 장기보유특별공제 등의 금액을 제하면 양도세 과세표준을 산정할 수 있다. 따라서 양도세 기준 금액인 과제표준을 줄이기 위해서는 양도차익에서 최대한 많은 필요경비를 공제할 필요가 있다.

우선 취득가액은 이 부동산을 취득할 때 사용된 비용, 즉 취득세와 등록세 등 법무 비용 전체를 말한다. 양도세 신고 시 취득과 관련된 세금은 모두 필요경비로 인정받을 수 있으므로, 취득세 등이 나열된 취득 법무 비용표를 잘 보관하고 있다가 세무서에 제출하면 된다.

또 취득 시 발생하는 중개수수료도 필요경비에 속하므로 이체 내용과 영수증을 챙겨두자. 그리고 경매의 경우 취득 과정에 따라 명도 소송을 진행할 수 있다. 이때 소송비와 만약 변호사를 위임했다면 그 위임비용까지 필요경비에 포함된다. 그 외 컨설팅 수수료, 경매 낙찰 시 인수되는 미납관리비 등이 있다.

① 자본적 지출

낙찰자가 준비해야 할 기타 필요경비에 대해 알아보자. 먼저 가장 중요한 자본적 지출이다. 자본적 지출이란 자산의 내용연수를 연장하거나, 당해 자산의 가치를 현실적으로 증가시키기 위하여 지출한 수선비 등을 말한다.

예를 들어 아파트 베란다 새시 비용, 홈오토 설치비, 건물의 난방시설을 교체한 공사비, 방 확장 공사 등의 내부 시설 개량 공사비 또는 보일러 교체 비용, 자바라 또는 방범창 설치 비용, 사회 통념상 지급된 것으로 인정되는 발코니 새시 설치 대금, 인테리어 비용 등이 있다.

자본적 지출을 작성할 때 주의해야 할 부분이 바로 수익적 지출이다. 수익적 지출이란 정상적인 수선이나 가벼운 개량으로 자산의 가치를 상승시킨다기보다는 본래의 기능을 유지하기 위한 비용을 말한다. 같은 인테리어 수리비지만 수익적 지출은 양도세 산정 시 필요경비의 범위 안에 들지 않으므로 웬만하면 자본적 지출 범위에 속하는 공사를 진행하거나 영수 처리를 할 필요가 있다.

4~5년 전에는 '올 인테리어 공사'라고 적힌 계산서 그대로 자본적 지출로 인정되는 경우가 많았다. 그러나 요즘은 세세한 견적서를 요구하며, 그 안에서 자본적 지출과 수익적 지출을 나누어 계산하기 때문에 구분할 필요가 있다. 지출에 대한 증빙은 현금영수증이나 지출 증빙 영수증 등으로 하며, 소명 요구가 들어올 때 계약서나 견적서를 요구할 수 있으므로 자료를 받아서 보관해 두어야 한다.

♦수익적 지출의 예시
① 벽지, 장판 교체 비용
② 싱크대, 주방 기구 교체 비용

③ 외벽 도색작업
④ 문짝이나 조명 교체 비용
⑤ 보일러 수리비용
⑥ 옥상 방수공사비
⑦ 하수도관 교체비
⑧ 오수정화조 설비 교체비
⑨ 타일 및 변기 공사비
⑩ 파손된 유리 또는 기와의 대체
⑪ 재해를 입은 자산의 외장 복구 및 도장, 유리의 삽입

　건물에 엘리베이터를 시공했거나 부동산 내부에 시스템에어컨(단, 이동 가능한 스탠드형 에어컨과 벽걸이 에어컨이 아닌 매립형 에어컨일 것), 보일러를 설치한 경우에도 필요경비로 인정받을 수 있다. 엘리베이터는 건물에 설치하고 호수마다 나누어 계산하므로, 견적서와 이체 내역서 등을 잘 보관하다가 양도세 정산 시 증빙자료로 제출한다.
　부엌의 싱크대나 장판을 교체하는 것, 타일 공사 등은 부동산의 자산가치를 높이는 것이라고 생각할 수도 있다. 그러나 국세청에서 보는 관점은 다르다. 자산의 가치보다는 본래의 기능을 유지하기 위한 도구로 보기 때문에 해당 공사비용은 자본적 지출이 아닌 수익적 지출에 해당한다.
　그렇다면 큰 비용을 들여 공사한 욕실, 싱크대, 마루 등의 교체 비용은 양도세 필요경비가 아니므로 아깝게 지출한 비용일까? 법인사업자의 경우 해당 비용은 경비지출로 인정되고, 매매사업자의 경우는 종합소득세 신고 때 적용해서 그만큼 환급받을 수 있다. 그래서 입찰 전 어떤 명의를 활용하는 것이 더 유리한지를 살펴야 한다.

② 미납관리비 영수증

관리비는 낙찰 후 잔금을 낼 당시에 그 집에 부과되어 있던 관리비 중 전용부분과 연체료를 제외한 공용부분의 관리비를, 잔금일로부터 최대 3년 전까지의 금액을 내야 하는 것이 법적 판례로 남아 있다. 그래서 낙찰자는 관리비 내역을 모두 받아 꼼꼼히 살펴 불필요한 지출이 생기지 않도록 해야 한다. 또한 그렇게 납부한 관리비는 반드시 관리비 완납 증명서를 받아야 하는데, 그 증명서에는 동·호수와 금액, 납부 일자가 기재되어 있어야 한다.

가끔 미납관리비 정산 후 '금일 기준 미납관리비 없음'이라는 문구만 적어주는 경우도 있다. 정산된 미납금액이 구체적으로 명시되지 않으면 추후 양도세 정산 시 필요경비로 받아들여지기 힘들 수 있다. 따라서 관리사무소에 정산한 미납금액을 정확히 명시해 달라고 요청해야 한다. 또 관리사무소가 없어 건물의 총무가 건물을 관리하면서 관리비를 받는 경우도 있는데, 이 또한 수기로라도 작성을 부탁하고 도장 날

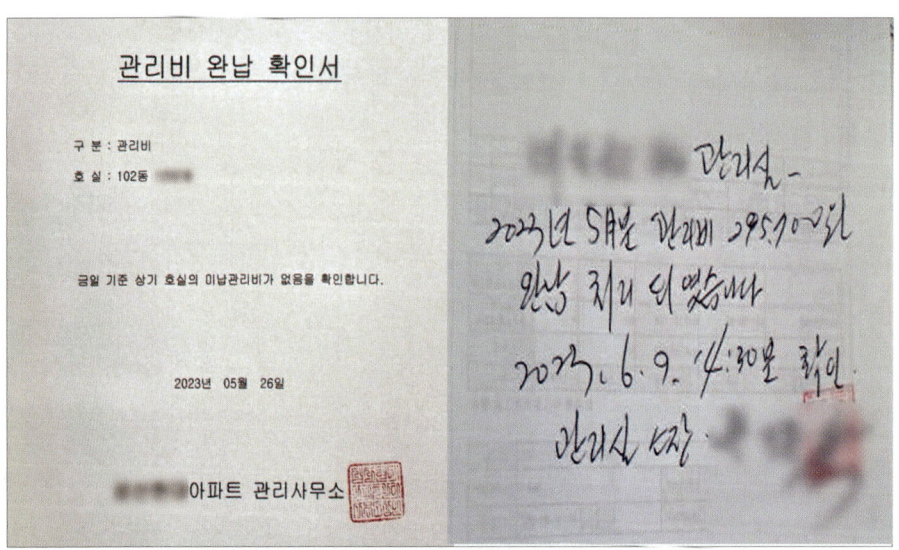

▲ 그림 4-1 미납관리비 영수증

인을 꼭 받아야 한다. 추후 세무서에서 관리비에 대해 소명 요청을 할 경우, 이체 내역서를 함께 첨부하면 된다.

잔금 후 공실 기간에 납부한 관리비는 매매사업자의 경우 종합소득세 신고 때 반영되므로 매달 납부한 내역을 모아 두는 것이 좋다. 그러나 매달 완납 증명서를 받기는 힘들 수 있으므로, 필자는 공실이 끝나는 시기에 관리사무소에 기간과 완납 내역서를 요청해 받아두었다가 세금신고 때 사용한다. 개인 명의의 부동산인 경우 잔금 후 발생하는 관리비는 인정되지 않기 때문에 이 또한 매매사업자와 법인사업자의 장점이라고 할 수 있다.

③ 경매 컨설팅 수수료

다음 판례와 같이 경매로 취득하는 부동산의 경우, 전문가의 권리분석과 명도 과정에서 일반인이 알기 어려운 법적 과정들에 대한 자문과 전문가의 활동이 들어갔을 때, 그에 대한 수수료를 지급한 경우 필요경비로 인정된다.

> 경매 컨설팅 비용은 부동산 경매와 관련된 컨설팅 비용은 직접적으로 지출한 사실이 확인될 경우 필요경비로 인정되어 양도세 산정 시 공제받을 수 있다(조심 2012서1753[심판]).

경매 컨설팅 수수료에 대한 소명 요구는 크게 두 가지다. 첫째, 정상적인 부동산 중개 수수료를 지급했는데 왜 컨설팅 수수료까지 지급했냐는 질문이다. 둘째, 컨설팅의 범위가 무엇인지 묻는 것이다.

보통 컨설팅 수수료는 낙찰자가 수익이 발생했을 시점, 즉 매도할 때 지급하는 경우가 많은데, 세무서에서는 이를 부동산 매도 수수료 시점과 동일하게 보면서 매도만을 위한 컨설팅이 아닌지 소명하라는 것이다. 이를 위해서는 입찰이 시작되는 시점에 작성한 컨설팅 계약서가 필요하며, 컨설팅 회사에 일부 계약금 또는 선금을 미리 지급하는 것도 추천한다.

두 번째 소명 요구인 컨설팅의 범위는 입찰 전 물건 선택, 권리분석, 시세 조사 등 기본적인 내용부터 모두 기재하는 것이 좋다. 세무서의 소명 요구는 이런 큰 금액의 수수료가 지급될 만한 업무인지를 묻는 의도도 있다. 때문에 경매투자로 얻게 될 투자 수익에 맞는 합당한 금액임을 입증해야 한다. 그러기 위해서는 경매 컨설팅 업무의 복잡하고 중요한 모든 업무를 명시하는 것이 좋다. 컨설팅 담당자와 나눈 대화 내용 또는 동행해서 답사, 명도, 계약하러 간 사진 등도 지니고 있으면 도움이 된다.

무엇보다도 경매 컨설팅 수수료는 계좌이체로 지급하고, 업체는 이에 대해 '컨설팅 수수료'가 품목에 명시된 세금계산서를 발행해 주어야 필요경비 입증에 어려움이 없다.

OOOO 주식회사

경매컨설팅 계약서

위임인(甲) : OOO

수임인(乙) : OOOO 주식회사

제 3조 【업무범위】

"갑"은 위 부동산에 관한 아래 업무를 "을"에게 위임한다.

1. 경매입찰을 통한 재산취득에 관한 자문
   - 감정가와 시세조사
2. 본 건의 현장 조사를 통한 위험요소 파악 및 분석
   - 제주도 서귀포시 현장을 방문하여 건물 외부평가 및 이웃주민 탐문
   - 관리사무소 방문하여 관리비와 각종 세금 확인 및 건물 안정성 평가 확인
3. 서귀포시 지역분석과 시세조사를 통한 입찰가(실거래가액) 산정
   - 부동산 탐문을 통한 현재 시세조사 및 과거 거래내역 분석 후 입찰가 산정
4. 공부등과 현황조사서, 감정평가서 등에 의하여 재산취득에 따른 권리를 분석하여 관련된 정보 제공
   - 건물등기부, 감정평가서, 현황조사서, 건축물대장, 매각물건명세서, 세대열람 내역서 확인 후 취득에 대한 권리분석을 진행.
5. 입찰일 당일 경매 입찰 대리 진행
   - 위임인의 자료와 보증금 수령 후 표함법원 방문, 입찰표 작성 및 제출
6. 낙찰시 소유자(임차인) 명도
   - 해당물건 방문 후 점유자 정보 확보
   - 명도를 위한 내용증명 발송, 인도명령 신청, 명도(이사)협의, 명도확인서 작성 및 전달
   - 명도협의 불이행시 강제집행 계고 및 집행 실시
7. 소멸되지 않는 가처분등기 처리 및 피보전등기 확인
   - 제주지방법원 가처분등기 말소신청 및 처리
8. 입찰 전 제출한 수익률분석에 맞는 임대 혹은 매도 작업 진행

▲ 그림 4-2 경매 컨설팅 계약서

43

매매사업자를 활용한 손쉬운 단기투자

매매사업자의 장점

사업 목적으로 1과세 기간(6개월)에 1회 이상 부동산을 취득하고 2회 이상 판매하는 경우나 과세 기간별 취득 횟수나 판매 횟수와 관계없이 부동산의 규모, 횟수 등 사업 활동으로 볼 수 있는 정도의 계속성과 반복성이 있는 경우 매매사업자에 해당할 수 있다. 개인 명의로 부동산을 매도할 때 양도차익에 대해 양도소득세가 부과되지만, 매매사업자의 경우 부동산을 사고파는 과정에서 발생하는 소득을 사업소득으로 보고 종합소득세를 납부한다는 차이가 있다.

다음은 매매사업자로 부동산 경매투자를 했을 때 얻을 수 있는 장점이다.

① 중과세가 아닌 일반과세 적용

부동산 매매사업자로 등록하게 되면, 부동산을 단기 보유 후 매도해도 기존 양도소득세의 단기 세율이 아닌 종합소득세율(6~45%)이 적용된다. 개인 명의로 취득한 부동산을 1년 이내 매도한 경우 부과되는 중과세 70%에 비하면 매우 낮은 수준이다.

② 경비 처리의 유용성

개인 명의 양도소득의 경우 취득이나 양도 시에 들어간 비용만 제한적으로 공제되나, 매매 사업소득의 경우에는 사무실 유지비나 인건비, 대출이자, 교통비 등 사업을 운영하며 지출한 각종 비용의 공제가 가능하다.

③ 결손금 이월 가능

동일 연도에만 양도차손이 인정되는 양도세와 다르게 매매사업자의 양도차손은 15년 동안 이월 공제할 수 있다.

❖ 부동산 단기 매매 시 세금 비교

구분	기간	세금
개인투자자*	1년 미만	양도세 70%
	1년 이상~2년 미만	양도세 60%
매매사업자**	1,400만 원 이하	소득세 6%
	1,400만 원 이상~5,000만 원 이하	소득세 15%
	5,000만 원 이상~8,800만 원 이하	소득세 24%

* 2년 미만은 기간에 따라 양도세율 적용, 2년 이상은 양도가액에 따라 적용
** 기간과 상관 없이 소득세율 적용

예를 들어 경매물건을 낙찰받고 1년 이내에 매도해 5,000만 원의 양도차익이 발생하였을 때, 매매사업자의 소득세와 개인 명의의 양도세를 비교해 보자. 개인 명의의 경우 양도세율 70%로 3,250만 원의 양도세(기본공제 250만 원 공제)가 발생하지만, 매매사업자의 경우 15%의 세율로 624만 원의 소득세(126만 원 공제)가 발생한다. 따라서 4~6개월 이내의 단기 매도가 빈번하다면 개인 명의보다는 매매사업자로 투자

하는 편이 훨씬 유리하다.

❖ 1년 이내 부동산 단기 매도 시 세금 발생 예시

구분	개인	매매사업자
양도차익	5,000만 원	
양도소득세	3,250만 원	624만 원
지방소득세(양도세의 10%)	325만 원	62만 4,000원
세율	70%(250만 원 공제)	15%(126만 원 공제)
순수익	14,250,000원	43,136,000원

개인과 매매사업자의 경비 처리 기준

앞서 살펴본 개인 명의 매도 시 발생하는 양도세와 개인 매매사업자로 매도 시 소득세를 산정할 때 경비 처리 가능한 품목들을 구분해 보았다.

다음 〈경비 처리 가능 품목 비교표〉를 통해 알 수 있듯이 개인명의의 경우 매매사업자에 비해 필요경비 인정 범위가 좁다. 그래서 같은 비용의 경비가 지출되는 투자물건이라면 개인 명의보다는 매매사업자를 활용한 투자가 훨씬 더 유리하다.

이외에도 매매사업자의 경우 경매물건을 낙찰받은 후 발생한 이자 납부내역서도 종합소득세 신고 시 경비로 인정된다. 대출을 상환하는 시점에 은행 측에 대출 거래 명세 증명서를 요청하면 대출이 시작된 일자와 금액, 매달 납부한 이자 금액과 상환 일자가 모두 기재된 내역서를 받을 수 있다. 이 증명서를 추후 종합소득세 신고 시 첨부하면 환급받을 수 있다.

❖ **경비 처리 가능 품목 비교표**

구분	예시	개인	매매사업자
취득가액	취득세, 법무사 비용 등	○	○
자본적 지출	새시, 난방시설, 교체 공사비, 홈오토 설치비 등	○	○
수익적 지출	벽지, 싱크대, 주방 수리, 상·하수도 공사, 누수 공사비 등	×	○
기타	대출이자, 교통비, 차량 유지비, 인건비, 명도비 등	×	○

    수익적 지출이 발생했을 때 개인 명의의 경우에는 부가세를 내지 않고 현금 처리하여 부가세를 아낄 수도 있지만, 매매사업자나 법인의 경우에는 계산서 또는 영수증을 부지런히 발급받아 종합소득세를 신고할 때 반영하는 것이 좋다.

    직접 종합소득세를 신고하지 않고 대행할 수도 있다. 하지만 이때에도 직접 챙기지 않으면 담당자는 국세청 홈택스에 기재되어 신고되는 내용 외에는 내가 어떤 자료를 가지고 있고 어떤 곳에 지출했는지 모두 알 수 없다. 따라서 하나하나 꼼꼼히 챙겨 신고할 필요가 있다.

    지금까지 개인 명의, 매매사업자 그리고 법인사업자 투자 시 발생하는 세금과 장·단점을 각각 비교해 보았다. 세금 부분은 아무래도 전문 세무사에게 상담하는 방법이 제일 확실하고 실수가 없다. 따라서 이 방법들은 참고하되 실전 투자를 진행할 때는 부동산 전문 세무사나 주소지 인근 구청과 세무서에 충분히 문의한 후 투자를 진행하길 바란다.

❖ 명의별 세금 비교표

구분	개인	매매사업자	법인사업자
세목	양도소득세	종합소득세	법인소득세
세율	• 1년 미만: 70% • 1년 이상~2년 미만: 60% • 2년 이상: 6~45% 기본 누진세율	6~45% 비교과세*	• 9~19% • 추가과세 20%
기본공제 장기보유특별공제	○	• 예정 신고 시: ○ • 확정 신고 시: ×	×
부가세 포함 여부	○	○	×
부가가치세	×	• 85m² 이하: 면세 • 85m² 이상: 과세	• 85m² 이하: 면세 • 85m² 이상: 과세
비고	주택 수가 적을 때 유리	비조정지역에서 유리	조정대상지역에서도 유리

* 조정지역 내 부동산을 취득 후 양도하는 경우 다주택자 양도세 중과 및 장기보유특별공제 배제(2주택자+20%, 3주택자+30%)

11장

하락장에서도 꾸준한 수익 창출 투자 사례

지방 1억 원 이하 소형 주택, 수익률 200% 달성!

2023년 3월 경남 사천

지방 단독주택 투자 사례

해당 주택 물건은 감정가 2억 943만 원에서 최저가 8,578만 원까지 41%나 유찰된 물건이었다. 물건의 입지와 현황, 수요와 매도가격을 분석한 후 600만 원 더 올려서 9,177만 원에 낙찰받았다. 당시 아파트나 빌라와 달리 단독주택 경매물건은 아직 경쟁이 없는 블루오션이었다. 그리고 2024년에도 여전히 초보자들이 진입하지 못하는 시장이기도 하다.

주택 경매를 어려워하는 가장 큰 이유는 과연 주택을 잘 팔 수 있을까 하는 걱정때문일 것이다. 하지만 어떤 투자든 실제로 경험해 본 자와 경험하지 못한 자를 비교했을 때 실행력에 따라 엄청난 차이가 날 수밖에 없다. 그러면 이번 사례를 통해 왜 입찰을 결정했고, 어떻게 수익을 만들었는지 그 과정을 따라가 보자.

① 주택 물건의 가격

주택 경매물건을 조사할 때 아파트와 마찬가지로 개별주택 가격(아파트는 공시가격)을 조사한 후 취득세율을 따져볼 필요가 있다. 해당 물건의 감정가격은 대략 2억 원

2022타경[redacted](2) • 창원지방법원 진주지원 • 매각기일 : **2023.03.16(木) (10:00)** • 경매 3계(전화:055-760-3253)

소 재 지	경상남도 사천시 벌리동 [redacted] 도로명검색 D 지도 N 지도 G 지도 주소 복사		
물건종별	주택	감 정 가	209,439,600원
토지면적	226.7㎡(68.58평)	최 저 가	(41%) 85,787,000원
건물면적	94.42㎡(28.56평)	보 증 금	(10%) 8,578,700원
매각물건	토지·건물 일괄매각	소 유 자	노OO
개시결정	2022-01-11	채 무 자	노OO
사 건 명	임의경매	채 권 자	OOOO관리회사(거제축협의 양수인)

오늘조회: 1 2주누적: 0 2주평균: 0 조회동향

구분	매각기일	최저매각가격	결과
1차	2022-07-14	209,439,600원	유찰
2차	2022-09-01	167,552,000원	유찰
3차	2022-10-13	134,042,000원	유찰
4차	2022-11-17	107,234,000원	매각
매각 137,891,000원(65.84%) / 1명 / 미납			
5차	2023-02-02	107,234,000원	유찰
6차	**2023-03-16**	**85,787,000원**	
매각 : **91,770,000원** (43.82%)			
(입찰2명,매수인:부산 장OO)			
매각결정기일 : 2023.03.23 - 매각허가결정			
대금지급기한 : 2023.05.01			
대금납부 2023.04.20 / 배당기일 2023.07.06			
배당종결 2023.07.06			

▲ 그림4-3 경남 사천시에 위치한 단독주택 경매 정보

이었으나 개별주택 가격은 6,510만 원으로 공시지가 1억 원이 채 되지 않았다. 따라서 법인이나 다주택자도 1%의 취득세로 투자할 수 있어 명의가 부족한 투자자들에게 적격인 투자 물건이었다.

지금까지 경험해 본 바에 의하면 대부분의 주택 물건은 공시가격이 감정가격의 절반 수준밖에 되지 않는다. 주택의 공시지가는 대부분 토지가격을 기준으로 잡는다. 주택 건설 후 노후화에 따른 감가는 주택가격에 반영되지만, 증축이나 리모델링 같은 대수선 부분에 대한 비용은 산입되지 않기 때문이다. 그래서 신축 후 10년 이상 경과된 주택의 경우 아파트와는 달리 개별주택 가격이 매우 낮게 측정될 수밖에 없다.

② 수요와 매도가격 조사

경매투자에서 가장 중요한 부분을 꼽으라면 해당 물건의 수요를 파악하는 것과 매도가격을 산정하는 것이다. 내가 낙찰받으려는 물건을 사려는 매수자가 얼마나 되는지, 또 팔 수 있는 가격(6개월 내 평균 매도가격)은 얼마나 되는지 정확히 조사한 후 입찰에 응해야 한다. 그래야 낙찰 후 매도 차익분을 계산해 입찰 여부를 결정할 수 있다.

물건 가격 조사는 '아파트-빌라-주택' 순으로 난이도가 높아진다. 아무래도 거래가 많은 아파트의 경우 부동산중개사무소 2~3곳만 전화해도 금방 알 수 있다. 하지만 거래가 활발하지 않은 빌라나 주택은 직접 현장 부동산에 방문해야만 알 수 있는 경우가 많기 때문이다.

해당 물건의 경우 부동산중개사무소 7~10곳에 전화해서 얻은 평균 매도가격은 대략 1억 3,000만~1억 5,000만 원 선이었다. 또 내부 컨디션만 괜찮다면 충분히 매수할 수요층도 어느 정도 있다는 걸 알 수 있었다.

매도가를 1억 4,000만 원으로 계산하면 최저가격 8,500만 원 대비 약 4,000만 원 이상의 수익을 낼 수 있었다. 이는 레버리지를 사용하는 투자금 대비(대출 80%, 투자금 20%) 150% 이상의 수익률이 발생하는 것으로 예상되어, 최저가격에서 약 600만 원 올린 9,177만 원에 입찰을 결정하게 되었다.

③ 주택 물건의 외관

지방 주택 경매물건의 경우 가장 중요한 부분이 주택의 외관(수리 상태)이고, 그다음은 입지다. 보통 아파트나 빌라의 경우 공용부분과 전용부분이 분리되어 있어 공용부분의 노후화나 하자 부분은 건물 자체(소유자들)의 장기수선충당금이나 관리비용에서 지출된다. 하지만 주택의 경우 모두 소유자 혼자 감당해야 하므로 주택 내부뿐만 아니라 외부 상태까지 확인해야 입찰비용을 정확히 계산할 수 있다.

▲ 그림 4-4 해당 물건의 외관 이미지

　필자가 본격적으로 주택 경매를 시작할 수 있었던 이유는 직접 인테리어를 해보면서 쌓인 경험 덕분이다. 인테리어의 전반적인 과정을 알게 되니 건물 사진을 보면 대략적인 수리비용을 알 수 있었다. 그로 인해 입찰가격에 수리비용을 더한 총원가를 산출할 수 있었고, 거기에 따른 매도가격과 수익률 산정이 가능해졌다.

　해당 물건의 사진을 보면 새시와 외부 마감, 데크와 계단을 봤을 때 기간은 좀 되었지만 전체적으로 외부 인테리어를 한 것으로 예측할 수 있다. 이에 따른 비용 절감 효과와 수익이 상당히 좋을 것이라고 판단하여 확실히 입찰을 결정하게 되었다.

④ 주택 물건의 입지

경매로 나오는 지방 주택은 도시 내에 위치한 주거지 단독주택과 공기 좋은 자연에 위치한 휴양지 전원주택으로 나눌 수 있다. 아무래도 휴양지보다는 도심지 단독주택의 수요가 많을 수밖에 없다. 그래서 주택 경매물건을 선정할 때는 인프라가 많고 교통이 좋은 도심에 위치한 주택을 낙찰받는 편이 빠른 매도의 비법이다.

경매 사이트의 지도로 물건의 위치를 분석해 봤더니 경남 사천 삼천포에 있고, 주변은 삼천포 버스터미널과 문선초등학교, 로터리에 다이소 등이 위치해 있었다. 사천은 인구가 적은 지방도시지만 주변 인프라가 좋고 학교도 도보로 이동할 수 있어 입지가 나쁘지 않았다. 실제로 매도할 때 많은 매수 문의가 있었던 것으로 기억한다.

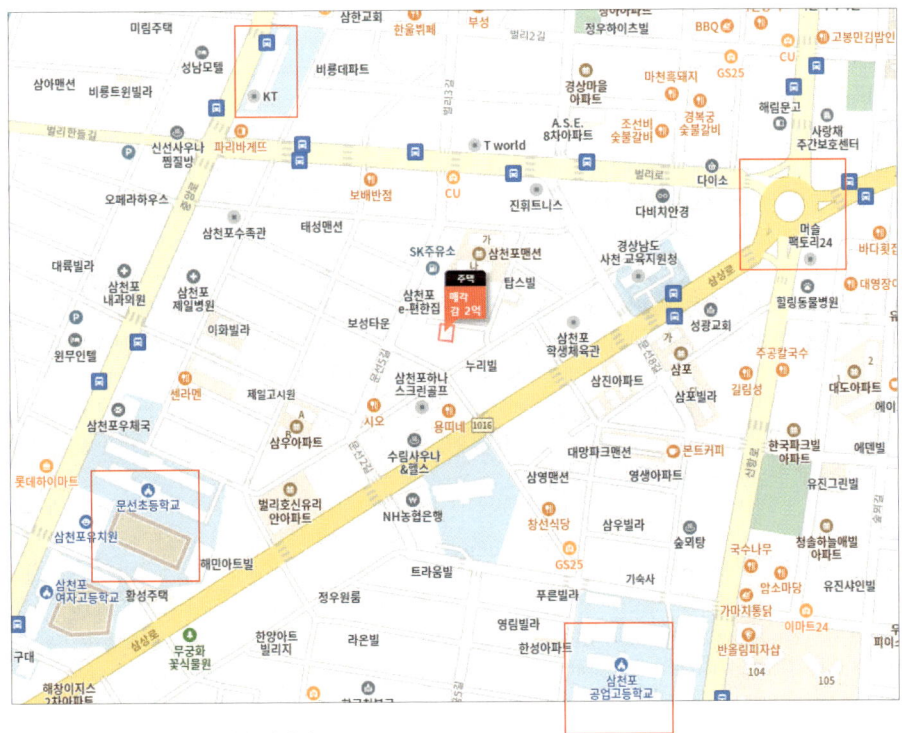

▲ 그림 4-5 해당 물건의 입지 이미지

⑤ 인근 주택 거래 사례 참조

아파트의 경우 네이버 부동산을 통해 최근 거래된 실거래가를 바로 조회할 수 있다. 하지만 주택의 경우 각각의 개별성이 강해 비슷한 면적의 인근 거래 사례를 참고하여 가격을 산정한다. 토지나 건물의 실거래 사이트는 지도로 쉽게 볼 수 있는 '밸류맵(valuemap.com)' 사이트를 주로 활용하는데, 한눈에 거래 사례를 파악할 수 있어 시간을 절약할 수 있다.

〈그림 4-6〉의 사진은 입찰 전 경매물건 인근의 주택 거래 사례를 찾아본 내용이다. 2020년 수리가 잘된 주택의 경우 1억 7,000만 원에 거래된 사례가 있음을 알게

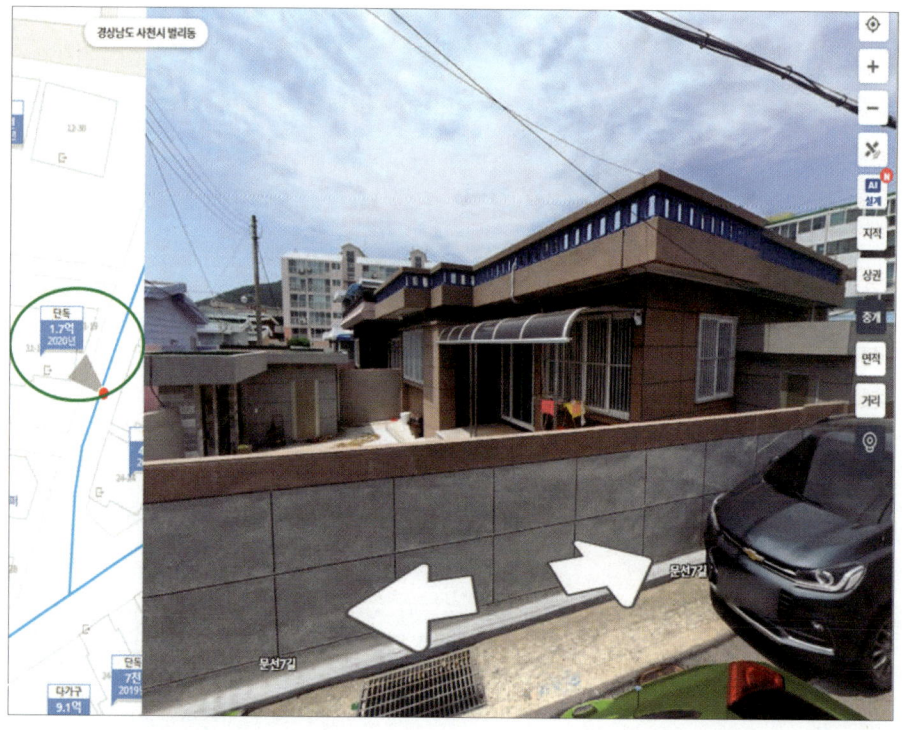

▲ 그림 4-6 인근 주택 거래 실거래가 조사

되었다. 이렇게 인근 주택의 거래 사례 3곳 정도를 합산하여 평균을 내보니 비록 골목 안 집이긴 하지만 1억 원 중반대 가격에 매도가 가능해 보였다.

투자수익률 200% 달성!

9,177만 원에 낙찰받은 뒤 외부 코팅, 도장, 도배 등 1,000만 원가량의 비용을 들여 간단한 보수공사를 마쳤다. 이제 본격적으로 손님을 찾을 차례였다. 수리된 내부 사진을 첨부한 중개 문자를 지역 부동산중개사무소 전체에 돌리니 관심 있는 소장님들에게서 문의 전화가 걸려왔다. 확실히 전체 수리된 주택이 매물로 나오는 경우는 드물기 때문에 중개에 자신감을 보이는 소장님들이 많았다.

매매 호가는 1억 6,500만 원이지만 가격 조정이 가능하다고 전달하고 중개수

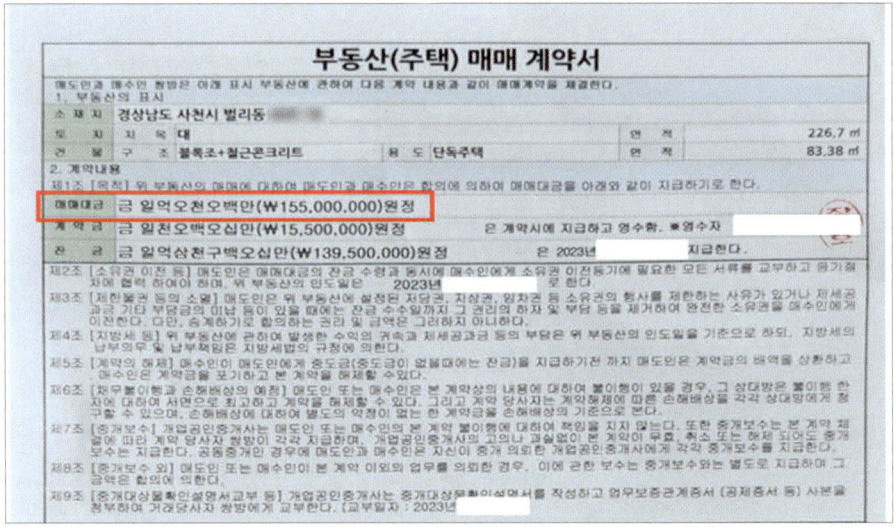

▲ 그림 4-7 1억 5,500만 원에 계약 완료

료는 기존 수수료의 1.5배를 제시했다. 약 3~4명의 손님이 집을 보고 간 후 마지막 손님이 1억 6,500만 원에서 1,000만 원을 깎아 1억 5,500만 원에 계약을 마쳤다.

낙찰금 9,100만 원에 경비와 수리비용 등을 포함해 총 1억 500만 원 정도가 들었고 5,000만 원 정도의 수익이 발생한 사례다.

70평 빌라로 낙찰 6개월 만에 1억 원 벌다!

2023년 5월 경남 거제

70평 대형 빌라 투자 사례

2022년 시작된 하락장의 여파로 2023년 전국 아파트 가격은 바닥이 없는 것처럼 계속 하락했다. 빌라시장도 매수가 끊겨 예전의 정상적인 부동산시장에서의 단기 투자 전략이 빛을 잃어가고 있었다.

여느 때와 다름없이 경매물건을 검색하던 중 눈에 들어오는 물건이 하나 있었다. 경남 거제도에 위치한 70평의 대형 빌라였는데 감정가격은 3억 7,800만 원, 최저가격은 1억 9,300만 원으로 3회 유찰 끝에 감정가 대비 51%까지 떨어져 있었다.

해당 빌라의 위치가 도심에서 한참 벗어난 외곽지였기에 이 빌라에 입찰할 투자자는 없어 보였다. 하지만 매수 수요와 매도가격 분석만 잘한다면 수익을 낼 수 있을 것으로 판단해서 본격적인 물건 조사를 시작하게 되었다.

① 매물 가격과 수요 조사

지방 부동산의 경우 네이버부동산이 아닌 도시 자체의 부동산 거래 사이트로 운영되는 경우가 많다. 대표적으로 제주도 '오일장', 광주 '사랑방', 포항 '디디하우스',

2021타경 • 창원지방법원 통영지원 • 매각기일 : 2023.05.08(月) (10:00) • 경매 3계(전화:055-640-8503)

소재지	경상남도 거제시 고현동		
새주소	경상남도 거제시 계룡로		
물건종별	다세대(빌라)	감정가	378,000,000원
대지권	346.78㎡(104.9평)	최저가	(51%) 193,536,000원
건물면적	193.744㎡(58.61평)	보증금	(10%) 19,353,600원
매각물건	토지·건물 일괄매각	소유자	윤○○
개시결정	2021-11-30	채무자	윤○○
사건명	임의경매	채권자	○○○○○○○○○○○○○○ 회사(양도전:○○은행)

오늘조회: 1 2주누적: 0 2주평균: 0 조회동향

구분	매각기일	최저매각가격	결과
1차	2023-01-09	378,000,000원	유찰
2차	2023-02-20	302,400,000원	유찰
3차	2023-03-27	241,920,000원	유찰
4차	2023-05-08	**193,536,000원**	

매각 : 217,770,000원 (57.61%)

(입찰1명,매수인:이○○)

매각결정기일 : 2023.05.15 - 매각허가결정

대금지급기한 : 2023.06.22 - 기한후납부

배당기일 : 2023.08.02

배당종결 2023.08.02

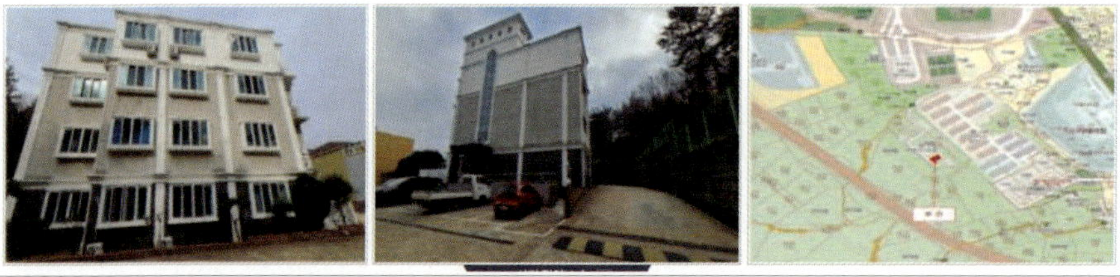

▲ 그림 4-8 경남 거제시에 위치한 빌라 경매 정보

거제도 '아파트다나와' 등이 있다. 이렇게 자체 부동산 거래 사이트들을 운영하는 도시의 경우 네이버 부동산보다 자체 사이트에 매물 비중이 훨씬 많고, 가격의 정확도가 높다. 그래서 꼭 두 사이트를 교차해서 조사할 필요가 있다.

해당 빌라의 경우 거제도 아파트다나와 사이트에 나온 매물의 호가 가격이 3억 7,000만~4억 6,000만 원이었다. 이는 경매 최저가의 약 2배여서 가격 면에서 충분한 장점이 있어 보였다. 또 부동산중개사무소에 조사해 보니 가격을 낮춘다면 매수 손님은 있겠지만, 가격을 낮추기보다는 평수가 넓으니 내부 리모델링한 후 시장에 내놓는다면 가족이 많거나 대형 평수를 찾는 수요층에게 매매를 권해볼 수 있다는 답변을 들었다.

조사한 정보를 정리했을 때 저가 낙찰 후 급매 또는 내부 수리 후 정상가 매도의 두 가지 전략을 순서대로 진행하면 충분히 수익을 낼 수 있을 것으로 확신했다.

매매	고현동 2023-04-19	계룡 매매*착한가격 226㎡(68)	매매가3억7000만원	공인중개사 055-634-2722	40
매매	고현동 2023-04-18	□계룡 고층매매□ 226㎡(68)	매매가4억5000만원	공인중개사 055-638-4361	143
매매	고현동 2023-04-17	♥♥계룡 1층 225㎡(68)	매매가4억5000만원	공인중개사 ●●055-632-3335●●	75
매매	고현동 2023-04-09	♥♥계룡 1층 225㎡(68)	매매가4억6000만원	공인중개사 ●●055-632-3335●●	14
매매	고현동 2023-04-05	◆◆계룡 탑층 225㎡(68)	매매가4억5000만원	공인중개사 ●●055-632-3335●●	824
매매	고현동 2023-04-04	★계룡 ,매매★ 231㎡(70)	매매가4억3000만원	공인중개사 ♥055-636-1414♥	140
매매	고현동 2023-03-23	♥♥계룡 (68) 225㎡(68)	매매가4억3000만원	공인중개사 ●●055-632-3335●●	86

▲ 그림 4-9 거제 지방 부동산 사이트에 나온 매물의 호가

② 인테리어

결과는 2억 1,770만 원에 단독 낙찰이었다. 한 명은 입찰할 줄 알았는데 아무도 입찰하지 않아 섭섭하긴 했지만, 일단 낙찰받았으니 본격적인 명도를 시작해 2개월 만에 이사비용 없이 공과금 낙찰자 부담 조건으로 잘 마무리했다.

해당 매물은 방 5개, 화장실 3개인 보기 드문 대형 평형이었다. 처음 매도 전략이었던 수리 없이 급매로 물건을 내어 보니 역시 평수가 커서 수리비용이 부담된다는 이야기가 들렸다. 게다가 바로 아랫집 아주머니께서 1억 원이 넘는 비용으로 내부 인테리어를 하고 있는 중이었기에 수리비가 계약의 결정적인 리스크가 되고 말았다.

해당 매물의 투자 성공 여부는 최소한의 공사비용으로 최대한의 인테리어 효과를 내는 것이었다. 결론을 먼저 이야기하자면 70평 빌라를 필름 공정, 타일, 조명, 가구 공사까지 총 4,000만 원으로 매우 저렴하게 마무리했다. 비결은 다음과 같다.

▲ 그림 4-10 거실과 주방 공사 전

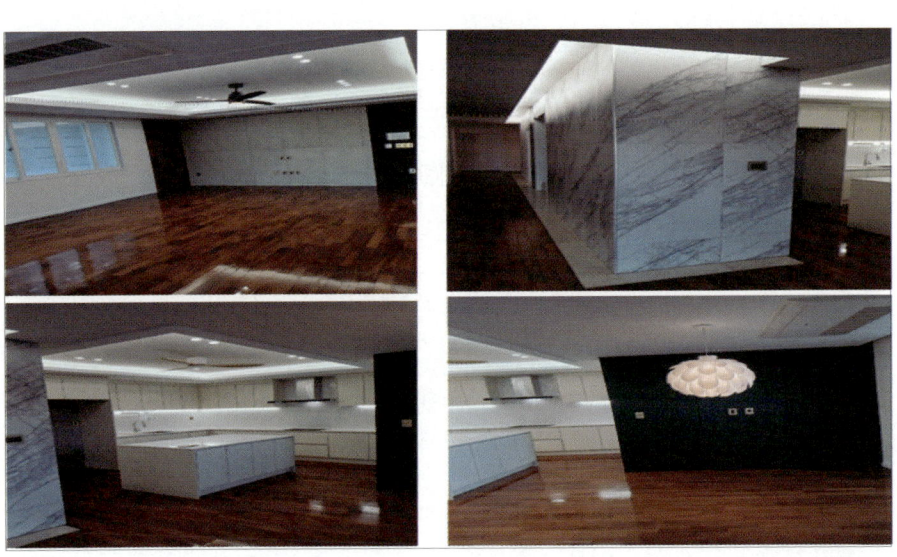

▲ 그림 4-11 거실과 주방 공사 후

마루는 철거하는 순간 비용이 급등하니 왁싱 업체를 불러 최대한 깨끗하게 청소하고 광택만 진행했다. 주방 가구는 노후했기에 중앙에 아일랜드 식탁을 포인트로 두고 싱크대 전체를 새로 시공했다. 그리고 벽 타일은 1200각 사이즈의 대형 타일을 사용해 집 내부가 넓어 보일 수 있도록 하되 여러 디자인을 사용하여 고급 빌라처럼 구상했다.

그다음 난관은 3개의 욕실공사였다. 특히 안방 욕실은 넓은 욕조가 있어 이를 살리는 것이 포인트였다. 다행히도 욕실공사는 아랫집 누수가 없어 덧방(기존 타일에 새 타일을 붙이는 방식) 공사가 가능했다. 이렇게 되면 공사 기간에 따른 인건비와 타일, 기물 비용만 계산하면 되므로 비용을 줄일 수 있다.

일단 면적이 가장 큰 안방 욕실의 경우 기존 욕조를 최대한 살리고 벽면 타일과 기물 교체 공사를 진행했다. 벽 타일은 욕조 벽면만 비앙코 무늬로 포인트를 주고 나머지 부분은 베이지 톤으로 깔끔하게 마무리했다. 그리고 가장 작은방에 위치한 욕실의 경우 기존 욕실 구조를 변경하여 무거운 느낌보다 가벼운 느낌으로 손님방으로 살리려고 했다.

앞서 이야기했지만 셀프로 타일을 구매할 경우에는 인테리어 업을 운영 중이라고 해야 도매가격으로 구매할 수 있다. 만약 인테리어 업이 추가된 법인이나 매매사업자 사업자등록증을 첨부하여 세금계산서까지 발행받는다면 앞으로도 쭉 도매가격으로 구매할 수 있는 자격을 얻게 된다. 그리고 욕실 공사업자도 숨고나 인터넷 구인보다는 타일 업체에 등록된 협력업체 사람을 구하는 게 공사 실력이나 마감 부분이 깔끔하게 나올 수 있다.

▲ 그림 4-12 안방과 거실 욕실 수리 전

▲ 그림 4-13 안방과 거실 욕실 수리 후

투자수익률 100% 달성

낙찰가 2억 1,700만 원에 수리비용 4,000만 원, 취득세 외 경비지출 약 1,000만 원을 합하면 총원가는 2억 6,700만 원이다. 이 물건의 매도가격은 3억 6,000만 원이니 매도 수익은 대략 9,000만 원이다. 낙찰부터 매도까지 6개월 만에 투자금 9,000만 원으로 9,000만 원의 수익을 냈으니 순투자금 대비 매도수익률은 거의 100%에 가깝다고 볼 수 있다.

아파트 경매투자로 수익 내기가 힘든 이유는 경쟁으로 인한 저가 낙찰이 불가능하기 때문이다. 하지만 빌라 경매는 실거주자나 투자자의 진입이 쉽지 않기 때문에 열심히 노력한다면 아직까지는 싸게 받아서 빠르게 팔 수 있는 틈새시장이라고 생각한다.

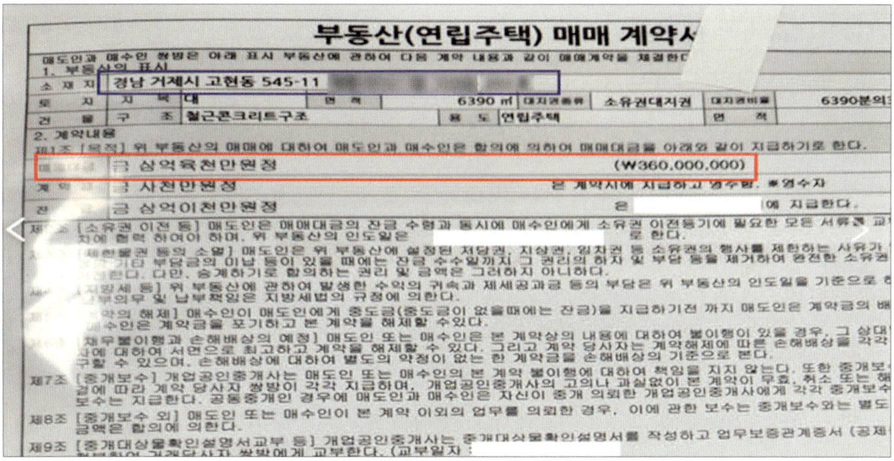

부동산(연립주택) 매매 계약서

1. 부동산의 표시

소 재 지: 경남 거제시 고현동 545-11

토 지: 지 목 대 / 6390 ㎡ / 소유권대지권 / 6390분의

건 물: 구 조 철근콘크리트구조 / 용 도 연립주택

2. 계약내용

매매대금: 금 삼억육천만원정 (₩360,000,000)

계 약 금: 금 사천만원정

잔 금: 금 삼억이천만원정 ... 에 지급한다.

제7조 [중개보수] ...

제8조 [중개보수 외] 매도인 또는 매수인이 본 계약 이외의 업무를 의뢰한 경우, 이에 관한 보수는 중개보수와는 별도로 ... 금액은 합의에 의한다.

제9조 [중개대상물확인설명서교부 등] 개업공인중개사는 중개대상물확인설명서를 작성하고 업무보증관계증서 (공제 ...

▲ 그림 4-14 3억 6,000만 원에 계약 완료

46

투자금 2,000만 원으로 2개월 만에 4,000만 원 수익!

2023년 8월 부산 사하구

악조건 빌라 투자 성공 사례

2023년 7월 말 무더운 여름의 태양이 기승을 부리면서 경매시장에도 약간의 한산함이 느껴지기 시작한 즈음, 감정가 대비 절반 가격으로 떨어진 구축 빌라 경매물건이 눈에 들어왔다. 감정가는 1억 3,000만 원, 최저가는 6,600만 원이었다.

필자는 항상 경매물건을 검토할 때 물건의 단점을 먼저 찾은 후 단점보다 장점이 많으면 입찰을 결정한다. 이 물건은 지대가 높고 엘리베이터가 없는 꼭대기 층 물건이지만, 시세 대비 가격이 싸다는 점이 매력적이었다. 빌라 투자 경험상 광역시 도심 안에 위치한 빌라들은 내부 인테리어가 잘되어 있고 가격까지 저렴하면 충분히 매수 수요가 받쳐주는 경우가 많았다.

마침 부산과 서울에서 진행 중인 단기투자클럽 수업 중 소액으로 단기투자할 수 있는 물건으로 추천하였고, 부산의 수강생분이 입찰하여 최저가격에서 200만 원 더 올린 금액으로 단독 낙찰받았다. 그러면 엘리베이터 없는 꼭대기 층 빌라를 어떤 방법으로 매도하게 되었는지 과정을 풀어보도록 하겠다.

2022타경[redacted] • 부산지방법원 서부지원 • 매각기일 : **2023.07.26(水) (10:00)** • 경매 4계(전화:051-812-1264)

소 재 지	부산광역시 사하구 괴정동[redacted] 도로명검색 지도 지도 지도 주소 복사		
새 주 소	부산광역시 사하구 승학로[redacted]		
물건종별	다세대(빌라)	감 정 가	130,000,000원
대 지 권	28.645㎡(8.67평)	최 저 가	(51%) 66,560,000원
건물면적	78.505㎡(23.75평)	보 증 금	(10%) 6,656,000원
매각물건	토지·건물 일괄매각	소 유 자	오○○
개시결정	2022-07-08	채 무 자	망○○
사 건 명	강제경매	채 권 자	○○○○○○캐피탈(주)

오늘조회: 1 2주누적: 1 2주평균: 0 조회동향

구분	매각기일	최저매각가격	결과
1차	2023-04-12	130,000,000원	유찰
2차	2023-05-17	104,000,000원	유찰
3차	2023-06-21	83,200,000원	유찰
4차	**2023-07-26**	**66,560,000원**	
매각 : **68,888,888원** (52.99%)			
(입찰1명,매수인:부산동래구 주○○)			
매각결정기일 : 2023.08.02 - 매각허가결정			
대금지급기한 : 2023.09.08			
대금납부 2023.09.06 / 배당기일 2023.10.11			
배당종결 2023.10.11			

▲ 그림 4-15 부산 사하구에 위치한 빌라 경매 정보

① 지역 조사

2024년 9월 기준 부산의 총인구는 327만 3,473명이지만, 계속 줄고 있다. 부산 인구 유출의 가장 큰 문제는 일자리 부족이라고 보는데, 정부에서 수도권과 지방의 격차를 줄이기 위해 많은 노력을 하고는 있지만 문제해결이 쉽지 않은 것 같다.

각설하고 경매로 나온 해당 물건이 위치한 사하구의 인구는 약 29만 명으로 부산에서 해운대구와 진구 다음으로 인구밀도가 높은 지역이다. 모든 부동산은 인구가 많은, 즉 수요가 많은 지역일수록 가격이 상승할 확률도 높고 주택 거래도 활성화될 수 있다. 사람이 많아야 거래도 많이 일어나는 법이다.

특히 사하구는 젊은 사람들보다 노령 층의 분포가 많은 것이 특징이며, 도심이 매우 오래된 원도심 지역이라 아파트보다 구축 빌라들이 많이 형성되어 있다.

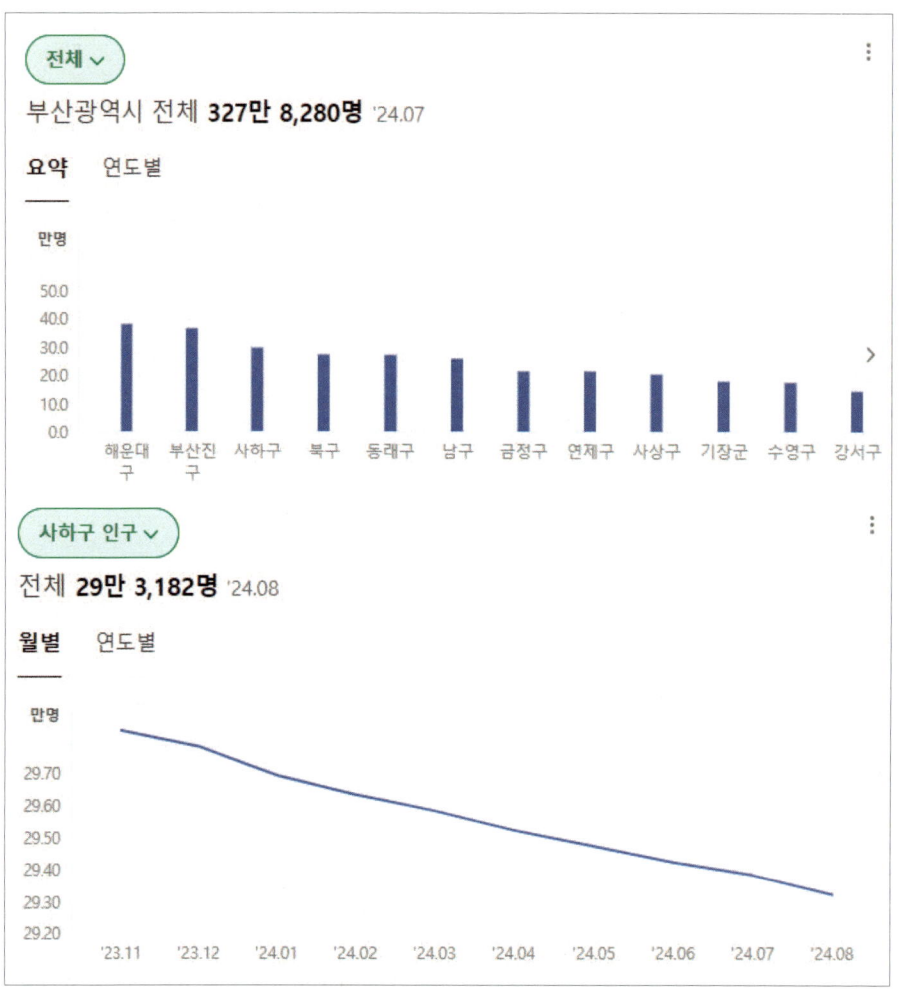

▲ 그림 4-16 부산광역시와 사하구 인구 조사

② 물건 조사

빌라는 위치나 연식에 따른 개별성이 강한 상품이어서 빌라물건을 조사할 때는 범위를 넓게 잡아 동네 빌라 시세를 덩어리로 조사해야 정확한 가격을 정할 수 있다. 해당 경매물건 인근 빌라 매물들의 가격을 비교해 보니 비슷한 평수 대비 매매가가 약 1억 3,000만~1억 5,000만 원까지 나와 있었다. 그리고 신축보다는 오래된 구축 빌라 매물이 대부분이었다. 다만, 인근 매물들이 해당 빌라보다 나은 점을 찾는다면 엘리베이터는 없지만 2층이나 3층이어서 충분히 걸어 다닐 수 있고 지하철역에서 가깝다는 것이었다.

그렇다면 위치도 불리하고 엘리베이터도 없는 꼭대기 층 빌라를 인근 빌라 매물들보다 빨리 팔 수 있는 방법이 뭘까? 딱 하나이다. 바로 다른 집보다 내부가 훨씬 예뻐야 한다!

▲ 그림 4-17 물건의 위치와 시세 조사

③ 인테리어

해당 물건은 막힘없는 꼭대기 층이라 조망과 채광이 매우 좋았다. 하지만 사용감이 많아 내부를 신식으로 바꿔야 쉽게 매도할 수 있을 것 같았다. 그렇다고 전부 공사하자니 비용이 많이 들고, 부분만 하자니 크게 티가 안 날 것 같아 고민되었다. 결국 기능상 문제가 없는 외부 새시는 살리고 내부 새시와 나머지 공간을 최소한의 비용으로 공사하기로 했다.

이번 빌라의 내부 공사 포인트는 깨끗한 화이트와 따뜻한 베이지 톤으로 확장감을 주고 매립 등을 활용해 층고를 높여 개방감을 주는 것이었다. 외부 새시를 제외한 30평 구축 빌라의 전체 수리 비용은 2,000만 원 초반대로 평당 70만 원선에 진행되었다.

▲ 그림 4-18 빌라 내부 수리 전

투자수익률 90% 달성

이 빌라는 최종 1억 3,000만 원의 가격으로 계약되었다. 낙찰가 6,880만 원에 수리비 및 경비 2,500만 원을 더한 총 9,380만 원의 지출원가를 고려하면 3,500만 원의 매도 차익을 본 것이다. 투자금 4,000만 원 대비 약 90%의 매우 좋은 단기투자 수익을 달성한 사례라고 볼 수 있다.

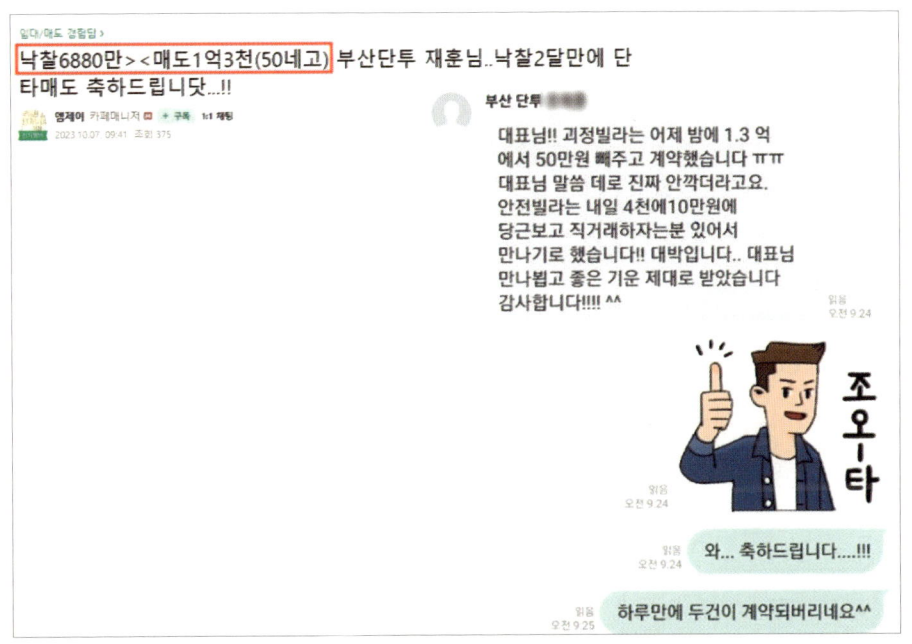

▲ 그림 4-19 1억 3,000만 원에 계약 완료

낙찰부터 매도까지 단 20일!

2023년 7월 경북 포항

대항력을 포기한 물건 단타 사례

2020~2022년 길고도 짧았던 부동산 상승장이 끝났다. 이후 고금리와 경기침체 그리고 좋았던 시절에 분양했던 아파트들의 입주가 본격적으로 시작되면서 사려는 사람은 없고 팔려는 사람만 넘쳐나는 시장이 온 것이다. 이런 하락장이 지속되면서 높은 가격에 전세를 주고 투자했던 많은 물건이 역전세를 맞으며, 결국 경매로 넘어오기 시작했다.

요즘은 거의 모든 세입자가 전세보증보험 한도 내에서 보장받을 수 있는 금액으로 전세 계약을 맺는다. 따라서 경매 나오는 물건 대부분이 주택도시공사가 보증금을 미리 반환한 뒤 전세금을 승계하여 경매 진행을 하는 경우였다. 이런 경우 임차인은 선순위 대항력을 가지므로 전세가격 이하로 유찰되어도 아무도 입찰하지 않는 경우가 많았다.

이번 사례의 경매물건은 감정가 1억 5,000만 원인데 아무도 입찰하지 않아 1,760만 원까지 유찰되었다. 그러다 다시 원점으로 돌아와 1억 5,000만 원에 경매를 진행해 최종 1억 1,577만 원에 낙찰받은 물건이다.

2022타경[redacted] • 대구지방법원 포항지원 • 매각기일 : **2023.07.03(月) (10:00)** • 경매 4계(전화:054-250-3220)

소 재 지	경상북도 포항시 북구 두호동[redacted] 도로명검색 D 지도 N 지도 G 지도 주소 복사
새 주 소	경상북도 포항시 북구 삼흥로[redacted]

물건종별	아파트	감 정 가	150,000,000원
대 지 권	57.89㎡(17.51평)	최 저 가	(70%) 105,000,000원
건물면적	131.64㎡(39.82평)	보 증 금	(10%) 10,500,000원
매각물건	토지·건물 일괄매각	소 유 자	하○○
개시결정	2022-04-07	채 무 자	하○○
사 건 명	강제경매	채 권 자	주택도시보증공사

오늘조회: 1 2주누적: 1 2주평균: 0 조회동향

구분	매각기일	최저매각가격	결과
1차	2022-12-05	150,000,000원	유찰
2차	2023-01-02	105,000,000원	유찰
3차	2023-02-06	73,500,000원	유찰
4차	2023-03-06	51,450,000원	유찰
5차	2023-04-03	36,015,000원	유찰
6차	2023-05-01	25,211,000원	유찰
	2023-06-05	17,648,000원	변경
7차	2023-06-05	150,000,000원	유찰
8차	2023-07-03	**105,000,000원**	

매각 : 115,770,000원 (77.18%)

(입찰5명,매수인:서울시 연○○ / 차순위금액 113,600,000원)

매각결정기일 : 2023.07.10 - 매각허가결정

대금지급기한 : 2023.08.11

대금납부 2023.07.31 / 배당기일 2023.09.07

배당종결 2023.09.07

▲ 그림 4-20 경북 포항시에 위치한 아파트 경매 정보

① 권리분석

입찰 전 권리분석 사항을 보면 1억 6,000만 원의 선순위 임차인이 있고, 이 전세금을 주택도시보증공사가 승계받은 상태에서 경매로 진행되었다. 감정가는 1억 5,000만 원이지만 대항력 있는 임차인의 보증금이 1억 6,000만 원이기 때문에 낙찰을 받아도 수익이 날 수 없는 상황이었다.

아무도 입찰하지 않아 최저가격이 1,700만 원까지 유찰되자 어쩔 수 없이 주택도시보증공사에서 대항력을 포기하고 우선변제권만 주장한다는 확약서를 제출했다. 그렇게 대항력 없는 임차인이 되어서야 비로소 입찰자들이 경매에 참여하기 시작했다.

대항력 없는 임차인에 공실이라는 장점까지 더해졌다. 만약 낙찰 후 바로 매수자

▲ 그림 4-21 대항력을 포기하고 우선변제권만 주장한다는 내용

    가 붙는다면 정말 빠르게 수익을 만들 수 있겠다는 생각에 동일 매물을 보유한 부동산중개사무소를 통해 가격 조사를 했다.

    전용면적이 39평형에 분양면적이 51평이어서 수요가 많은 평형대는 아니었다. 하지만 매매가격이 1억 6,000만 원에서 많게는 2억 8,000만 원까지 형성되어 있어 최저가격(1억 500만 원) 대비 가격 메리트가 충분했다. 게다가 부동산에서 급매로 싸게 판다면 살 수요가 있을 것이라는 답변을 듣고 최종 1억 1,577만 원의 입찰가격을 산정했다.

② 명도와 인테리어

입찰 전 경매 사이트의 현황 조사 사진을 봤을 때 방화문에 붙어 있는 전기세와 수도세 체납 독촉 스티커를 보고 공실임을 예측할 수 있었다. 그래서 주택도시보증공사와 명도 협의를 끝내고 낙찰 바로 다음 날 명도를 진행했다.

설레는 마음으로 문을 열고 내부를 살펴보니 수리가 다 된 집은 아니었지만 기본적인 도배, 장판과 싱크대는 수리한 것으로 보여 부동산에 바로 집을 보여줄 수 있는 컨디션은 되는 것 같았다.

▲ 그림 4-22 해당 경매물건 내부 사진

낙찰 후 20일 만에 3,000만 원

명도를 마치고 내부를 파악한 후 빠르게 부동산 매도 작업을 시작했다. 일단 포항시 북구에 위치한 부동산중개사무소 전체에 단체문자를 보냈는데 중개수수료는 기존 금액의 1.5배, 매매가격을 1억 5,000만 원이라고 하니 인근 부동산중개사무소부터 조금씩 입질이 오기 시작했다.

낙찰 후 잔금을 납부하지 않은 상황으로 네이버부동산 광고가 어려워 포항 부동산중개사무소 소장님들의 공동 중개망을 이용할 수밖에 없었다. 그래도 하루에 한두 팀씩 여섯 분 정도가 집을 보러 왔고, 그중 매매가 1억 5,000만 원에서 500만 원을 깎은 1억 4,500만 원에 매수하겠다는 손님이 나타났다.

낙찰 후 정확히 20일, 즉 3주가 채 안 된 상황에서 매매까지 끝낸 초특급 단기투자 물건이었다. 잔금을 빠르게 납부한 후(낙찰 후 14일 이후 잔금 가능) 계약서를 작성하고, 계약 후 한 달 뒤 입주하는 조건으로 마무리되었다.

이번 물건의 빠른 수익의 비결은 첫째로 임차인이 대항력을 포기해 다시 경매에 나온 기간 동안 크게 관심을 갖는 입찰자가 없었다는 점, 둘째로 대형 평수여서 실거주자나 투자자 입찰이 제한적이었다는 점을 들 수 있다.

이 투자 사례에서 한 가지 유의사항을 알려드리면 85m² 이상의 대형 평수를 입찰할 때 매매사업자나 법인으로 낙찰받으면 매매 시 건물분 부가세 10%를 추가로 납부해야 하는 단점이 있다. 따라서 대형 평수 입찰은 사업자가 아닌 개인 명의를 활용하여 투자하자.

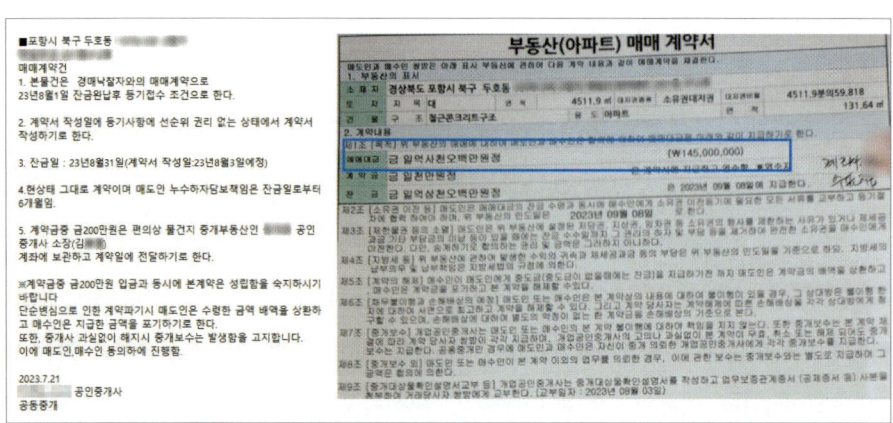

▲ 그림 4-23 1억 4,500만 원에 계약 완료

48

지방 나홀로 아파트 초단기 매도 수익 사례

하락장 투자 시 주의사항

책을 집필하는 이 시기에도 부동산 시장이 좋아질 만한 요건이 나오지 않아 서울 일부를 제외한 나머지 도시들의 부동산 분위기는 계속해서 하락을 면치 못하고 있다. 부동산시장이 상승할 때는 보통 하락이 멈추고 보합장이 지속되면서 조금씩 상승 요인이 나타날 즈음에 투자자들이 먼저 진입한다. 그리고 뒤따라 실거주자들이 집을 사기 시작하고, 마지막엔 부동산 경험이 없는 투자자들까지 진입하면서 가격 상승이 최고조에 이른다.

이 흐름에서 가장 안전한 사람은 가장 먼저 시장에 진입하여 낮은 가격에 부동산을 매입한 선 진입 투자자이고, 다시 부동산이 하락해도 버틸 수 있는 실거주자들이다. 반면 가장 위험한 사람은 당연히 상승 끝물에 시장에 진입하여 높은 가격에 부동산을 매입한 초보 투자자이다.

부동산 경기가 안 좋을 때는 쉬었다가 경기가 좋아질 때 투자하는 것은 실패 확률을 줄일 수 있다는 장점이 있다. 하지만 상승장에서 얻은 수익은 자신만의 투자 기술이 될 수 없고, 좋은 시기에만 투자해야 하니 흐름이 끊길 수밖에 없다. 가끔 한 번의 실패 없이 성공 투자만 했다고 자랑하는 사람들이 있는데, 이 사람들은 투자 경험이 매우 적다고 볼 수 있다.

모든 투사와 사업은 100%의 확률로 계속 성공할 수 없다. 전업 투자자는 수익과 손실의 비중을 70:30 정도로 유지하면 양호한 편이라고 볼 수 있다. 중요한 점은 실패의 크기를 줄이기 위해 얼마나 많이 노력했는지다. 즉 리스크를 줄이며 안전한 투자를 이어가기 위해 노력한 사람만이 이 시장에서 살아남아 계속해서 투자를 이어 나갈 수 있다.

하락장 초입에 경매투자를 할 때 가장 유의해야 할 점 중 하나는 내가 입찰하려는 물건의 흐름을 정확히 파악하고 투자해야 한다는 것이다. 〈그림 4-24〉의 실거래 그래프를 보면 2020년 하반기부터 시작된 상승이 2021년 하반기에 최고가격을 찍은

▲ 그림 4-24 흐름을 읽는 것이 중요하다

후 2022년 하반기부터 급격하게 떨어져 현시점에는 다시 2020년 가격으로 복귀했다는 것을 알 수 있다.

아파트 경매투자를 하는 사람이 만약 2022년 하반기에 투자를 시작했다면 낙찰받는 순간부터 이 물건의 가격은 계속 하락했을 것이다. 실제 필자도 이 시기에 3억 원짜리 아파트를 2억 4,000만 원에 낙찰받았으나 시기가 좋지 않아 매수자가 없어 결국 2억 4,000만 원(원가)에 매도해 손실을 본 적 있다. 이 경험을 활용하여 물건을 분석해 본 결과 상승 폭이 컸던 인기 아파트는 하락장에 그 가격만큼 떨어지는 현상을 보였으나, 상승이 일어나지 않았던 비인기 아파트는 하락장이 와도 상승 폭이 작아서 하락하지 않는 현상을 보였다.

종합하면 부동산 하락장에 아파트 단기투자를 할 때에는 첫째로 하락의 시기가 중요하고(하락장 초반일 때 가격이 더 많이 떨어질 수 있다), 둘째로 상승의 폭이 어느 정도였는지를 체크해 볼 필요가 있다. 결론은 하락장에는 가격 방어선이 탄탄한 비인기 아파트를 낙찰받고 매도하는 방법이 더 안전할 수 있다.

① 광주광역시 나홀로 아파트(2023년 8월)

2023년 광주광역시의 부동산시장도 다른 지역과 동일하게 분위기가 좋지 않아 매수자가 없어 고전을 면치 못하고 있었다. 특히 광주는 상승장에서도 다른 광역시에 비해 가장 늦게 상승이 시작된 도시여서 하락장에 좀 더 버텨줄 수 있을 것이란 의견도 있었다. 하지만 계속되는 고금리와 경기 악화에 관망하던 매수자들도 집을 사지 않고 포기하고 있었다.

〈그림 4-25〉의 물건은 감정가 2억 800만 원에 최저가격이 1억 1,600만 원까지 떨어진 광주 나홀로 아파트인데 이전의 부동산 흐름과 다르게 2017년부터 2023년까지 단 한 번의 상승도 일어나지 않은 그야말로 투자 대상이 아닌 실거주용으로만 볼 수 있는 물건이었다. 이런 아파트는 낙찰 후 가격이 추가로 하락할 일이 없다고 판

단하여 1억 4,077만 원에 낙찰받았다.

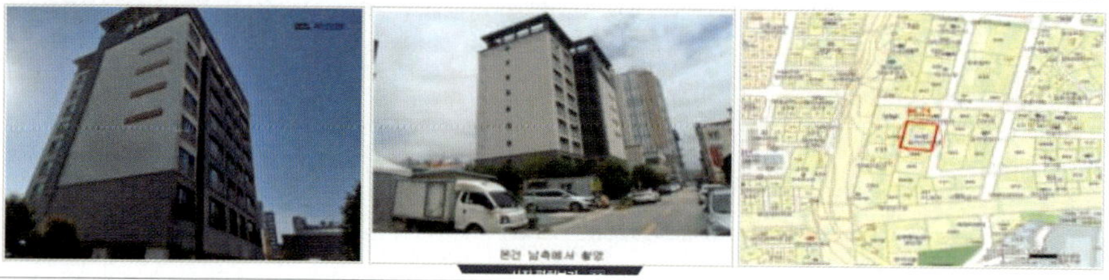

▲ 그림 4-25 광주광역시의 나홀로 아파트 경매 정보

    2023년 8월에 낙찰받고 건축한 지 얼마 안 된 집이어서 인테리어를 최소한으로 진행한 후 같은 해 12월 1억 9,500만 원에 매도했다. 수리비와 세금을 제외하고 대략 3,000만 원이라는 좋은 수익을 안겨주었다. 이렇게 부동산 하락장에도 계속 단기 투자로 수익을 낼 수 있었던 이유는 직접 경험했기 때문이라고 생각한다.

② 울산광역시 나홀로 아파트(2024년 1월)

2024년 1월 중순 울산 동구 방어동에 위치한 신축 나홀로 아파트가 감정가 2억 5,000만 원에서 최저가 1억 2,200만 원까지 49% 유찰되었다(그림 4-26). 울산은 전형적인 현대의 도시로 현대자동차, 현대중공업, 현대화학 등 굵직한 산업이 받쳐주는 탄탄한 도시다. 그중 울산 동구는 홀로 떨어져 중공업의 영향을 가장 많이 받는 독단적인 흐름을 보이는 특별한 도시였다. 울산에서 가장 하락 폭이 크고 상승 폭은 작은 (울주군은 제외) 수요층이 약한 도시인데, 이런 부분 때문에 이 물건에도 크게 관심을 갖는 입찰자가 없었다.

이 물건은 나홀로 아파트이긴 하지만 신축급인 점, 뷰가 좋고 해가 잘 들어 실수요

▲ 그림 4-26 울산광역시의 나홀로 아파트 경매 정보

층을 타깃으로 싼 가격에 매도하는 전략으로 입찰해 1억 3,577만 원에 낙찰받았다.

사건번호는 같은데 물건번호가 여러 개인 물건이 경매에 나오면 동일한 물건을 동시에 비공개로 입찰하기 때문에 입찰자가 모든 물건에 입찰할 수 없다. 그래서 그중 1~2개 물건은 입찰가가 낮거나 아무도 입찰하지 않아 유찰되는 경우도 있다.

〈그림 4-27〉을 보면 같은 물건 5층이 1억 7,799만 원에 낙찰되었지만 6층의 낙찰가격은 1억 3,577만 원으로 약 4,000만 원의 가격 차이가 난다. 이런 가격 차이는 입찰자 중 절실히 낙찰받고 싶은 실거주 수요와 낙찰받아도 되고 안 받아도 되는, 즉 싼 가격에 낙찰받지 않으면 의미가 없는 투자자와의 입장 차이에서 일어나는 것이다.

즉 경매의 본질은 수익 창출이지 낙찰이 아니라는 점을 생각해 보면 이런 대량 물건 입찰 시 낮은 입찰가로 계속 진입해 보는 것도 수익을 낼 수 있는 좋은 방법 중 하나가 될 수 있다.

해당 물건은 2016년 분양 당시 3억 원 정도에 분양을 시작했다가 별다른 상승의 움직임 없이 계속 떨어져 경매 최저가격인 1억 2,000만 원까지 내려갔다. 이런 준신축 나홀로 아파트의 경우 미분양의 원인을 정확히 파악할 필요가 있다. 생활환경이

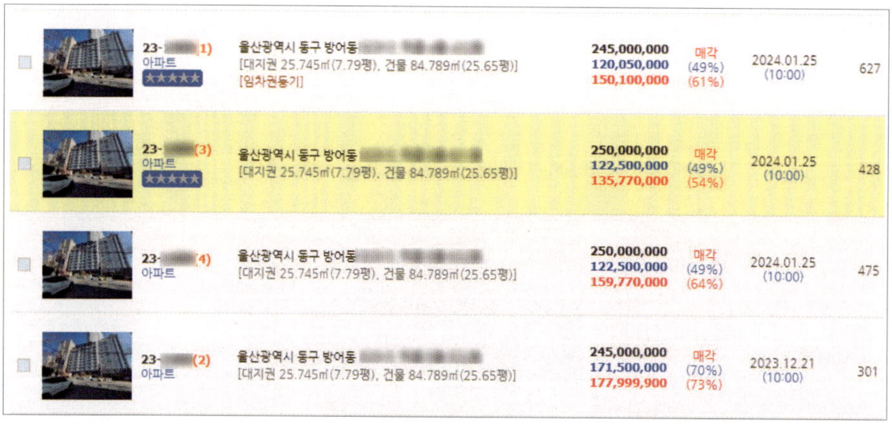

▲ 그림 4-27 사건번호는 같지만 여러 개의 매물이 나온 경우

나 아파트 구조, 입지는 양호한데 단지 분양가가 높아 분양이 안 된 경우는 가격을 낮춰 판매한다면 매수자를 찾을 수 있다. 하지만 입지가 열악하고 주조, 마감 불량 등 아파트 자체에 문제가 있는 경우는 가격과 관계없이 수요층을 찾기 힘들다.

이 물건은 전자에 해당하는 경우라고 보고 낮은 가격에 낙찰받은 후 분양가보다 싸게 판매한다면 충분히 승산이 있을 것으로 판단되어 입찰했다. 낙찰가는 1억 3,500만 원이며 매도가격은 1억 8,000만 원으로 6개월 이내 단기 매도한 케이스다.

낙찰 후 많은 수리를 요하는 오래된 구축 아파트와 달리 연식이 얼마 되지 않은 나홀로 아파트의 경우 수리 비중이 크지 않아 투자금의 부담도 줄이고 투자수익률도 높일 수 있는 단기투자에 좋은 물건 유형이라고 볼 수 있다.

이 사례를 보고 비슷한 물건에 접목해 투자 수익을 내려는 초보 투자자들에게 전하고 싶은 것은 숲을 이해한 후 나무를 보아야 좀 더 명확한 투자를 진행할 수 있다는 것이다. 만약 숲(지역)을 이해하지 못한 채 경매물건을 입찰할 때는 최대한 꼼꼼한 현장 조사를 통해 손실이 날 수 있는(입지, 구조, 채광 등) 리스크를 제거한 후 입찰해야 한다. 모든 투자는 계속된 경험에서 진화된다. 작더라도 지속된 수익을 동반하는 투자 경험을 쌓길 바란다.

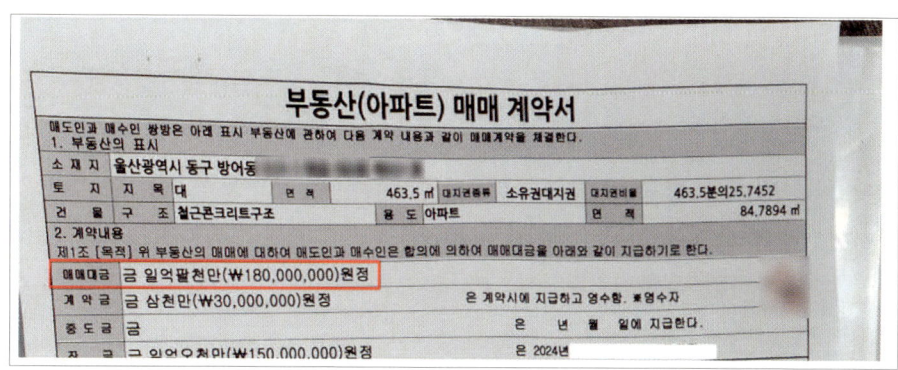

▲ 그림 4-28 1억 8,000만 원에 계약 완료

에필로그

경매투자 지나온 15년을 되돌아보며

    경매를 시작한 지도 어느덧 15년이 지났다. 그간 경매로 많은 수익을 냈지만 그에 못지않게 손실도 경험했다. 치킨집을 오픈하고 폐업하듯 경매라는 사업에 준비되지 않은 투자자들이 겁 없이 도전했다가 1년도 버티지 못하고 조용히 사라졌다.

    생각해 보면 경매투자를 잘하기 위해서는 먼저 경매를 즐기고 좋아해야 한다. 부동산이란 큰 숲과 그 안에 있는 경매라는 나무를 자세히 공부해 모두 내 것으로 만드는 것이다. 그러다 보면 같은 물건을 보더라도 해석하는 힘이 달라지고 기회가 왔을 때 빠르게 판단해 실행할 수 있으며, 경쟁을 피해 독점할 수 있는 기술을 갖게 된다.

    쉽게 벌리는 돈은 없다. 남들보다 더 많은 노력을 하고 투자자의 루틴(검색, 독서, 운동, 공부)을 지키며 본인의 그릇을 키우면 수익은 자연스럽게 따라온다. 그러니 수익을 목표로 삼지 말고 더 큰 성장을 목표로 항상 배우는 마음으로 경매투자를 하길 바란다. 이 책을 읽고 경매를 시작하는 많은 분이 저마다의 목표를 꼭 이룰 수 있길 응원한다. 그리고 지금보다 더 성장한 투자자가 되어 다시 만날 수 있길 기대한다.

2024년 10월 22일 부산에서

단기수익 시스템으로
진짜 돈 버는 실전 투자 사례!

엠제이(장재호) 지음 | 364쪽 | 22,000원

입찰부터 매도까지 믿고 맡길 수 있는
엠제이 경매스쿨의 경매투자 프로그램

트레이닝 반(온라인 과정 신설)

실전 경매투자자가 알려주는
진짜 돈 버는 단기투자 방법

단기투자 클럽(온라인 과정 신설)

〈사례별 수업+추천물건+현장답사〉
경·공매 단기투자 실전 투자 프로그램

1:1 낙찰보장형 PT

개인 투자금과 실력에 딱 맞춘 낙찰보장형 속성 1:1 PT

프리미엄 PT

나만의 안전한 투자수익을 실현시키는
프리미엄 수익보장형 1:1 PT

N | 엠제이 경매스쿨

엠제이 경매스쿨
네이버 카페

《처음부터 배우는 부동산 경매투자》 구매 시 엠제이 경매스쿨의 모든 온라인 강의에서 사용 가능한 5만 원권 수강할인권을 제공합니다.

※ 1인 1회 한정

할인 쿠폰
₩ 50,000
모든 온라인 강의에서 사용 가능
유효기간: 2026년 12월 31일까지